本书编委会

沙埕

政协福建省福鼎市委员会文化文史和学习委◎编

海峡出版发行集团 | 海峡文艺出版社

图书在版编目(CIP)数据

沙埕/政协福建省福鼎市委员会文化文史和学习委编. —福州:海峡文艺出版社,2024.3
(福鼎文史. 乡镇专辑)
ISBN 978-7-5550-3549-7

Ⅰ. ①沙… Ⅱ. ①政… Ⅲ. ①乡镇—文化史—福鼎 Ⅳ. ①K295.75

中国版本图书馆 CIP 数据核字(2023)第 219237 号

沙埕

政协福建省福鼎市委员会文化文史和学习委 编
出 版 人 林 滨
责任编辑 张琳琳
助理编辑 陈雨含
出版发行 海峡文艺出版社
经 销 福建新华发行(集团)有限责任公司
社 址 福州市东水路 76 号 14 层
发 行 部 0591—87536797
印 刷 福建新华联合印务集团有限公司
厂 址 福州市晋安区福兴大道 42 号
开 本 787 毫米×1092 毫米 1/16
字 数 253 千字
印 张 13.75 插页 2
版 次 2024 年 3 月第 1 版
印 次 2024 年 3 月第 1 次印刷
书 号 ISBN 978-7-5550-3549-7
定 价 60.00 元

总　序

李绍美

福鼎古属扬州，晋属温麻县，隋开皇九年（589）废温麻县改原丰县，唐武德六年（623）置长溪县，清雍正十二年（1734）为霞浦县辖地，归福宁府。清乾隆四年（1739）由霞浦县划出劝儒乡的望海、育仁、遥香、廉江四里设福鼎县，县治桐山。1995年10月，福鼎撤县设市，现辖10个镇、3个街道、3个乡（其中2个畲族乡）、1个开发区。

福鼎建县虽不足300年，但人文历史悠久，早在新石器时代就有先民在这块土地上繁衍生息，并因山海兼备的地理特征创造出丰厚和多元的文化，如滨海名山太姥山孕育了太姥文化，依海而生的马栏山先民则开辟了海洋文化。随着时代的发展，福鼎的文化愈发精彩和独特：与浙江交界的叠石、贯岭、前岐等乡镇，接受瓯越文化较为明显，其方言与温州的腔调接近；与长期作为闽东文化中心的霞浦县相近的硖门乡和太姥山镇，受儒家文化影响较深，文风盛于其他乡镇；地处山区的管阳、磻溪等镇和地处滨海的沙埕、店下等镇，在生产方式与生活习惯上均有很大的不同……新中国成立以来，特别是改革开放后，福鼎各乡镇立足各自的区位特点和地方传统，抓住历史机遇，走出了各具特色的发展之路，在经济建设、社会治理、文化繁荣等方面都取得了长足的进步，变化可谓翻天覆地。

基于市情，我们改变常规文史工作立足县市层面，把视角下移，提出为辖下的13个乡镇、3个街道、1个开发区编纂文史资料并合出一套丛书的思路，使得政协文史工作更细致入微、更接地气。这一思路得到了福鼎文史界和各乡镇（街道、开发区）的积极支持和大力配合。为了做好这项工作，市政协总体协调，聘请文史研究员跟踪、指导、参与丛书具体编纂事宜，努力推进这项工程量巨大的工作。各个乡镇（街道、开发区）成立工作小组具体落实，有的乡镇与高校合作，借助高校的科研力量；有的乡镇聘请当地文史工作者，借助当地“活地图”“活字典”的力量……可谓“八仙过海，各显神通”，使得丛书的编纂进展顺利。

本次系统挖掘整理各乡镇的文史资料，是文史工作的一次创新，而且以乡镇为单位编纂成书，使每个乡镇零散的资料归于系统化，实乃为每一个乡镇写史纂志，对各乡镇的文化建设意义重大。在工作中，很多史料的价值以文史的眼光审视得到重新“发现”，更有不少内容属于抢救性的挖掘整理，十分难能可贵。也因此，这项工作具有开拓性，也更具挑战性。自工作开展以来，镇里、村里的老干部、老“秀才”和“古董”们，市里各个领域的文史爱好者，以及高校研究人员，纷纷热情参与其中，为完成这项浩大的文化工程付出了艰辛的劳动。大家既科学分工，又团结协作，怀抱对乡土的热爱、对家乡的厚谊及对文史的关怀，兢兢业业，埋头苦干，无私奉献，终于使煌煌几百万字的“福鼎文史·乡镇专辑”丛书与大家见面了。该丛书的出版，拓展了福鼎文史工作的广度和深度，使福鼎文史工作有了新的突破、质的提升。

文史工作是政协工作的重要组成部分，是一项有益当代、惠及后世的文化事业，在传播优秀文化遗产、繁荣发展文化事业、推进建设和谐社会等方面都具有十分重要的意义。市政协历届领导班子有重视文史工作的优良传统，以对历史负责的求实态度，尊重社会各界的意见、建议，注重文史人才的培养并发挥他们的积极作用，守正创新，破立并举，推进福鼎政协文史工作长足发展，为福鼎地方文化建设做出了积极贡献。在此，谨向所有关心和支持这项工作的各界人士表示诚挚的谢意！

读史可以明智。历史是昨天的客观存在，是我们认识现实、走向未来的前提和出发点。迈入新时代的福鼎，正孕育着新的希望，让我们紧密团结在党的领导下，一如既往地秉承“肝胆相照，荣辱与共”的方针，与全市人民一道，团结拼搏，鼎力争先，不忘初心，接续奋斗，为加快建设宁德大湾区沙埕湾生态临港产业城市发挥我们应有的作用，做出我们应有的贡献。

是为序。

（本文作者为福鼎市政协党组书记、主席）

序

姚智梅

沙埕别称沙关，东临东海，是一个历史悠久的港口集镇，两岸峰峦绵延，港外有南关山横峙，港中的莲花屿孤浮海面如莲花出水。整个港湾水深波平，淤泥不积，风浪不起，航道稳定，为四方闻名的天然良港。有文字记载，沙埕港至少在明朝中期起就已成为沿海重要的贸易口岸和货物的中转地。明清更迭之际，抗清英雄张煌言曾三次抵达沙埕，组织反清复明活动。沙埕镇处港湾关键地带，经贸活动繁荣，是福鼎市最大的渔区集镇、渔业主产区。外海台山渔场资源丰富，是闽东主要渔场之一。

沙埕自古民风淳厚，不仅传统文化积淀深厚，而且近现代史料也较丰富，民俗文化更是焕发异彩，沙埕铁枝、线狮都是重要的“非遗”代表性项目。时值盛世，当地收集文史资料，编撰发行，实为盛事一件。

文史资料工作责任重大、使命光荣、作用独特，是一项利在当代、泽被后世的文化事业。它所征集和编纂的文史资料，多为作者所亲身经历或耳闻目睹的，比较客观公正，自问世以来，受到社会和读者的广泛关注和欢迎。资政存史，薪火相传，继往开来，是中华民族的优良传统，也是时代文明进步的重要标志。尊重历史、记载历史、再现历史、宣传历史，不仅有益于人民、有益于社会，而且有利于传播优秀文化遗产、繁荣发展文化事业，在传承人文精神、建设和谐社会、推进文明进步等方面都具有十分重要的历史意义和现实意义。

本书始终高举爱国主义的旗帜，恪守实事求是的方针，做到既以史为鉴，又注重文章质量；既关注社会民生，又突出地方特色；既保证优秀作品的流传，又能多选一些早期出版的不易查找的资料，比较全面地反映出沙埕各个时期的重要人物、重大事件、重要民俗活动。本书分为海洋聚落、渔业生计、信俗文化、民俗风情、宗族源流、文教卫生和物华吟赏等7个篇章，这些史料纵横交错、鸿纤毕现地展示了沙埕沧海桑田的时代巨变，填补了一般历史记载的不足和空白，体现了独特而珍贵的史料价值，同时也是我们进行爱国主义教育和革命传统教育的好教材，可以增强人们对家乡的归属感和认同感，在更深层次上加强中华民族的向心力和凝聚力。

据编纂者介绍，本书数易其稿，倾注着全体编纂工作者的心血和汗水，也凝聚着各级领导、社会各界尤其是文史爱好者的爱心和热情。在此，我们向付出辛勤劳动的编纂者和关心、支持本次编纂工作的各级领导、社会各界人士表示诚挚的感谢！

沙埕历史上的诸多事件及相关人物，随着物换星移慢慢淡化，但历史是昨天的客观存在，也是我们认识现实、改变现实、走向美好未来的新起点。迈向新征程的沙埕，在新时代旗帜的指引下，正在酝酿着新的腾飞，孕育着新的希望，建设“福鼎市海洋港口经济桥头堡”，聚焦“一岛一湾一带一基地”“蓝色港湾、海韵沙埕”的蓝图正一步一步走向现实。我们坚信，美丽沙埕港的明天必将更加美好！

是为序。

（本文作者为宁德市政协原党组书记、主席）

目 录

海洋聚落

渔业生计

信俗文化

民俗风情

宗族源流

文教卫生

物华吟赏

海洋聚落

沙埕历史沿革及村（居）概况

张云鹤

沙埕旧称沙关，古时以遍地金黄的沙滩而得名；另一说则源于沙埕被设置为海关的历史。它位于福鼎市东南部闽浙海岸之交，北靠陆地，南临海港，是一个历史悠久的港口集镇。在明代，沙埕港属福宁州劝儒乡育仁里十四都，是福建海防要地。明嘉靖年间，东南沿海一带倭寇肆虐，福宁州设烽火门水寨，以所辖官井、沙埕、罗浮为南、北、中三哨，其中地处闽浙之交的沙埕港凭借优越的寄泊条件成为重要的海防要口。卢建一《闽台海防研究》中提到，清初，沙埕属福宁州，福鼎置县后沙埕属福鼎县二十都；当时的沙埕港成为郑氏集团军需粮饷、通洋货物往来中转的重要口岸和抗清根据地。《福鼎文史》载，17 世纪中叶，郑氏集团为了摆脱清朝的海禁政策，致力发展对外贸易，沙埕港随之成为国内各省众商（或称散商、轮商）与日本岛国走私贸易的集散地。为遏阻郑氏武装集团的海上贸易活动及抗清复明斗争，顺治十八年（1661），康熙帝颁布《严禁通海敕谕》，并下令迁界，沙埕居民内迁数十里，港口成为无人区域。康熙二十二年（1683），清政府统一台湾，东南沿海的海上贸易遂得以解禁。到了清代晚期，沙埕以其独特的区位和地理优势，又成为茶、盐、矾商汇集之地。福鼎的茶、盐、矾等特产，部分由沙埕港装民船运往福州、香港、汕头等地销售。清光绪三十二年（1906），英商义和洋行首先来沙埕开埠，租沙埕刘氏世禄公祠堂及九使宫为轮栈及仓库，航道东通台澎、南往闽粤、北通江浙等地，后播至亚欧各地。

民国初年，设立沙埕区，1940 年设沙埕镇，1946 年改称沙埕乡。1949 年，新中国成立后，沙埕属于前岐区。1952 年 5 月，沙埕单独成立沙埕区，1958 年 8 月成立沙埕人民公社，地址设在南镇村。沙埕人民公社下设沙埕、澳腰两个管理区，其中沙埕管理区分管沙埕、澳口、流江；澳腰管理区管理澳腰、后港。与此同时，沙埕下片成立川石人民公社，管理川石、后澳、黄岐、交椅坪、敏灶、王谷、大白鹭、水澳、官城等自然村落，其中官城、水澳、大白鹭隶属水澳管理区；王谷、敏灶隶属敏灶管理区；黄岐、交椅坪隶属黄岐管理区。后经决定，川石人民公社并入沙埕人民公社。

沙埕港作为一个典型的渔港集镇，农业经济发展相对薄弱。20 世纪 60 年代，为了响应国家“农业学大寨”的建设政策，一方面，各生产大队开展了围垦滩涂、开辟荒山等一系列造田运动。比如在位于闽浙交界的鹭角生产大队建设一个小型水库，用以灌溉农业；刘家山被划分给水生大队，由之负责在当地开山造田；虎头鼻也被并入以渔业经济为主的水生大队。虎头鼻因村落边界处的一块石头形似虎头而得名，依据山形地势划分出上、下虎头鼻。虎头鼻村民最初居住在上虎头鼻岭头，据山为业，从事农耕，因此将虎头鼻划入水生大队，正好可以实现渔农兼有的发展目标。随着山下公路的修建，整村搬迁至下虎头鼻，以海为生，发展海带、紫菜等海上养殖业。“农业学大寨”期间，龙安附近的涵头村是一片广阔的滩涂，由水生大队负责围垦开田，随后又加入了南镇、金德弯两个村子共同进行围垦。当时被开垦的滩涂全部用作水田，约百多亩，耗时 8 年左右。后来，涵头被开发为工业区，政府每年向水生村定期发放粮食补贴。另一方面，为了发展沙埕的农业经济，政府将原本属于前岐镇管辖的罗唇、双华以及台峰村（原属店下镇）3 个以农业为主的自然村并入沙埕镇。1984 年，沙埕人民公社改为区公所，罗唇、双华两个生产大队重新被划归前岐管理，而台峰村则一直被保留在沙埕管辖范围之内。沙埕区公所延续 3 年左右，于 1987 年更名为沙埕镇。

20 世纪 50 年代至 80 年代，沙埕是全国重要的渔港。水生大队以敲罟、大围缯等作业方式围捕黄瓜鱼（大黄鱼、黄花鱼）而闻名沿海各渔业村落，与当时的连江东升大队、龙海石码大队并称为福建省渔业丰产的“三面红旗”。当地所流传的“一网金鳞”的捕捞传奇不仅塑造了水生大队作为“渔业大寨”的高产典型，还承载了沙埕渔民集体化捕捞时代的共同记忆。1992 年至 1995 年，沙埕镇先后被福建省批准为对台贸易点、对台劳务输出点和台轮停泊点，沙埕成为闽东沿海地区对台进出口贸易活动和近海劳务输出的重要港口。如今，沙埕镇经贸活动繁荣，全镇总人口达 3.75 万人，80% 的人口从事渔业生产或者与之配套的相关工作，如开设造船厂、船舶修配厂和供应渔需等，是福鼎最大的渔区集镇、渔业主产区。

沙埕镇下辖 3 个社区、19 个行政村，分别为沙埕社区、内澳社区、外澳社区和水生村、和平村、台山村、澳口村、流江村、后港村、澳腰村、南镇村、台峰村、小白鹭村、官城村、水澳村、大白鹭村、王谷村、敏灶村、川石村、后澳村、交椅坪村、上黄岐村。在当地人看来，沙埕港形似 5 根手指，弯弯曲曲，上下起伏，将这些社区和行政村连续成一个整体。沙埕集镇上分布着沙埕社区、内澳社区、外澳社区、水生村与和平村，集镇向西北方向延伸至澳口、流江；沙埕港南岸伫立着南镇、澳腰、后港 3 个行政村。以地势最高的台峰村为界，包含小白鹭、官城、水澳、大白鹭、王谷、敏灶、川石、后澳、交椅坪、上黄岐在内的 11 个村落，俗称“下片”，每个村落依据各自的地理环境，发展出多样化的生计方式，特色纷呈。

内澳社区

内澳社区地处沙埕港集镇码头边，集体化时代称“搬运社”，社内成员以搬货、卸货为主要工作。社区辖 4 个片区，总人口为 1082 人，总户数为 302 户。

外澳社区

外澳社区位于沙埕港集镇，社区内有 256 户、882 人。全社区共有林地面积 5 亩，生态林 1 亩，拥有大小船只 26 艘，居民主要依靠海上养殖和外海运输业发家致富。

沙埕社区

沙埕社区位于沙埕港畔，与浙江省苍南县沿浦镇沙岭村相连。居民共有 1164 户，总人口 3519 人。社区内三分之二的居民为个体户，从事海水养殖等行业，其他三分之一的居民是企事业单位干部、职工家属。

沙埕社区以“生产发展、生活宽裕、乡风文明、村容整洁、管理民主”为总体目标，极力改变街容街貌。几年来先后投入 30 多万元建成沙埕气排球馆，投入 20 多万元建设多项公益设施，2010 年投入 15 万元建成 150 平方米居民综合办公楼方便社区居民办事。 沙埕社区曾先后被闽浙毗邻地区第一联防区授予护林联防先进单位，被沙埕镇党委政府授予综合考评先进单位，被福鼎市委、福鼎市人民政府评为 2012 年度人口和计生（村）居民自治先进单位。

和平村

和平村地处沙埕港集镇，辖 3 个片区，总户数 248 户，总人口 858 人。全村村民依靠养殖、近海捕捞发展经济，尤其以定置网作业为主。全村拥有 60 匹马力以上船只 2 艘，60 匹马力以下船只 64 艘，其中 16 艘为养殖船。

水生村

水生村位于闽浙交界，与浙江沙岭村相毗连，是福鼎市重点渔业村。该村下辖 7 个片区和 1 个虎头鼻农业自然村，共 880 户，总人口 3150 人。全村拥有大小渔船 95 艘；

养殖海带、紫菜 235 亩；网箱养殖 766 口；农业耕地 72 亩。全村总劳动力共 700 余人，主要从事渔业生产捕捞、养殖及农业生产。

水生村积极引导渔民群众发展渔业生产和进行船只改造，促进生产效益增产增收。同时村极力筹集资金投入各片区和自然村道路改造、增设和改造饮水设施等公益事业，促进村民日常生活环境优化。积极开展创建“平安水生”和“五好家庭”、社会治安综合治理等活动，促进形成乡村文明、社会稳定的新局面。多次被镇党委评为“先进基层党组织”。

澳口村

澳口村地处闽浙交界，与沙埕集镇相连，海岸线长达 3 公里，辖 5 个自然村，全村共 231 户、804 人。耕地总面积 245 亩，36% 的劳动力主要从事渔业及海上养殖。全村拥有大小船只 61 艘，山海资源丰富，有海域面积 2000 多亩，紫菜养殖面积 1068 亩。林地面积 1740 亩，森林覆盖率达 80%，适宜发展油菜籽、太子参、水果、蔬菜等经济作物。澳口村海洋鱼类丰富，主要盛产黄花鱼、鲈鱼、海带、紫菜、蛤等经济类海产品。此外，澳口村兼有渔船修造产业，在过去建有两个修造船厂，其工作人员多以澳口村民为主。

流江村

流江村位于沙埕港北岸，距集镇 7 公里，辖 6 个自然村，全村共 393 户、1493 人，党员 53 人，65% 的劳动力从事渔业及海上养殖。全村拥有大小船只 100 多艘，山海资源丰富，海域面积达 808.3 亩，紫菜养殖面积达 280 亩，有林地面积 3282.7 亩，适宜发展黄栀子、茶叶、水果、粮食作物等经济作物。流江村海洋鱼类丰富，主要盛产黄鱼、对虾、梭子蟹等经济类海产品。

后港村

后港村位于沙埕港南岸，与龙安开发区、店下镇相连，是沙埕镇重点渔业村之一，下辖 6 个自然村（其中 2 个少数民族村），共 480 户、1685 人。村民主要依靠近海捕捞、养殖及农业产品发家致富。该村山地资源丰富，现有耕地面积 900 亩、生态林 2076 亩、有机茶 130 亩、四季柚 100 亩、芦柑 40 亩、杨梅 30 亩。近海养殖业发达，现有渔排 5300 口、梭子蟹 570 亩、高密度对虾 300 亩。

南镇村

南镇村位于沙埕港南岸沿海突出部，是一个三面临海、一面背山的半岛渔村。在不足 2 平方公里的土地上，分布着 10 个自然村，共 1600 多户，近 7000 人，拥有各类渔货船只近 300 艘，商饮服务网点百余家。现有耕地 1130 亩，林地 3915 亩。有海水养殖面积 1000 多亩，海洋渔业是其支柱产业，全村 80% 以上的劳动力从事渔业生产。

澳腰村

澳腰村位于沙埕港南岸，背靠台峰山脉，全村共有 411 户、1353 人，辖 4 个自然村，是个渔农兼作的行政村。该村 85% 以上的劳动力从事海洋渔业生产，有渔船 100 多艘。

台峰村

台峰村地处闽浙交界，位于沙埕镇南镇半岛西端。这里山清水秀，空气清新。该村辖 7 个自然村，全村共 456 户、1673 人，山海资源丰富，海域面积达 18 亩，紫菜养殖面积 25 亩；林地面积 1000 亩，森林覆盖率达 96%，适宜发展茶叶、太子参、黄栀子等经济作物 。

盾洋水库又名党洋水库，位于后港溪上游，在台峰村党洋自然村内，是一座以饮用水供水为主，结合农业灌溉的综合利用小㈠型水库。枢纽工程由大坝、溢洪道、输水涵洞等建筑物组成。水库大坝于 1973 年 12 月动工兴建，1975 年 11 月全面竣工，并开始蓄水。大坝坝型为斜墙土石混合坝，最大坝高 36.26 米，坝顶长 98.1 米，坝顶宽 5.1 米，坝顶高程 216.05 米，防浪墙高程 216.88 米，坝基高程 179.79 米。大坝正常蓄水位 213.77 米，相应库容 134 万立方米。渠道工程于 1975 年 10 月动工，1976 年 10 月完成渠道配套 6.8 千米。溢洪道位于大坝左岸，堰顶高程 213.77 米，堰顶净宽 12.5 米，为自由溢流型。输水涵洞位于大坝右岸岸坡，基础为岩石，浆砌方整条石城门型拱涵，宽 1 米，高 1.5 米，全长 70 米。涵洞进口高程 195.5 米，放水设备为岸坡式斜拉铸铁闸门，直径 0.5 米，最大放水量 1 立方米 / 秒，配用一台 5 吨手摇螺杆启闭机。水库建设蓄水后，随着蓄水量水位上涨，周边不宜群众居住，随后党洋自然村群众于1990年整村搬迁至下游后港村陈厝里自然村。后因福鼎市开发建设16号泊位码头项目用地选址需要，对后港村陈厝里自然村地块实施征地工作，所以该处的群众于2016年再次移民至龙安经济开发区颐林小区安置地生产生活。

小白鹭村

小白鹭村依山面海，与店下镇交界，北与台峰村相距2公里，南与水澳、大白鹭村相距2.5公里，东与台山列岛隔海相望，距福鼎市41公里，距沙埕港15公里，是福鼎市主要的海滨旅游度假村之一。村落面积5.5平方公里，辖5个自然村，其中耕地面积778亩，山地面积2000多亩，基本农田740多亩。全村85%的劳动力主要从事渔业及海上养殖，拥有大小船只160多艘，养殖面积达1500亩，有紫菜、海带等水产品加工企业18家，年产量达9000吨，年创产值达4600万元，卸港量1.1万吨。2010年被评为省级“水乡渔村”，并荣获“福鼎市第十一届2007—2009年度文明村”光荣称号，2012年荣膺“全国休闲渔业示范基地”。

小白鹭水乡渔村地处沙埕镇东南海湾，距著名的风景名胜区——太姥山15公里。沙滩总面积2.5万平方米，滩宽沙软、坡度平稳，潮汐稳静，属往返流，落潮速大于涨潮速，历年最高潮位2.28米，多年平均潮位1.22米，历年最低潮位1.88米，最高潮差4.16米，是天然优良海水浴场，浴场面积25万平方米。背依山峦，草木葱郁，奇石峭壁；远眺湛蓝大海，水天一色，使人心旷神怡，是旅游度假避暑的理想去处。

水澳村

水澳村位于福鼎市沙埕镇下片，东接官城村，西接大白鹭村。全村共辖4个自然村，共420户、1620人。村民主要依靠渔业、养殖业、农业发家致富，是沙埕镇重点渔农兼作的行政村之一。目前，全村共有大小渔船130余艘，耕地面积200余亩，海带及紫菜养殖面积380亩。

官城村

本地人称“官城尾”，因位于山脉尾端而得名。它是沙埕镇重点渔农兼作的行政村之一。距集镇22公里，三面靠海，村落面积4平方公里，辖3个自然村。村中渔业资源丰富，主要盛产鲳鱼、青蟹、梭子蟹等经济类海产品，因此渔业生产、海上养殖为村民的主要经济来源。

大白鹭村

大白鹭村位于沙埕港南岸，距集镇32公里，辖2个自然村，全村共328户、1206人。全村65%的劳动力主要从事渔业及海上养殖。全村拥有大小船只超180艘，山海资源丰富，林地面积1335亩，森林覆盖率达85%；海域面积达965亩，适宜进行紫菜养殖、渔业捕捞和农业生产。

王谷村

王谷村位于沙埕镇西南部，距集镇56公里，辖4个自然村，全村共259户、769人。全村劳动力主要从事海上运输、海上养殖业或外出务工。全村山海资源丰富，海域面积达1100亩，紫菜养殖面积500多亩，南美对虾养殖基地占地100多亩；林地面积1600多亩，森林覆盖率98%，适宜发展农业休闲旅游。

敏灶村

敏灶村位于沙埕港西南沿岸，东临东海，与星仔列岛遥遥相对，南眺东引岛。敏灶村距集镇近20公里，全村共546户、2468人，常住共183户、560人；85%的村民从事渔业生产。全村山海资源丰富，海域面积10000多亩，紫菜养殖面积7000多亩；林地面积1443亩，森林覆盖率80%，适宜发展地瓜、土豆、紫菜、海带等经济作物。敏灶村是沙埕镇海洋鱼类和紫菜资源最丰富的渔村之一，主要盛产鲈鱼、鲳鱼、虾皮、丁香鱼、红虾等经济类海产品。

川石村

川石村地处沙埕港南岸的沿海半岛突出部。全村总人口共256户、1026人，村民主要从事海上养殖和渔业捕捞。全村拥有大小船只120艘，海域面积1400多亩，耕地面积1600多亩，林地面积2200多亩。该村地势平坦、视野开阔、环境优美，有历史闻名的天然避风澳（可同时容纳1000多艘养殖船只），连接660米的金色沙滩，形成一幅美丽的山海自然景观图。

后澳村

后澳村位于沙埕港南端下半片，全村共有 2 个村民小组，合计 179 户、572 人。其中少数民族（郭姓回族）186 人，少数民族人口占全村总人口的 32.5%。全村林地面积 286 亩，有大小船只 36 艘。村民主要从事紫菜养殖，养殖面积达 800 亩。

交椅坪村

交椅坪村位于沙埕港西南方，黄岐半岛突出部，与中国十大美丽海岛之一的嵛山岛隔海相望。全村共 242 户、851 人，辖 4 个自然村，海洋资源丰富，盛产野生小黄鱼、海鲫、鲈鱼，村民生计主要以近海捕捞及紫菜养殖为主；农业生产适宜发展地瓜、土豆等经济作物。

黄岐村

黄岐村位于沙埕港南端突出部，距集镇 40 公里，辖 3 个自然村。全村共 626 户、2382 人，65% 的劳动力主要从事渔业及海上养殖。全村拥有大小船只 200 多艘。全村山海资源丰富，海域面积达 1800 亩，紫菜养殖面积 1200 多亩，林地面积 1700 多亩，森林覆盖率达 80%，适宜进行紫菜养殖、渔业捕捞和农业生产。

台山村

台山村位于福鼎市境内东南海域，有东、西台两个自然村，共 193 户、428 人，加上驻岛部队官兵 130 多人，生产旺季时有外来打工人员 500 多人，总计 1000 多人。全村 90% 以上人口从事渔业生产作业，2012 年拥有各类渔船 29 艘，其中 60 匹马力以上的有 9 艘。

（本文撰写得到沙埕镇政府和黄孝祥、刘本波等的帮助）

沙埕港与南明史上的“反清复明”运动

白荣敏

沙埕港位于福建省东北端、福鼎市境内，为我国东南天然良港，福建省重要渔港，因地理位置得天独厚，形势险要，亦为福建沿海军事重镇。港湾入口地处闽浙交界，湾口之外有北关、南关两岛屿为天然屏障。沙埕港湾狭长弯曲，深入内陆达 36 公里。两岸山丘对峙，峰峦绵延。港中水深波平，海轮巨舰停泊其间，安若堂奥。湾口北岸为沙埕集镇，距离福鼎市区 45 公里，清嘉庆《福鼎县志 · 海防》曰：“沙埕在县治东南，三面俱海，商民辐辏，与南镇对峙，上接关山，下联烽火，为县治海道咽喉。”过了“咽喉”，进入流江、罗唇海域，清光绪《浙江沿海图说 · 南北关 · 形势》这样描述：“水道深广，可泊大轮数十号，两岸尚可择地开筑船坞，口门两山拱峙，关隘天然，若再守以坚舰利炮，可为海军屯聚之所 。”

清代历史地理学家顾祖禹的历史地理、兵要地志专著《读史方舆纪要》卷九十六载：“沙埕堡，在州东北。《海防略》：‘沙埕征榷要冲，商民辐辏，三面俱海，贼所垂涎……旧设土堡于相近之高岩，以防海口。’”《读史方舆纪要》分析了福建的军事地理形势，认为“温州以南由泰顺而逾分水，自平阳而越流江，福宁、侯官之郊，皆战场也”。此处提到的“分水”和“流江”，均在地处闽东北一隅的福鼎市境内。“分水”即今之与温州市苍南县（旧属平阳县）交界的分水关，往西还有一个与温州市泰顺县交界的叠石关，均为闽浙陆域交界的关口；而“流江”则是闽浙水域交界，关曰“沙关”，即今福鼎市沙埕集镇所在地。

沙埕镇今有一个村名叫“流江”，与沙埕集镇同处沙埕港北岸，二者相距大约 10 公里，如果不说“村”而仅说“江”，则“流江”就是沙埕集镇到流江村甚至再往西北到佳阳畲族乡罗唇村这一段 10 多公里岸线所对应的沙埕港入海口以内海域。《读史方舆纪要》在说到福建的“海”时认为，“守海坛则桐山、流江之备益固，可以增浙江之形势”。流江处沙埕港入海口附近，而桐山处沙埕港末端，这整条沙埕港，实为闽浙之间的天设之险。因此，明洪武十九年（1386），倭寇侵犯东南，朝廷命江夏侯周德兴经理闽海，置烽火寨于福宁（明时闽东置福宁州）海面，后朝廷又在流江置寨，与烽火寨互为掎角之势。《读史方舆纪要》曰：“流江寨，在（福宁）州北百里，与平阳县接界，即横阳江南岸也。《海防考》：‘烽火门之要有官井、流江、九澳诸处，为贼船必泊之所，备御最切，而流江与烽火门尤为犄角之势。’”

关于流江的军事地理地位之重要，《明实录》亦有论及：“诚得专将分守，兼辖水陆，贼虽狡悍，岂能越境！请以福、兴为一路，领以参将黎鹏举驻福宁；水防自流江、烽火门、俞（嵛）山、小埕，以至南日山。”（《明世宗肃皇帝实录》卷四百六十二）这里，把流江与烽火门、嵛山、小埕和南日山等福建沿海最为重要的几处军事要地相提并论，可见这一段海域战略地位之突出。

沙埕港海域用于军事最早可上溯到1700多年前的三国时期。孙吴立国东南，占据福建之后，发挥福建背山面海、造船航海的地理和资源优势，欲把福建建成吴国重要的水师基地，“闽中因此有典船校尉和温麻船屯的设立”（朱维幹《福建史稿》）。据章巽先生《我国古代的海上交通》一书记载，三国时代吴国的造船业最为发达，沿海的主要造船基地有永宁县（今温州市），其附近有横屿船屯（今浙江平阳县北），又于建安设置典船校尉，其附近有温麻船屯。近年的考古发现，当年的温麻船屯，其中心位于霞浦葛洪山脚下的古县村一带，而范围覆盖闽东绝大部分海域。可以想见，沙埕港因其特殊的区位和地理条件，成为温麻船屯的重要据地之一。

东晋末年，朝政腐败，赋役繁苛，民不聊生。隆安三年（399），孙恩在浙东发动起义，江南八郡纷纷响应，后被官兵击败，退守海岛。元兴元年（402），孙恩战败，投海而死。此后其妹夫卢循率残部转战福建，在福建制造船舰，训练军队，广结义士，扩编义军，与刘裕相峙1年多，迫使晋军不敢南进。沙埕港海域之流江、罗唇等地就是当年卢家军队屯兵之所。（据说今地名“罗唇”为“卢屯”谐音演化，“卢屯”即“卢循屯兵之所”之意。）不过起义军最后在东晋军队的残酷镇压下归于失败，失败后，其余部散居闽粤沿海，繁衍子孙。沙埕港亦是其子孙散居地之一，明嘉靖版《福宁州志》明确记载：“白水江，在十九都。白水郎停舟之处。昔闽人徙居水中岛者，有七种。或云白水郎乃卢循余种，散居海上，以船为家。唐武德中招其首领而降之。”明时福宁州十九都为福鼎桐城山门附近，白水江为现在八尺门以内周围海域，为沙埕港的内港分汊之一。

有明一代，东南沿海迭遭倭患，沙埕港海域成为重要抗倭据地。清版《福鼎县志》云：“海之有防，始于有明，海防之严，始于明之嘉靖，嗣后沿海一带筹备益密。”据有关史料记载，明朝政府在沿海一带加强海防建设，置卫所巡检司于沿海，又于外洋岛屿设立水寨，把沙埕港纳入重要的海防范围，沙埕港在驻军、练兵、补给、备战等方面发挥了重要作用。另外，从洪武二年（1369）至嘉靖四十一年（1562），沙埕人民自发奋起建筑抗倭城堡10处。小战事时有发生，值得一提的是，某年倭寇骚扰沙埕、流江，烽火营把总朱玑率“舟师”，在当地群众的配合下大破倭寇，歼敌甚众，俘虏50余人。第二年春，倭寇侵犯台山岛，戚继光所部陈聪等出海迎击，歼敌260余名。

明崇祯十七年（1644），李自成率领的农民起义军攻入北京城，崇祯帝自缢身亡，明朝中央政权覆灭。但是，以明朝宗室为核心的残余势力在南方相继建立了弘光、隆武、鲁监国、永历等政权，史称南明。

南明历时20年，期间闽浙之交的沙埕港成为重要的抗清据地。

1644年，南明第一个政权在南京建立。1645年，鲁王朱以海出任监国。根据徐鼒《小腆纪年附考》的记载，1647年，鲁监国封隆武政权时的尚宝寺卿李向中为兵部侍郎，巡抚福宁。李向中（1611—1651），字豹韦，号立斋，湖广钟祥人，崇祯十三年（1640）进士。被鲁监国授兵部侍郎、巡抚福宁之后，李向中来到了沙埕，为驻守在沙埕的刘中藻部队的监军。《小腆纪年附考》记曰：

> 闽亡（指隆武政权覆亡），奉父母居海滨；刘中藻招之同朝监国，授是职（即兵部侍郎），监中藻军扼沙埕。时兵战屡胜，而多不戢，海上居民谣曰：“长髯总兵，黔面御史，锐头中军，有如封豕。我父我儿，交臂且死！”向中曰：“是非所以成大事也！”中藻曰：“是为监军之任，公何嫌焉！”向中乃持节召其中军将，欲斩之；中军将诉于中藻，中藻曰：“汝今乃遇段太尉也！”自是军士始戢。向中在行间，衣短后衣、缚绔褶，遍历诸舶，加慰劳鲛人蜑户，勉以故国之谊，使量力输助，而无所掠。福宁一带，依之如父云。

鲛人蜑户指散居水上、以船为家、不许陆居、不列户籍，从事捕鱼、采珠等劳动，当时受歧视和迫害的一类“贱民”，在沙埕期间，李向中能够主动亲近他们，加以慰劳，与他们打成一片，可见他的作风亲民，所以能够获得他们的支持和帮助。这一点在南明史上很值得肯定，当时战火频仍，军费开支庞大，部队所过之处，州府百姓负担极重，甚至出现掠夺式筹粮征饷，而李向中等驻沙埕，能做到“使量力输助，而无所掠”，的确难能可贵。

闽浙各地百姓迫于清朝暴虐统治，如火如荼地掀起反抗斗争，鲁监国朱以海不失时宜地组织抗清，颇有一番作为。然而，复明各派势力之间的钩心斗角，互相倾轧，终致坐失良机，使清廷得以凭借有限的兵力各个击破。到了1648年，抗清形势恶化，鲁监国漂泊海上，居无定所，其间“移次沙埕”，至“十一月，王舟退壶江”。（《东南纪事》卷二《鲁王以海》）1649 年正月，鲁监国再一次移驻闽、浙交界的沙埕。一直到了当年夏天，定西侯张名振攻克浙江临海的健跳所，鲁监国才移居该地。《小腆纪年附考》记载，鲁监国于 1649 年七月初五日次健跳所，随扈者大学士沈宸荃、刘沂春，礼部尚书吴钟峦、兵部尚书李向中、右佥都御史张煌言等，“每日朝于水殿”。水殿者，御舟之稍大者，名河艑；其顶即为朝房。落日狂涛，冠裳相对；臣主艰难，于斯为极。

依据沙埕的地形，估计鲁监国及其一班随扈者也是以“水殿”作为临时司令部，其条件的艰苦，生活的艰难，可以想见。好在鲁监国驻扎沙埕在正月至七月之间，那时还不是台风季节，如果是过了七月，台风季节来临，在海上生活，还可能更为艰难。但他们也可能利用沙埕有限的陆地作为战时指挥所和营兵驻地，现沙埕集镇的一些小地名如“御史窟”“兵部岭”“马道头”“旗杆冈”等等，就是当时留下的历史印记。

鲁监国为了利用有生力量激发抗清热情，存在滥发敕印大面积授予官爵的情况，而当时清廷也因为全国南北大规模“反清复明”运动的拖累，兵力不足，疲惫不堪，不得不采取高悬爵禄的方式，鲁监国授予官爵的人只要来降，就保留其原官原爵。1649 年，鲁监国在沙埕期间，封了不少爵禄，后有些人降清，清廷大封其爵，演绎一场“招抚闹剧”。话虽如此，从中我们也可以看出当时沙埕在地理区位和军事战略上的重要性。顾诚《南明史》记曰：

> 1649 年（顺治六年，鲁监国三年）正月，江南江西河南总督马国柱报告：“舟山伪佥都严我公率知府许珖等投诚，并献进剿机宜，愿充向导。”多尔衮如获至宝，立即让马国柱把严我公送到北京，亲自两次召见，授予都察院右副都御史招抚沙埕舟山等处招抚使，携带敕书前往浙江招降明方文武官员。严我公即以清朝钦差大臣的身份派遣使者进入四明山寨和舟山群岛到处游说。在他的策动下，这年三月鲁监国所封开远侯吴凯降清，九月清廷封吴凯为沙埕侯，总统沙埕、舟山、大岚、东白海岛军务总兵官。接着，鲁监国下义安伯顾奇勋降清，被封为舟山伯、舟山总兵。随同降清的明开平将军姜君献被任为归义将军……明副使吕一成为沙埕监军副使，高树勋为舟山监军副使，“俱赐敕印并貂帽蟒袍等物”。

1649 年，鲁监国从健跳所移驻舟山，重新整顿朝政。从这时起至 1651 年，舟山群岛成为鲁监国领导下浙东抗清武装活动的中心，牵制了东南地区大量清军，为郑成功在福建沿海的扩展创造了有利条件。1651 年舟山失守，鲁监国带着张名振等再一次来到沙埕，“沙埕而南即是闽洋海道，非浙中水师所能熟识”。清廷派兵在路上堵剿，鲁监国派部分将领向清方投降，张名振带领其他兵将保护其乘船来到海坛岛，进入郑成功的势力范围。1652 年，朱以海决定放弃监国名义，悄然寄身于郑成功。

郑成功（1624—1662），本名森，又名福松，字明俨、大木。出身于明朝末年泉州南安海商世家“石井郑氏”。弘光时监生，因蒙隆武帝赐明朝国姓“朱”，赐名成功，并封忠孝伯，世称“郑赐姓”“郑国姓”“国姓爷”，又因蒙永历帝封延平王，称“郑延平”。1645 年清军攻入江南，不久其父郑芝龙降清，郑成功哭谏不听，遂率领父亲旧部在中国东南沿海抗清，成为南明后期主要军事力量之一。1646 年在延平设军事指挥部、水师训练基地，巡守南平闽浙赣边关。八月下旬，在延平闽江与清军战斗，交锋不利，率师南下，以金门、厦门为基地，以“招讨大将军”之名，领导东南沿海军民坚持抗清斗争，同时还以厦门港为口岸积极开展东西洋海上贸易，并与西方殖民势力相抗衡。1658 年与张煌言联师北伐，由海路突袭、包围江宁府（今南京），引起清廷的极大恐慌，但终遭清军击退。1661 年率军横渡台湾海峡，翌年击败荷兰东印度公司在台湾的驻军，收复台湾。

顺治十二年（1655），郑成功所部陈辉、周家政、陈奇等率船 300 余只，兵 1 万多人，奇袭了守卫沙埕土堡的清军，歼敌 28 名，缴获红夷小炮 4 门、百子炮 7 门、行营炮 1 门，守将沙埕千总张国忠负伤脱逃。沙埕之役震动了清廷上下，后《候代福建巡抚宜永贵残题本》陈述：“本地波浮孤岛，三面俱海，惟北一线仅通桐山。又无城可守，而倾塌土堡难以支吾。”

《清初郑成功家族满文档案译编》收有清浙江巡抚、都察院右副都御史陈应泰“题为郑军攻陷蒲门并在镇下关屯粮等事本”，按此“题本”所陈述，郑成功本人驻于宁德三都，并在此地造船，其部队大量屯兵于闽浙之交的沿海各重要港口：“郑逆于三沙、沙埕、前岐一带湾泊，屯兵积粮，以为长久之计”，“今贼水陆连营，一则堵我进剿之路，一则欲以乘机窥犯，实其奸诈之心叵测”。郑成功以上述地方为部队驻地，一方面开展海上贸易，一方面与附近清廷势力范围内的清军对峙，但兵多粮少，时常展开一些以劫掠粮饷为目的的大小战役。如这个“题本”所列，顺治十四年（1657）二三月间，就有战事如下，均与沙埕港有关：

二月初八、九等日，贼船数百号停泊于沙埕，十四日登犯沿浦，李、孙二汛防武弁督兵迎敌，贼寇败退。

十九日大伙贼逆数万，一路自金乡、车岭冲犯，一路自沙埕镇迤西进犯，四面围困。我汛防官兵合力堵御，终因众寡不敌，官兵阵亡多人。贼逆蜂拥攻城，势不可当，城遂陷落，汛弁被贼绑缚，绅民横遭炮烙，钱粮米谷被劫一空。贼将掠获粮米俱行运至前岐、沙埕、秦屿、桐山等处，城内积贮粮米，城外屯扎甲兵，又四处抢掠，鸡犬不留。

十九日，贼逆调集沙埕、秦屿之大小船千余号，以及金乡陆贼数万众，梯山航海，自四面八方拥至城下……贼逆围城三十余里，并高声喊曰，降者免死……贼挨家挨户搜取粮米，而后将职等送回城中。贼渠于逆及董、陈、郑、王各营，现驻于城外，连营数十里，并到处搜寻官兵，不断解往船上。

蒲门地处闽浙交界，唐宋以来素为戍守要地，明洪武十七年（1384）为防倭寇而建城，建成后改称“蒲城”，并设千户所。蒲城为浙南要塞，与浙江濒海最南端的镇下关互为犄角，共同构成浙南门户，镇下关与沙埕隔水对望，蒲城与沙埕陆地相连，二者相距10多公里，所以郑成功屯兵沙埕港，欲北上征伐，蒲城为重要目标，平常缺粮少饷，此地亦为“筹粮征饷”的重要对象。

周瑞光《沙埕港》一文认为，沙埕港在明清时代曾是我国东南沿海的重要经济贸易口岸，它为郑成功及与此同时的张煌言、刘中藻等“反清复明”运动提供了大量的军事、经济方面的补给，发挥了巨大的作用。因为，郑氏自据东南沿海诸岛以后，为解决“士卒繁多，地方窄狭，器械未备，粮饷不足”诸多困难，遂积极推行海内外贸易。清人郁永河在《伪郑逸事》一文中评论说：“成功以海外弹丸之地，养兵十余万，甲胄戈矢罔不坚利，战舰以数千计，又交通内地，遍买人心，而财用不匮者，以有通洋之利也。”郑氏集团致力于发展对外贸易，也使得沙埕港成为国内各省的商人与日本等岛国走私贸易的集散地之一。

顺治十五年（1658）郑成功决定率主力乘船北上，扩大东南抗清基地。其北征的途中，沙埕港仍为重要的补给处所与抗清据地。这年五月，中提督甘辉统领前军乘船进至沙埕；二十七日在桐山一带征粮。郑成功亲自带领的主力也到达距沙埕三十里的岑屿，然后继续北上。郑成功部将杨英所著的《从征实录》记载，郑成功曾亲自督师，于六月初四日，“从前岐港登岸进取，由分水关达平阳县交界，前有大溪达金乡卫大海，流水湍急，先令小舡船渡载过江”，六月初十日起，张煌言、甘辉等集中兵力进攻瑞安县城。七月间，驾抵舟山，八月十日于羊山突遇台风，折回，“十二月十五日，赐姓驾至沙关”。又“己亥，顺治十六年（1659）正月，赐姓驻沙关”。顾诚《南明史》说，大致来说，在第一次北征受挫到次年五月入吴淞口进攻南京的半年多时间里，郑军主力一直驻于浙江沿海一带，郑成功本人往来于温州乐清的磐石卫和福建北部的沙关二地。1659年春夏，郑成功、张煌言再次亲统大军北上，进攻南京。失利后退居厦门，把目光转向台湾，于1662年从荷兰殖民者手中收复了台湾。

而张煌言因为不赞成郑成功收复台湾，所以南京之役失利后就退到浙江濒海军中，重新酝酿拥戴朱以海出面组织朝廷，继续坚持抗清。不意鲁监国朱以海1662年病死于金门，享年45岁。

张煌言（1620—1664），字玄著，号苍水，宁波鄞县人，崇祯年间举人，官至南明兵部尚书，是一位文武兼备的抗清名将。1645年南京失守后，与钱肃乐等起兵抗清。后奉鲁监国，联络13家农民军，并与郑成功配合，亲率部队连下安徽20余城，坚持抗清斗争近20年。在这近20年当中，他曾经"三度闽关，四入长江"。所谓"三度闽关"，就是指他曾三次到过沙埕，在此设过战时统帅部。

> 十年三度到闽关，风急星回客未还。腰腊总来殊越俗，屠苏哪得破愁颜！
> 春符竞贴黄龙榜，新历虚衔丹凤班。怅望故山云物改，归心不断岁时间。

张煌言于1661年冬又一次进驻沙埕。过年了，当地居民按照当地的风俗，祭祀、喝酒、贴春联……这勾起了张煌言的浓浓思乡之情，他出生入死，转战沙场，抗击清兵已有17个年头，再加上其时郑成功收复台湾后，建立了郑氏政权，而抗清形势越发严峻，抗清义军处境艰难，他对前途感到完全绝望。那一个除夕，张煌言站在沙埕的高处，望着滔滔不绝的沙埕港水和浩瀚无边的东海，再向着故乡的方向，想着抗清大志难以实现，心潮澎湃，写下了《辛丑除夕，行营沙关》。张煌言还写过一首《三过沙关》：

> 五载真如梦，秦川恨旧游。地分山闽越，天阔水沉浮。
> 鸿鹄难羁绁，蛟龙空负舟！包胥洵国士，复郢便辞侯。

张煌言在沙埕还写有另一首诗《辛丑秋，虏迁闽浙沿海居民。壬寅春，余舣棹海滨，春燕来巢于舟，有感而作》：

> 去年新燕至，新巢在大厦；今年旧燕来，旧垒多败瓦。燕语问主人，呢喃语盈把："画梁不可望，画舰聊相傍。肃羽恨依栖，衔泥叹飘扬。"自言："昨辞秋社归，比来春社添恶况；一片蘼芜兵燹红，朱门哪得还无恙？最怜寻常百姓家，荒烟总似乌衣巷。"君不见，晋室中叶乱五胡，烟火萧

条千里孤。春燕巢林木，空山啼鹧鸪。只今胡马复南牧，江村古木窜鼪鼯。万户千门空四壁，燕来亦随樯上乌。海翁顾燕三叹息："风帘雨幕胡为乎？"

这首诗悲壮苍凉，荡气回肠，表达了他对战事不断、民不聊生的痛恨和无奈，其忧国忧民之心跃然纸上。但英雄无回天之力，历史按照它必然的轨道运行，就如这沙埕港的水流，无人能阻挡。

一年多后，张煌言被清军杀害于杭州弼教坊，年仅 45 岁。行刑前他索纸笔赋绝命诗曰：

我年适五九，复逢九月七。大厦已不支，成仁万事毕。

"我年适五九"，"五九"为四十五，他一直追随的鲁监国 1661 年逝世刚好也是 45 岁！张煌言被杀害时立而受刃，死而不倒。明末清初大学者黄宗羲在张煌言的墓志铭中写道："慷慨赴死易，从容就义难。"作为一个将士，冲锋陷阵，战死于沙场，或国破君亡，自杀以殉国，都是慷慨赴死，对于满怀忠诚的人来说这并不难，难的是像张煌言这样从容就义。《东南纪事》作者邵廷寀在《张煌言传》中赞叹："王文成公有言：'死天下事易，成天下事难。'此责成于可成之日，不以一死塞也。……煌言固死而不死，不成而真有成也。"顾诚教授在《南明史》一书中认为，在南明历史上，最杰出的的政治家有两位，一位是堵胤锡，另一位就是张煌言。可惜张煌言偏处浙江、福建海隅，得不到支持，空怀报国之志。历史上常说"何代无才"，治世不能"借才于异代"，就南明而言又何尝不是如此。"在南明为数众多的人物中，张煌言的地位并不显赫，然而在长达二十年的抗清斗争中，他历尽了艰难险阻，处处以大局为重，几乎是一位无可挑剔的完人。"

张煌言与岳飞、于谦并称"西湖三杰"。清国史馆为其立传，《明史》有传。乾隆四十一年（1776）被追谥忠烈，入祀忠义祠，收入《钦定胜朝殉节诸臣录》。张煌言是一位儒将、一位诗人，其诗文多是在战斗生涯里写成，质朴悲壮，表现其忧国忧民的爱国热情，有《张苍水集》行世。

沙埕历史遗迹

苏 倩

沙埕城堡

明清之际，福建一直是倭患的重灾区。福鼎位于福建省东南部，明清隶属福宁州（府）管辖，东北接浙江省平阳县，东南濒临东海，《福鼎县志》载“前代屡有倭警”。据史料记载，洪武五年（1372），倭寇侵犯浙江海盐，杀掠人民。又侵犯福建宁德，“杀掠居民350人，焚烧房屋千余间，劫掠粮食250石”。倭寇烧杀抢掠，无恶不作。《明清战争史略》中也记载到，嘉靖三十一年到三十六年间（1552—1557），福建沿海几乎年年都有倭寇骚扰，倭寇先后攻陷了福清、福安、福宁、宁德、永宁等县（州）城，并在宁德县郊的横屿岛及福清县境的峰头等澳设立了两个窝巢。为了抵御外敌的入侵，当时修建了许多城堡。《福鼎县志》载，自明洪武到嘉靖200年间，全县的城堡据统计有30多座，现存的有桐山堡、潋城城堡、石兰古堡等。沙埕位于福鼎市东南闽浙交界之处，是沙埕港汇入东海的入口处，“三面俱海，商民辐辏，与南镇对峙，上接关山，下联烽火，为县沿海道咽喉”。“沙埕港水道深广，可泊大轮数十号，两岸尚可开筑船坞，口门两山拱峙，关隘天然，若再守以坚舰利炮，可为海军屯聚之所。”其便利及险峻的地理位置，促使沙埕港海域成为当时重要的抗倭基地。明洪武年间（1368—1398），在鼎邑之南金、全家山、三石、大峰、黄岐、白岩、南岭、水澳、沙埕等10处筑有烽火燧，由福宁卫拨军哨守。当时“最要口岸有三，曰南镇，曰潋城，曰秦屿，逼近外洋；其余各澳及诸港汊，在在均可通海”。于是官府在以上各地紧要澳口设把总、兵丁、大炮手若干，与陆上烽火营和巡检司相呼应，织成一条沿海防线。除此之外，政府及村民还修筑了许多城堡来加强抗倭力量。《明史》：“洪武二十年命江夏侯周德兴……为沿海戍兵，移至卫所，于要害处筑城十六。”其中较大的城堡由政府修建，较小的则由老百姓自发组织建立，《福鼎县志·城池》中载：“明嘉靖三十八年，乡人筑石堡以备倭。”沙埕至今仍留有一些城堡的遗迹，笔者在此对这些城堡进行简单介绍。

沙埕堡　清嘉庆年间《福鼎县志》中载：“俱在二十都。《明史·地理志》：

‘州东北有沙埕堡。’《州志》：‘近浙江蒲门，今成镇市，烽火营守之。’”现已无存。但据史料记载，郑成功第二次北伐后，曾在沙关驻扎。郑成功第二次北伐结束时间为清顺治十五年（1658），第三次北伐时间为清顺治十六年（1659），而这期间郑成功曾两次驾驻沙关。沙关即沙埕关。但史料中载：“年来因沙埕土堡废颓，三面皆海，逆贼易于侵犯，南北商贾以血本为重，视秦屿土堡坚固，咸集于此贸易，沙埕税关亦移秦屿榷课，昔称沙埕关，今竟为秦屿关矣。”因此沙埕土堡在郑成功第二次北伐后是否已颓废不堪，则有待考证。

南镇堡　南镇是一个三面临海、一面背山的半岛渔村，曾作为重要的海防口岸。南镇建有 2 座城堡，均为防御倭寇。《福鼎县志》载一座名“上澳堡”，“明洪武二年置福宁卫军防守”，现已毁损。另一座名“中澳堡”，位于南镇内澳。城堡形状近似梯形，坐北向南，面朝沙埕港，以防御从海上来的倭寇。由于年久失修，再加上发展初期占用土地，大部分城墙及城门由于自然及人为因素已毁坏，现存城垣仅百余米。城堡共有 4 个城门，现在仅存南门，门高 3.7 米、厚 3.4 米、宽 1.5 米，为花岗岩堆砌而成。至今南门仍是南门内居民出行必经之处。

中澳堡南门（刘端富 供图）

大白鹭堡　大白鹭村与黄岐、沙埕、水澳等处一样都是明清海防重地。明代，沿海一带倭寇出没，海盗猖獗，白鹭村作为海防要地被列入福宁卫的管辖和军事建制。据说现在的老村落建于明代，出于海防需要，村落修建了围墙和城门。白鹭村东、西方向两个出口分别有高 2 米多的石围墙和入村拱形城门，西围墙现已破败得只剩下一点轮廓。作为明清的海防重地，白鹭海湾和沙滩上发生过许多战事，沙地上曾横尸遍野，村民就把战死者埋于沙滩之中。据现在的居民说，以前白鹭沙滩高数米、宽数十米、长好几百米，沙地上芦苇成片，台风后，沙滩上时不时会发现一些被风沙漂白的人骨，据说就是抗倭先人的尸骨。20 世纪 70 年代初，大白鹭村响应“农业学大寨”的号召，进行土地平整，也从沙地里挖出几座简易的石灰土坟，后被村民迁移埋葬。《福鼎县志》中也记载有白鹭村民“里人施义芳筑义冢”的事迹。先辈们用生命才换来了村民们今天的安居乐业，繁衍生息。

水澳堡　水澳村位于敏灶湾的北部，海水环湾，形成天然内港。东临官城村，西临大白鹭村。洪武年间（1368—1398），徙桐山巡检寨于水澳，为水澳巡检司，可见其海防位置的重要性，其战略地位犹胜于桐山。水澳城堡位于水澳村，距“大白鹭东五里，明洪武二年置福宁军防守，《州志》作水屿堡”。据碑文记载，城堡为江夏侯周德兴督建。嘉靖四十三年（1564），倭寇猖肆，水澳守将李超出兵平寇。水澳堡依山岛而建成环卫形，坐北朝南，向小澳湾。城堡原开4个城门，由花岗岩堆砌而成。今南门已失，仅存东、西、北3个城门。东门呈方形，宽1.4米、高2米、厚1.3米，面临大海，对面就是冬瓜屿；西门为拱形门，宽1.6米、高3.9米、厚1.7米；北门呈拱形，于1993年重修，宽2.5米、高3.5米、厚2.7米。城墙总长近1200米，依据地形最高处达16米多，最低处也有6米多，总建筑面积达10余万平方米。曾经气势恢弘的城堡，如今仅剩下200余米的城墙，不禁令人哀叹。

水澳堡碑刻（刘端富 供图）

水澳堡城门（刘端富 供图）

水澳堡城墙（刘端富 供图）

官城堡　位于沙埕镇官城尾村（又名官城村）。清嘉庆年间《福鼎县志》卷一“城池”中载“官城堡俱在四都水澳东十里”。据说，官城人在乾隆十六年（1751）才从平潭岛移居到这里，发现这荒无人烟的地方却有一座完好的古城堡。城堡平面呈梯形，全长450米，面积1.3万平方米。坐北朝南，依山面水，南面遥望中国十大美丽海岛之一的嵛山岛，站在城墙上，闽浙交界的美景，七星岛、台山列岛等海滨风光一览无余。城堡分东门和西门，城墙厚约六七米，由块石堆砌而成。如今城堡只残留一东门，呈方形。出于对城堡的完整性考虑，当地政府于2013年夏天重建了西门，使其恢复了原来的模样。古城堡在官城陈、邱两姓迁入之前就已存在，但城内却荒芜一片，空无一人。在城外不远处有一座古墓，城内还有一口神奇的水井，至今保存完好。水井里的水冬天温度在36至38摄氏度左右，夏天在1至2摄氏度左右，如同一个天然空调，当地百姓常在夏天把啤酒等饮料放在井底降温。官城堡当年并没有人住，但被发现后就有百姓居住了，至今仍有数十位老人居住其间。历代以来，关于城堡有两种传说：一是过去城堡里是有百姓居住的，由于种种原因被迫迁居别处。另一种说法是民族英雄郑成功率领的军队曾在此驻扎。据史料记载，1658年，郑成功率23万大军，北上抗清时几度驻扎沙埕。因此，当时的官兵有可能就驻扎在官城，但是否因此而修建了城堡，无法证实。如今的古堡，已成为防风台和人们观景的好去处。

黄岐村上城城堡　位于沙埕镇黄岐村上城自然村内。嘉庆《福鼎县志》载城堡在“明洪武二年置福宁卫军防守”。据村民说，上城还设有烟火台，与溪美、大篔筜的烟火台相互呼应，一旦有倭寇进犯，就燃烟发出信号。城堡形状为椭圆形，城墙由石块堆砌而成，依山而走。城堡东门宽1.2米，深6.6米。城堡占地面积为2000平方米。但由于年久失修，城堡大部分已被毁损或拆除，现在仅遗留城垣近百米，且周围杂草丛生，一派荒凉。

上城城堡城门遗迹（刘端富 供图）

敏灶碉堡（刘端富 供图）

敏灶碉堡　位于福鼎市沙埕镇敏灶村，据建筑风格判断建于20世纪60年代初，坐东向西，分东西两座，碉堡由花岗岩石构成。东座碉堡，通面阔11.2米、通进深7.2米，有一扇门，门宽1.15米；窗户宽75厘米、高80厘米；开6个机枪口，机枪口内宽14厘米、外宽35厘米、内外高均为20厘米。西座碉堡面阔5.5米、进深5.8米，开12个机枪口；有一扇门，门宽1米。

澳口村旧城城堡　位于沙埕镇澳口村旧城自然村，依山面海而建。据史料记载，古堡建于明代，为沿海抗倭的遗址。整个城墙由花岗岩砌成。如今大部分城墙已毁损，仅存一截残墙。残墙长200多米，墙体高约3.5米，宽约4米，面积大约为2000平方米。

另外嘉庆年间《福鼎县志》中还提到澳腰堡、流江堡，现已无存。

这些城堡有一些出自沙埕百姓之手。洪武二年（1369）至嘉靖四十一年（1562）间，为抗击倭寇，沙埕人民自发建起城堡多座。不仅如此，他们在抗倭斗争中还积极配合，英勇奋战，帮助将士们取得斗争的胜利。值得一提的是1562年的抗倭斗争，烽火营把总朱玑率舟师，在当地百姓的配合下歼敌甚众，俘虏50余人，大破倭寇。如今战争早已逝去，痛苦也渐渐被忘却，但沙埕百姓保家卫国、英勇抗敌、自强不息、捍卫民族尊严的精神仍激励着一代代的沙埕人努力拼搏。

建筑城堡的直接目的是抗击倭寇，但随着海盗活动的日益猖獗，在抗击海盗、土匪上也起到了重要作用。明朝实行海禁，严重影响了当地居民的贸易活动及经济收入。《明史》载，“闽人资衣食于海，骤失重利，虽士大夫家亦不便也”。福建边海的贫民以海为生，海禁则断绝他们的收入来源，因此越禁则越乱。《虔台倭纂》中提到，“市通则寇转而为商，市禁则转而为寇”。一些沿海人民由于生活所迫转为海盗，通过掠夺商船，搜刮其他沿海人民来获得财富。同时明朝的海禁政策也促使福建沿海一带出现了一批从事走私和其他贸易的海盗。据说在沙埕镇澳腰村西150米寨子山顶上，就有一处山寨遗址，传说是海盗、土匪驻扎之处，始建年代不详，待考。山寨遗址墙长约80米，墙残高3.5米，厚2米，面积为160平方米。据笔者考察，澳腰山上白马宫乐庙偏门旁有一片空地，疑似寨子顶山寨遗址。据澳腰村支部书记说，年轻的时候他曾在此种地，两边有城墙围成一个梯形，依附在山上，出口处比较窄。城墙大概有1.5米宽、1.7米高，人站在那儿是看不到外面的。城墙非常坚实，由3层构成，内层和外层为石块，中间层为泥土。种地时有时也会挖出一些生活用品。山寨大概20世纪末被废弃。当地的村民前些年曾在山上挖到类似酒瓶形状的容器，陶瓷质地，造型精美，看起来像是官府使用的器具。如今这里杂草丛生、藤蔓繁复，仅有一小段残墙露出草面，花岗岩质地的城墙夹杂有许多泥土。由于地基变化，残墙几乎已被寸草淹没。这里是否曾是土匪、海盗驻扎的地方，还有待考证。海盗猖獗，不仅是澳腰，水澳也备受其灾。水澳在乾隆时期经常受到盘踞在嵛山的海盗的骚扰，甚至到民国、解放战争初期，水澳还经常受到海盗的侵犯。清乾隆时此地就从秦屿烽火营运回10门土炮，安放于各城门头，海盗慑于此而不敢肆意妄为。距离澳腰村不远的南镇村也同样受到海盗的侵扰，当地就曾流传这样一首民谣：“乾隆换嘉庆，蔡牵打南镇，贼船九十九，不如破口将军一门冲。”面对海盗的不断侵袭，村民不但没有退缩，反而更加奋勇抵抗，以此保卫家园。

沙埕其他历史遗存

流江防洪坝　位于沙埕镇流江村流江自然村后门山。防洪坝呈南北走向，一字形排列，全长400米左右，面积为600平方米，墙体外侧高3米，内侧高2.2米，厚为1.5米。防洪坝依山而建，呈弧形，由花岗岩砌成。福鼎地方文史专家周瑞光先生考证，谢氏祖先迁入此地时，为了防台防洪，特建此坝。防洪坝的发现对研究当时的水利发展有一定的历史意义。

流江防洪坝遗址（刘端富 供图）

外郊坪摩崖石刻　位于沙埕镇交椅坪村外。石刻距路面约50厘米，据石刻落款记载刻于万历三十四年（1606），坐东向西，花岗岩质地。摩崖石刻宽60厘米、高70厘米，总面积为0.42平方米。额书“天赐麟儿”，正文竖排、阴刻楷书，共6列、每列4字，内容为“福清魏祥，喜捨大道，□祈子孙，永远昌盛，万历三十四年春造”。摩崖石刻下5米处还有一平水大王神龛。摩崖石刻前有古官道，是当年由仙桥码头通往交椅坪村的必经之路。它对研究古代道路的交通往来有一定价值。

外郊坪摩崖石刻（刘端富 供图）

王谷村碇步桥　碇步桥又称堤梁式桥，是一种特殊结构形式的桥梁。它是指在水流较浅的溪流中，用砾石或条石筑成石蹬。王谷村碇步桥位于沙埕镇王谷村王谷自然村西南300米处。据该村的肇基始祖推断，该桥建于清代，南北走向，一字形排列，由花岗岩砌成，全长8米，共17齿，每齿长为20厘米、宽30厘米、高20厘米，每齿之间的距离为30厘米。该碇步桥连接两山，是较为重要的交通要道，后有维修。它对研究古代王谷村村民生产生活活动范围有一定的价值。

这些历史遗迹都是沙埕文化的重要组成部分，它们见证了沙埕的衰败与繁盛。它们为沙埕人民的生活和安全作出了极大的贡献，它们更是沙埕文化的象征与传承。

沙埕集镇“三岭”

苏 倩

岭，山脉也。但在沙埕这里，人们把石阶称为岭。沙埕临海，海水经常涌入街道，甚至淹没住宅，再加上当地土地资源紧张，沙埕人把房子都建在山上，也因此产生了许多一层层向上蜿蜒的石阶。而这“三岭”就是3条连接地面与山上的交通要道。

兵部岭位于沙埕镇外澳村。沿着外澳村石狮下小道向前行100米，到达外澳顶，闯入眼帘的是一连串的青石台阶，弯弯曲曲向上蜿蜒，指引着路人前进的方向。这便是外澳村著名的“兵部岭”。据碑文记载，兵部岭始建于清初，是南明鲁监国麾下兵部尚书张煌言为在城仔内驻扎军队而修建的，也因此而得名。后历经沧桑，多次修葺，并于1996年2月在政府、当地百姓及相关单位的资助下进行了全面的整修，将旧时的石头岭改为现在的石栏杆岭，并建有亭子1座。兵部岭岭长300米，共有151级台阶，整体呈东南—西北走向，每级台阶长2.9米，宽0.4米，面积为175.16平方米。沿着石阶继续前行，在第59级台阶处建有一座六角红顶圆亭，供过往行人在此小憩。亭前绿色木匾上赫然写着“兵部亭”3个字，端正威严。亭旁立有两座青石碑，碑上刻有兵部岭的由来及曾助资修复兵部岭人员的名字。继续前行，穿过石阶两旁的民居，终于来到兵部岭顶端。当地的电网站分布于此。据当地一位68岁的邓爷爷说，五一陆军分队曾在这里驻扎过，现在仍遗留有当时的房屋。沿着大路前行200米左右，便到达当地有名的庙堂文昌阁，供奉文昌帝君。文昌阁北面的小山坡上，荒草蔓生，但邓爷爷说，那里曾有海军部队驻扎过，当时的炮台正对着沙埕港的海面，大概是1962年。他小时候经常看到飞机在屋子上面不断扫射，他们吓得都不敢出门，没有东西吃。这些部队驻扎在这，就是为了防御蒋介石的进攻，保卫沙埕人民。后来，这些部队就搬走了。《福鼎县志》中也记载，1949年国民党逃到台湾后，以空军飞机对大陆沿海地区进行骚扰，沙埕首当其冲。为了应对国民党的骚扰，1955年4月中国人民解放军海军高射炮兵第五团进驻沙埕，担负沙埕港对空作战的任务。1955—1958年间，该部队共击落国民党机8架，击伤国民党机5架。直到1958年，解放军空军航空兵入闽作战，国民党军才逐渐减少对沙埕的骚扰。笔者推测邓爷爷所说的这个地方便是中国人民解放军海军高射炮兵第五团曾经驻扎的地方。沿着兵部岭一路走来，弯弯曲曲的小道，

兵部亭（苏倩 摄）

兵部岭石碑（苏倩 摄）

文昌阁（苏倩 摄）

充满着历史感的石阶，两旁古老的旧房屋里大爷大妈在聊着家常，大树边的小孩在嬉笑追逐，似有一种“小桥流水人家”的安宁与惬意。不禁想起当时抗击日寇的民兵也曾无数次地从这里走过，但盘旋在他们两旁的却是炸弹和飞机，他们为沙埕老百姓、为国家的安危而英勇奋战，他们是国家的英雄、民族的骄傲。他们的故事将伴随着兵部岭这个历史遗存一代代地流传下去，更将把中华民族自强不息、英勇奋战的精神一代代地传承下去。

水井岭位于兵部岭不远处的内澳村，因石阶旁有一口水井而得名。不像兵部岭那样蜿蜒曲折，水井岭则是一条半弧形，从滨海中路二巷 36 号向山上延伸到最顶端，分叉开来，向右通往文昌阁方向，向左通往五中方向。据附近一位 65 岁的李奶奶说，在她小时候，水井岭就已存在，并且附近的居民还从水井里打水喝。20 世纪 90 年代后，家家户户都开始用自来水了，水井里的水也逐渐污浊。石阶顶部有一块碑文，

水井岭水井（苏倩 摄）

水井岭（苏倩 摄）

记载1995年冬在当地百姓及相关单位的资助下，水井岭重新进行整修。

栏杆岭位于澳仔内，从滨海中路171号始，以碧榕亭为止，通往当地的五中。据碑文记载，栏杆岭又叫兴德安石阶路，始建于1924年，乃闽浙交界百姓通行之要道。不像兵部岭、水井岭的石阶那么斑驳、厚重，栏杆岭的石阶更有一种“现代”的味道，如同水泥质地般平坦、光滑。沿着栏杆岭一路走，在即将到达碧榕亭的台阶旁立有3块碑刻，记载着1924年及1995年曾资助修路的人的名字及捐款金额。

走在这些弯弯曲曲的石阶上，感受沙埕独特的历史文化气息，看到沙埕人民勤劳努力、齐心协力，共筑美好家园，不禁为之动容。石阶两旁的房屋已炊烟袅袅，勤劳、美丽的沙埕女人们在为她们的家人准备着丰盛的晚餐，落日的余晖映照在石阶上，如此美好的画面，不禁让人想起沙埕人民在经历了艰苦的战争、深重的灾难后终于收获了和平与安宁。他们犹如浴火重生的凤凰一般，重整心情，肩负着无数先辈们的期待，更加热爱生活，更加热爱他们的家乡，更加铆足劲头地为沙埕的繁盛而努力。

栏杆岭（张云鹤 摄）

运输社的往事

张云鹤

沙埕镇外澳社区在公社化时期又称“运输社”，社内成员以海洋运输为主要生计。该社成立于1953年，社内划分为3个大队，分别是红箭大队、修配厂与农业生产大队。红箭大队得名于其船号，是一个以运输为主要业务的大队；机械修配厂主要负责船只的修理工作；农业生产大队内部又分为2个生产小队，当地人称一个是“年轻”的，一个是“年老”的，主要是依据农民的年龄进行划分。其中，红箭大队依据沙埕港天然优势，大力发展运输等海上贸易，《福鼎文史资料》载“举凡福鼎乃至邻县霞浦、福安、柘荣以及浙江的泰顺、苍南等地的土特产多由沙埕出口，同时京、沪、温、榕、厦、台等省市的棉布、百货、糖、煤油等日用品以及沿浦、兴化产的食盐亦源源不绝地运来，而后分散各区乡”，书写了20世纪六七十年代沙埕港海上运输事业灿烂辉煌的发展史。

明清时期，沙埕港作为一个集散地，在当地人与外界社会进行贸易的过程中扮演十分重要的角色。随着港口的繁荣，遂有海关设置之举，《福鼎文史资料》中提到其职能：无论民船，轮船进出时必须向海关申请登记，载明吨数，发给簿册，方得载货运输。所谓“迩者轮船开通，浙北闽南百里毕集，本海道要冲为交通商界，则贸易之隆，泉源之阜可跂足竣也”，无疑是对沙埕港作为集散地，开展运输、贸易场景的真实写照。

而红箭大队正是沙埕港作为集散地的时代缩影。20世纪50年代初期的运输船队仅由10余条无动力的木制小舢板（又称小木帆船）构成，多用于内港运输，航线贯穿于店下、前岐、点头、佳阳各个乡镇，直至县城。由于沙埕盛产海鲜，所以运输队主要出口水产品，并从各地载回大米、茶叶等。1956年，运输队的规模逐渐壮大，改用体形较为庞大的木帆船，其航行范围扩展至福州地区，返航时将福州一带的茶油、化肥等运回福鼎。木帆船主要是借助风力行驶于大海中，在20世纪50年代，船上还没有配置播报气象的收音机，完全凭船老大的经验来判断天气、潮汐。行船过程中如果顺风，船就行驶较快；偏顺风时需要及时调整帆的方向来减轻行进阻力。当地老人介绍，木帆船的动力就是风力，因而船的行进速度受制于天气。比如从沙埕到上海，一旦遇上坏天气，往返就需要45天的时间。因此为了增加风力，更好地控制

方向，渔民便在大型木帆船上设计前、后两处桅杆，以增大受力面积，提高行驶速度。

公社化时期，外澳的男人们一般从十七八岁便开始下船。一艘运输船上的人员分配随着船只的体积大小而有所调整。一般来说，大船约 11 人，小船则为七八人；在内港运输的小船只需 4 人便可以分工操作运输的相关事务。以大船人员分配为例，主要由船长（1 名）、副船长（1 名）、“头拔”（1 名）、“爬桅杆”（1 名）、伙计 / 炊事员（1 名）组成，其他伙计若干。船上的每一位员工各司其职，并根据其所掌握的技能来评定工分，其中船长、副船长职能相似，负责开船以及运输航线的制定，并且具备观测天气、判断暗礁、掌握潮汐规律等海况的能力，保证航行安全。船长具有很大的权威，所挣取的工分最高，分别为 12 分、11 分；“头拔”是当地土话，在工作时，此人站在船头眼睛上方位置，在整艘船行驶过程中发挥着相当于“眼睛”的作用，主要负责抛锚等事务，工分为 11 分；“爬桅杆”主要负责绑绳子、拉帆，工分 11 分；炊事员负责后勤、做饭等事宜，工分 11 分；其他伙计负责装船、盖船舱等杂事，该工种相当于现在的水手，工分为 9.5 分、9 分或者 8 分。

随着航程路线的扩展以及运输货物的增多，运输社于 1968 年改用机帆船，共增加机帆船 22 条，其中 12 条用于远程出海，剩余 10 条服务于内港运输。动力机帆船的推广是运输社红箭大队铸造辉煌的助推器，沙埕周边县镇，如前岐、霞浦、福安、柘荣及福鼎其他村镇的土特产多由沙埕出口，同时温州、福州、上海、广东、江苏等省市的糖、大米、煤油等日用品以及沿浦、兴化一带生产的食盐亦从沙埕港运出分散至各地。

1985 年运输社实行体制改革，村内掀起一阵私人承包船只的浪潮，红箭大队也随之改名为“鼎运”。在承包过程中，首先需要对全社所有船只进行估价，并统计社内共计多少人员；然后根据平均分配的原则，核算出每个人应该分摊多少钱。在此基础上，如果有人要合股承包船只，则只需补充差额。比如一条船估价 2000 元，当时每人分摊 300 元，一个人如果要承包这条船只，剩余的 1700 元就需要自掏腰包购买；而如果是几人合股，需要合股人自行分配比例。因为是“赚自己的”，所以体制改革之初，社员普遍采取合股承包的形式发展生产，积极性非常高。

（本文撰写得到黄为国、李茂福等的帮助）

村落趣谈

张云鹤

刘武寻缸

流江村，古时称“流庚”，“庚”在闽南语中有“缸”之意。“流庚”之说与当地“刘武寻缸”的民间故事有着密切关系。相传，古时有18口缸漂浮至此，流江村民观之金光闪闪，走近一看，竟是满满18缸银圆。这时便有一个村民去搬这些缸，谁料却始终搬不动，最后缸破掉了一口，村民也只拿回一块碎片。有村民见此状，便断定这缸是泉州刘武的。果不其然，没多久，刘武便顺着海边找到了流江村，询问村民是否曾发现有18大缸银圆经过此处。村民便将其带至18口缸所在之地，刘武随后花钱将这18口缸和脱落的一块碎片买回去，并将碎片放置到自己池塘里一口缸的破口处，经过比较，发现正好吻合。后人从此便将此村落取名为“流庚”，其实就是“流缸”之意，后改名为“流江”。

后港村

后港村位于南镇半岛西面，东与澳腰村相邻，因其在围垦前村西南有一处内湾而得名。其实，后港村的名字很早就有了，清嘉庆版《福鼎县志》有载：“治东南七十里起为五都，原州育仁里十二都二图。村十三，玉岐、弹江、澳腰、钓澳、南镇、台家洋、后港、涵头、金竹湾、福屿、牛矢墩、东岐、城门团。”如今，后港村有陈厝里、外陈、岐澳头、岭头、福山、虎龙口、石壁头、蔡厝里、为墩等自然村。其中福山和为墩是少数民族村，居民大都姓蓝、钟等，20世纪90年代“造福工程”启动，两村村民搬迁至后港福山下居住。

其实，后港村的移民历史更为久远，村民多从莆田一带迁居此处。据《福鼎县乡土志》载：“五都分编，治东南七十里起为五都。地势负山面海，冈峦起伏，由北而南蜿蜒如卧弓。纵三十里，横约十里，踞全邑海港之外户。村十有三：南面之锐端为南镇，东南临大海，波涛澎湃，行船可直指台湾。南镇而上，为钓澳、澳腰、

后港三村，皆沿海岸，居民颇多，客籍参半，多由兴化（今莆田）侨居。”在乡民记忆中，后港李姓一族最早从莆田一带浮槎而来，随之蔡姓和陈姓分别迁至蔡厝里和陈厝里；约100年前，莆田石城村林姓兄弟移至后港，人丁兴旺，族裔繁茂，如今林氏已成为后港村望族，人口最多。

后港村依山傍海，各姓族人既能耕海，又可稼穑。在过去，每年的夏秋之交是收获跳跳鱼的季节，待到涨水退潮之后，跳跳鱼便会活动于离水有一段距离的滩涂上，这时的后港滩涂上便会随处点缀着讨海人，渔民扛起竹扁和木凳走到滩涂边准备捉鱼。开始捕捞之前，渔民先在前方挖出一条沟，四周围上竹子，在沟的尽头挖一个洞口，下面放置一个小竹篮；然后将木凳反过来，凳脚朝上，上方绑上竹扁。然后渔民双手紧扶竹扁，一只脚蹲在木凳上，另一只脚在滩涂中蹬，推着“踩板”在滩涂上滑行如飞，一直向前。跳跳鱼很敏感，尤其是眼睛，当它们看到后方有“踩板”，便会瞬间逃散，而这时在前方的另一侧还需站一人，专门负责“围堵跳跳鱼”，跳跳鱼看到有人晃动，便不敢往那里去，只能跳入事先挖好的洞中。后港村民在滩涂上用“踩板”的方法捕鱼，不仅收获了食物，更撷取了一段充满乐趣的回忆。

这种传统的捕捉跳跳鱼的技术分布于沿海各地，别名俗称也很多。所谓“陆行乘车，水行乘船，泥行乘橇”，在滩涂中行驶的工具自然以“橇”为快，所以此技术有“泥橇”之称。在浙江温州、杭州地区，多以“泥鳗”名之，据《清稗类钞·泥鳗》载：“泥鳗为海滨泥行之器，以板为之，人坐其中，一脚在外，推之以脚。一推，行可数丈，而不陷于泥。浙江之杭州、温州、定海等处，每用之以捕鱼。”浙江温岭一带俗称“弹胡贴”，因其多用于在海涂上捕弹涂鱼（即跳跳鱼）而得名。据《温岭民间文学·陈氏始太婆祝氏娘娘的传说》载：相传唐朝年间，祝氏太婆才智出众，艰苦创业，乐善好施，夫妻恩爱，关心百姓，创制泥马更是她的惊人之举。她的家乡离海岸不远，看到人们下海涂讨海非常艰辛，并时常出现讨海人深涂“打桩”，被涨来的潮水淹没的惨祸，太婆的内心非常痛楚。有一天，她坐在一张板凳上，突然来了灵感，把板凳翻倒，四脚朝天，将自己的一只脚跪在板凳中间，两手扶着凳子的两脚横档，另一脚着地向后蹬，让凳子滑地前行。看着实为可行，她找来木板，钉成一只三四尺长，七八寸宽的小船，前面做了个凳脚间那样的横档扶手来把握方向，船上还留有放小木桶和干粮的位置。工具做好后，她邀邻居到海涂上试验，果然灵验，不仅跑得快，像陆地上跑马似的，而且因其受力面积大，下海涂不会被“打桩”，安全系数极大提高，于是大家就称祝氏娘娘创制的工具为“泥马”。此后，周边各村讨海的人，都学会了制作和使用这种滑掭，一直沿用至今。

在浙江象山、镇海一带，此种工具又唤作“海马”“泥艋船”，相传这种船在海涂上原为军事战船，是为驱赶倭寇而发明。400 多年前，东海海域倭寇横行，烧杀抢掠。明军一来，他们便窜泥涂，乘船而逃；有时潮水退去，倭船搁浅，但是由于海涂泥泞，明军不能前去追杀。为了征服倭寇，拯救百姓，戚继光及戚家军便在战斗之余，先后在象山和镇海就地取材，召集巧工能匠设计出能够在海涂上滑行的“海马”和轻捷灵便的“泥艋船”，并挑选年轻力壮的士兵在泥涂上驾驶操练。当倭寇侵袭时，他们就驾着“海马”和“泥艋船”在泥涂上飞奔追歼。特别是“泥艋船”，还可在上边放置刀枪弓箭，在海涂上打仗十分灵活、方便，直杀得倭寇横尸海涂。另据陈人斋《云浦陈氏文化·滑搽诱敌歼倭寇》载，明嘉靖年间，戚继光率领戚家军追剿倭寇到了温岭高浦一带的海边。倭寇逃到船上，趁着海潮退尽，将船停在海涂边上，中间隔着大片的海涂，使戚家军难以靠近。戚将军沿着海堤视察海防时，发现当地下海人踏着滑搽，在泥涂上滑行如飞，来去自如，于是计上心来，命人制作了大量的滑搽。同时，他招募了当地大批经常下海的健壮青年，组织了一支乡兵，请他们教会了许多士兵驾驭滑搽。嘉靖四十年（1561），戚将军令军士和乡兵扮成乡民，踏着滑搽，到倭寇船前呐喊叫骂，诱敌涨潮后登陆。戚家军在藤岭、长沙等地设伏，最后大败倭寇，活捉了倭首五郎、如郎等人。乐清县西人管它叫“舟飘”，《乐清传统民俗》中云：“舟飘，县西土名，用于张簄时则称‘簄船’，蒲岐、南塘一带叫蓝乌船，比舟飘稍大。古称泥鳗，在唐代就已有之，据说戚继光平倭寇就曾用过这种船。舟飘极小，略似船形，前有木架，可以手提；用时两手把木架，一足跪于其中，一足踹海涂，藉反作用之力推行，其快如飞。”

这种在海涂上疾行如飞的工具，不仅是渔民与鱼智慧较量的体现，也在滩涂钓“弹涂”（跳跳鱼）、捉蛏、拾泥螺中扮演重要角色，还渗入当地的民间传说，被赋予灵性，足见沿海渔民对它的依赖与感情，此外，它还曾在戚家军骑泥马战倭寇中发挥重要的军事价值。然而随着滩涂的围垦以及渔业资源的减少，这种工具也逐渐销声匿迹，即便在后港村，也只能在老一辈渔民的回忆中才能想象当初滩涂讨海的热闹与生机。

在后港村，还有一种传统的捕捉跳跳鱼的方法——钩钓法。在竹竿上绑上线，线上系 3 个鱼钩，呈三对角形状，无需鱼饵。渔民在岸边看到跳跳鱼，就把竹竿甩出去，有时钩子会直接甩到跳跳鱼身上；有时则不会，这时渔民可以根据跳跳鱼的位置弯下竹竿，调整角度，就可以轻松钓到了。

后港人因海被赋予灵性，依山获得智勇。在后港村，流传着两则关于当地村民智勇献计、为村增荣的传说故事。一个是寨仔顶故事。古官道在后港的后背山，直接通往台家洋（今台峰村）。很久以前，一群山贼在寨仔顶（今城堡断垣还在），打家劫舍，强征过往来客的买路钱。朝廷派官兵来剿匪，山贼据有利山势，放下礌石，官兵几次攻城不下。当地村民献计，三更时分，在山羊的角上绑着灯笼，赶着山羊进行佯攻，山贼以为官兵来攻打城堡，不断地滚下礌石、木头，射出箭镞等武器，待山贼可用的武器全都用光，官兵乘势而攻，一举攻陷城堡。另一个故事就是“后港榜”的故事。“后港榜”真名叫谢成榜，常年习武，武功高强，而且带着不少徒弟，其中以吴涂官和李万两人功夫最好，师徒们以贩运山羊到福州谋生。有一次他们赶着山羊到福州城郊，山羊不听话，跑进村民家中，“后港榜”师徒们到村里索要，遭到蛮横拒绝，师徒三人以一抵十，最终打败全村村民，一举成名。自那以后，他们贩运山羊，无论羊群跑向何处，报上“后港榜”名号，村民便乖乖地交出山羊，贩运羊群一路畅通。

如今的后港村凭借其地理优势，成为沙埕港建设深水码头项目规划中的重要部分。后港村规划建设 4 个停靠 5—10 万吨轮船的码头，目前位于后港陈厝里自然村与岐澳里自然村之间的 16 号码头已经开始动工建设，这是通过平整山地，人工构造出来的一块腹地，其后方与龙安工业园区接壤，占地 151 亩，最终将建成一个 5 万吨级的通用泊位。此外，后港村位于 17—18 号泊位之间的滩涂地，其三面环山，乃整个南岸片区内唯一的一块平地，后方置有 300 余亩的水田，是服务配套设施点规划的最佳选择。码头全部建设完成之后，后港村将成为十分重要的海陆交通中心。

方言岛——澳腰村

澳腰村位于沙埕港南岸，背靠台峰山脉。该村落以捕鱼为主，农业为辅，其最大的特色应属澳腰话。澳腰话，主要通行于澳腰、后港和海屿 3 个小村落。游汝杰先生在《汉语方言岛及其文化背景》中将澳腰话视为“块中点状——岛中岛型”方言岛；李如龙先生也曾在 1983 年对之进行过调查，记录下澳腰话的音系和 400 多条词语，揭示了 20 世纪 80 年代澳腰话的一些特征，并指出澳腰话的性质：“澳腰莆田方言岛在闽南、闽东两种方言的双重包围下正在变成‘三合体’。”据当地族谱记载，300 年前，澳腰先祖应榆公从莆田移居而来，至今当地居民还保留着祭扫祖先盛世公墓的习惯。澳腰人现在还经常与莆仙人来往，还曾专门到莆田市寻祖。

官城村

官城村位于沙埕下片，三面环海，背依古朴苍劲的石头山，南与黄岐、敏灶、川石相望；西毗邻水澳、小白鹭、大白鹭；北面紧挨南镇、台峰。遥望官城环抱于双屿港与敏灶湾之中，静谧幽蓝，景色优美，肥沃的海田孕育着生命，等待着人们的到来，在海浪中开出美丽的花纹。

约在乾隆十六年（1751），陈氏祖先一脉兄弟四人陈上久、陈上照、陈上受、陈上琦从平潭县敖东仙宫下一带浮槎而至，成为较早定居官城的开拓者。邱氏家族约于1758年从晋江县二十都东埔村迁居，得陈氏兄弟推荐，邱茂承约在乾隆丙午年从平潭辗转迁移至官城，多年后，其弟邱茂生、邱茂兴于嘉庆丙寅年也迁至官城。城内随之形成了以陈氏、邱氏两大宗族为主的风土聚落，两姓之间互通婚姻，称兄道弟，共同开辟了丰饶宜居的官城岛，在携手拼搏的外海作业中留驻下美好的情义。城堡西门外侧还坐落着园尾、大石母两个自然村，零散分布着王、林、高、张等姓氏群体，城里、城外的各姓宗族互通往来，相互扶持，世代族人共同守护着官城的海洋命脉与美丽丰盈，一座石头房子，一叶扁舟，一张渔网便可面朝大海，春暖花开。

20世纪90年代，随着渔业经济的发展和社会的进步，官城人对生计、教育、医疗、市场贸易的需求日趋增长，而当时有着“小香港”之称的沙埕湾自然成为官城人追逐的良港，勤劳、勇敢的官城人由此踏上了移居沙埕集镇的搬迁之路。官城陈姓、邱姓兄弟初来沙埕，由于人微力薄，在渔业经济发展中不免会碰壁受挫，而沙埕陈姓族人“天下同姓一家亲”的胆识与情怀迅速拉近了“官城陈”与“沙埕陈”之间的距离，官城陈氏于1997年并入沙埕陈氏，每年的农历正月初五及八月十三都要派出族内代表共同参与沙埕镇澳口村陈氏祠堂举行的春秋两祭的祖先祭拜活动。“双陈融合”就好像一棵智慧之树，开出了甜蜜之果，迎来了互动双赢，“官城陈”寻找到了在沙埕立根的“靠山”；“沙埕陈”也由此壮大了宗族力量，不断地吸纳其他支派的陈姓同胞加入其中。除了“官城陈”之外，也有其他支派的陈姓同胞融合进沙埕陈氏，一个超越地缘、充满想象的陈氏宗族共同体在沙埕集镇上被不断地扩充、创造与发展。

据族谱载，沙埕陈氏世代居住在福建泉州府铁井栏地区。明代崇祯年间，兴玫公最开始迁往福清县坑西居住，于是成为陈氏一族在福清县的一世祖。陈氏一族的二世祖是可英公。可英公生有三子，长子名为祯，次子名唤明，三子称作启明。启二公后来又迁居到福鼎县二十都——澳口。祯公仍然居住在故里福清县，生有六子，次子为延章公，延章公生有三子，长子名为嘉瑞，次子名为嘉进，三子名为嘉扬，在乾隆戊寅年间也一起迁移到了福鼎县二都沙埕居住。沙埕距澳口只有几里的距离，从延章公一支迁居沙埕开始，他的叔伯兄弟纷纷接踵而至，于是后来陈氏一支便在沙埕聚族而居。“官城陈”的到来，打破了“沙埕陈”以地缘、血缘关系为基础的宗族文化传统和特有色彩，其修谱扩祠拜祖之风日盛，使陈氏宗族以一种特有的文化基调在社会发展变迁中延续传承下来；“沙埕陈”对同姓不同祖各派陈氏同胞的吸纳与接受正反映了海洋社区宗族复兴的文化过程，对固有的文化传统进行创新和发展，不论是在精神上还是在制度上都起到了团聚族人、敬宗收族的作用。

在民间的努力之下，沙埕陈氏宗族力量日益融合壮大，越来越多的官城人愿意迁居沙埕集镇，一小部分则搬迁至龙安、福鼎一带生活。搬迁之后的官城人全部分散，居住格局也由此发生改变，“官城陈”的有识之士也曾做过一番努力，设想将目前正在建设的中心渔港的一块土地收购下来作为官城人的集体居住场所，但是囿于资金、观念等限制，最终无法实现。现在的官城村落里只居住着二三十位老人，坚守着故乡的每一寸土、每一片海；搬迁至沙埕的官城人则在此生根发芽，不断发展向上，并成为整个集镇不可或缺的一部分。尤其是近些年，官城人在外海捕捞方面经历了一个大的发展时期，这提高了官城人的收入水平，为其逐渐融入沙埕的各项公共事业奠定了雄厚的物质基础。官城村村部每年都出资、出力支持本地公益事业，比如协办铁枝、连灯、九使神诞、妈祖出游等民间文化活动。

在不断融合的过程中，官城人在子女教育、生计收入、社会地位、观念发展等各方面都有了极大地提升，豪爽大气的官城人也逐渐被认可接纳。目前官城村有大型铁壳船只 30 多艘，“外海”的性格激励着勇敢、勤劳的官城人行至更为遥远的韩国、日本海域附近进行捕捞作业，渔季则临时寄居在崇武、沈家门等港口；官城村成为沙埕从“浅蓝走向深蓝”的渔业重村。

官城人越走越远，但是石头山脚下的那座小村落依然牵动着每一位官城儿女的心，每当遇到不顺心之事，官城人总是会回到温暖的故土，走进五显宫祈求平安，五显大帝仍旧是官城人寻求安稳的情感与精神依托。2007 年，在邱明眉、邱开尊的牵头组织下，“赚了钱”的官城人集资改造、装修了五显宫，屋面以水泥为基础，琉璃瓦为点缀，尽显豪华气派。官城人也与平潭县敖东镇仙宫下村的陈氏族亲保持着密切往来。2004 年，官城陈氏代表陈伦堆和陈律鹏第二次前往平潭探祖，双方相互介绍了两地陈氏家族发展变迁的情况，并探讨了日后如何加强两地亲族关系等问题。2006 年，官城陈氏族亲邀请仙宫下村族亲一行 17 人来沙埕探亲，缅怀祖先。2008 年，官城、黄岐陈氏 6 位代表（陈经福、陈伦惜、陈伦达、陈伦旭、陈律鹏、陈律尧）前往仙宫下村参加“五显宫”修建落成典礼。在一次次的交流往来中，官城陈氏与平潭仙宫陈氏不断拉近两地亲情，共同发展两地关系，开拓美好未来。从某种程度上来讲，官城陈氏与平潭陈氏宗族的复兴及其各种文化往来，是区域文化积淀的现实反映，久而久之成为一种约定俗成的文化现象；官城陈氏与沙埕陈氏的融合则是民间宗族组织通过一定的势力凝聚在一起争取社会资源的重要载体，反映了海洋社区变迁的重要信息。

（本文撰写得到李祖摇、林继苍、李晟、陈律鹏、陈律尧等的帮助）

海洋聚落空间

张云鹤

晨曦，狮峰岭上的九使宫檐上洒漏微光，半点红晕透过屋角倾斜而下，袅袅佛香，梵音清鸣。片片苍松、簇簇翠竹的影子投射在古朴的石径上，二三香客手持香枝，偶尔寒暄，灵光沐浴，祥和而又静谧。细风夹杂着凉意拂面袭来，轻轻一嗅，那是海的气息。登高望远，巍巍山峦，国海流青，此处的山连绵着远方的海，含情脉脉，勾勒出沙埕港的万种风情。

顺着石阶的延伸，远眺沙埕港内海，屋舍错落，码头横列，渔排棋布，点点人影在斑斓的晨光中跳跃着，我们走近一点，再近一点，寻觅的镜头在纯净的海湾上切换出一条唯美弧线。倚着码头，看远处归来的渔船在湾道中蜿蜒穿行，浪花、海风夹着发动机的声音在海面上打起欢乐的鼓点，迎来了沙埕港富有生机活力的一天。从渔船上下来的可能是捕鱼归来的船老大，或是刚从渔排上忙碌归来的养殖户，也可能是交通船上的四方宾客……水流，船动，竿影满港湾，渔民、渔获物、渔商入码头，一幅忙忙碌碌的繁荣姿态在码头上铺展开来。

沙埕港（李天静 摄）

港内停泊的各类船只（张先清 摄）

沙埕港原是一条河流，由于地壳下沉，海水侵入而形成了港湾，系典型的弱谷型基岩港湾海岸。从地形上看，沙埕港口小肚大、形势险要，港口朝向东南，夹在南镇鼻与虎头鼻之间，四围群山环护：东面有北关岛、南关岛为天然屏障；南面有一直延续到南镇的山脉；西面为市区方向的高山地带；北面负靠“麒麟山”（传说是远古麒麟为了守卫海疆所化）。如此有利的地形，将沙埕围成一个理想的避风港。

水域稳静平缓，不起风浪，无礁石阻隔，航道十分稳定。《福鼎文史资料》记载，港内有 6 个小支港，纵横错列，形成曲折的海岸线。港内海底低层全是沙质泥板，抛锚安全。潮汐属正规半日潮，由于落潮流速大于涨潮流速，于是陆源物质进入港湾后多被带走。海岸线与岸坡较稳定，港道内数十年来无明显的冲淤变化，港内的建筑物未见塌方、滑坡等现象发生。因此，万吨巨轮均可进出自由，不受潮汐限制。台风季节，沙埕港内外风力相差 4 级左右，通常能避 12 级台风，是船只停泊靠岸的最佳选择。也正因此，沙埕刘氏先祖于乾隆十一年（1746）从泉州永春徙居沙关，以海为田，赖渔营生，开始了对沙埕港的初步开发；随后“水上人”疍民的几支——欧氏、连氏、江氏先后由闽江流域迁居沙埕，在此繁衍生息，由此建构起一个由不同移民群体组成的海洋社区。

日复一日，年复一年，勤劳的渔民在海与岸之间讨生活。连绵的山脉、广阔的海洋、风姿绰约的岛屿、生机勃勃的滩涂为港内的聚居族群提供了丰厚的自然资源。距沙埕港 18 海里外的台山列岛，是著名的闽东渔场。这里海产资源极其丰富，盛产黄瓜鱼、白鳓鱼、带鱼、金枪鱼、龙须虾、石斑鱼、青鲫鱼、龙头鱼、乌贼、鲳鱼、鲂鱼、梭子蟹、比目鱼、贻贝（当地人称“淡菜”）、紫菜等。尤其是春夏之间，台山渔场鱼汛旺发，各处渔船结队前往捕捞，甚是热闹。此外，沙埕港湾本身也是远近闻

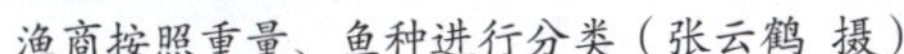

渔商按照重量、鱼种进行分类（张云鹤 摄）

船上的伙计正在称重（张云鹤 摄）

名的海鲜盛产之地。港口附近有两个海水盐场，一个位于港口东北部的浙江沿浦湾，海水盐度较高，海水可直接用于晒盐；另一个是闽南盐场区域。沙埕港正好位于两个盐场的中间地带，这里的海水不咸，渔获肉质鲜嫩，美味可口。尤其是虾米、虾蛄等，带有浓浓的香味和淡淡的甜味，口感独特。

海面上鳞次栉比的中、小型捕捞船只，大多在台山、南麂、北麂一带出海作业。通常是船老大带着三四名船员出海，每隔两三天便可返港。到达陆岛交通码头之后，船老大便会联系自己熟悉的渔商前来收购，渔商、船工、船老大以及他的妻子先将渔获物按照种类、重量进行分类。渔获物主要有白鳓鱼、黄姑鱼、大黄瓜鱼、鲳鱼、虎斑鱼等，同一品种的鱼，重量在 1 斤以上（大）、8 两至 1 斤（中）、8 两以下（小）的要分别放进不同的鱼筐中，然后由船上的伙计进行称重，船老大将不同鱼类的总斤数、价格列在记账单上，以方便结算。最后渔商将其打包上车，运往浙江苍南一带，销售给对鱼品、鱼的重量有着不同要求的宾馆、饭店、鱼贩批发商等。收购结束后，船上的伙计将渔网拉上岸，船老大的妻子或家人会通知专门补网的妇女第二天过来修补。

在交通码头的旁边是古老的海鲜码头，当地人又称“大码头”，是海洋聚落的中心，这里停泊着海上交通往来的各色船只，在码头上乘坐船只，可以通往沙埕镇的其他村落。由于是交通要道，人流量大，所以许多捕鱼归来的渔民、从事海上收购的渔商便会将渔获物载到大码头进行贩卖，久而久之这里形成了一个海鲜市场。海鲜市场上销售的新鲜渔获主要有：螃蟹、虾蛄、虾、贻贝、鱿鱼、海螺、鳗鱼等。其中也有少部分海鲜是老板自家渔排养殖的。此外，还有海鲜的干货销售，比如紫菜、海带、虾米、鱿鱼干、小咸鱼等。市场从早上 10 点左右开始逐渐活跃，此时渔船陆续从海上打鱼归来，而到了下午 3 点左右，前来逛码头的人们在市场里穿行、讨价、买卖，人声鼎沸，好不热闹。尤其是到了周末，有很多从浙江等地来沙埕游玩的人，

交易的码头（张云鹤 摄）

交易的码头（张云鹤 摄）

大码头上待售的干货（张云鹤 摄）

一定会到这热情洋溢的码头上感受一下海的味道，与两三好友一道购买海鲜或干货，不亦乐乎。

港湾附近还有一座正在建设的中心渔港，可供大吨位船只停靠，新旧3座码头高低不同，依次排列，呈斜坡状，以供高度不同的船只停泊。潮汐涨落，偶尔可见几只鹭鸟掠过水面，惊起层层涟漪；朝阳晚霞，码头上有人出海有人归，带着鲜艳渔帽的妇女们三五成群，在码头附近寻觅一处空旷场地拆网、补网，这种平淡仿佛静止了时光，远远望去，好似一幅多层次的油画。日暮来临时，神奇诡谲的天光云影雅致地映入港湾，隔海眺望，偶尔可以看到对岸的绚彩烟火，璀璨动人，犹如颗颗明珠；岸边灯光辉煌，海上笙歌，得闲的人们在渔港附近的广场上跳舞、散步、聊天……夜晚的沙埕港散发着温馨、静谧的魅力。

港湾还便于养殖海带、紫菜、贻贝、扇贝以及真鲷、美国红鱼、黄姑鱼、黄瓜鱼、黑鲷、白鮸鱼等各种鱼类。眺望沙埕港，整个海面上网箱成片、排排相连，养殖小屋随波起伏，宛若一座漂浮的“村庄”，成为一处独特的海洋景观。一个清晨，邻居带我去他的渔排上看贻贝养殖，我们从交通码头乘坐小船出发，邻居坐在船头，

晾晒鱼干（李蕊 摄）

掌控着船行的方向，我蹲在船中间，近距离地感受着海风的气息。一条木制小船从我身旁穿过，船上的妇女娴熟地将渔网撒向海中，激起朵朵浪花，而她的丈夫则开着船，望着前方，光影打在他的侧脸上，而我却来不及捕捉这一刻。不一会儿，我们便到了邻居的贻贝渔排上，渔排用木材搭建而成，在网箱底部的 4 个角上分别绑上沙包以起到固定作用；此外，根脚也在渔排固定中发挥着重要作用，其个数与养殖口数相关，一般来说如果是养殖 6 口渔排，前边则需要 7 个根脚，旁边、里边则需要五六个根脚加以固定。在一个用木头搭建出来的简易小木屋下，十几个工人正在忙碌着，有人将一袋袋的贻贝从网箱中拉起来扛到木屋中，几名男渔工用力地去踩这些粘连在一起的贻贝，将之分离开，然后由坐在后边的几位妇女挑拣。

在贻贝渔排上待了将近 20 分钟，邻居又载我去黄瓜鱼养殖的渔排上，渔排上方蒙着层层黑纱，海面上布满竿影，一桩桩网箱整齐地排列着。七八名妇女头戴彩色渔帽、身着蓝色防水裤，蹲坐在木桩上仔细地挑选黄瓜鱼苗，健康、壮硕的鱼苗被归在一个网箱中，次之归在另一个网箱中，以方便养殖和交易。为了便于看管渔排，有些养殖者在渔排上分出了厨房、卧室等，恰似一幅“水上有人家，茅舍浮海上”的水上田园画卷。

从渔排上看向远处，整个沙埕集镇被环抱在青山绿林中，岸上房屋梯山而起。

正在补网的妇女们（张云鹤 摄）

自古以来，沙埕陆地稀少，滩涂广阔，山脚即是海滩，所以人们择山而居。随着人口的发展，20世纪50年代起，沙埕人民开始在沙滩上填海造陆。经济条件较好的人家，搬迁到新的街道上建屋居住，逐渐扩展出如今的沙埕集镇。因此，沙埕呈现出各村落人口交叉居住的特点。如今，水生村、和平村、外澳社区、内澳社区、沙埕社区5个村落杂居在一起，形成了沙埕集镇的主体。整个沙埕聚落以民居为主，从上至下，形成了宫庙（祠堂）、村落（集市）、码头（海洋）的空间分层现象。

作为一个渔港社区，沙埕聚落的发展打破了常规的血缘、地缘界限，不同于以宗族聚居为主要特征的农业聚落。在沙埕集镇背靠的麒麟山上，开辟出了学校、祠堂、宫庙、基督教堂、墓地等建筑空间。首先，沙埕中学建立在水生村地界上，包含初中和高中。为了扩大校园，其建筑不断往后山扩展。其次，山上建有祠堂3座。其中规模最大的是刘氏宗祠，拥有祖殿、后殿、凤阳楼、聚香驿、慈孝亭和荣誉碑等建筑，楼阁亭台，气宇轩昂，甚为壮观。林氏祠堂靠近欧氏祠堂，是新近才建立的，位于沙埕中学背后的半山上。再者，沙埕聚落内，九使宫、妈祖宫、文昌阁、杨府上圣殿、大雄宝殿五大宫庙散落于山林之中，在狮峰岭上延展出广阔的空间；而绵长的马沙海线上则屹立着白马明王宫、水母宫、超度海上遇难者的小祠堂等海边庙宇，与山上的宫庙形成了鲜明对比。此外，在靠近刘氏公祠的半山腰上，有一座基督教堂，因楼宇颓废，即将迁移到码头旁边的新教堂。根据当地的丧葬习俗，人们都将墓地建在后山上，因此，后山不仅是沙埕人信仰的聚集地，也是人们生命终结后的归属地。

海与山之间的广阔平地则是填海造陆而成，以农贸市场为中心，扩展出两条主要街道。街道上各色商店林立，大致可归为两类：一类是各种生活用品店，如饮食

眺望渔排（张云鹤 摄）

渔工们在渔排上“收贻贝”（张云鹤 摄）

为了防止鹭鸟偷吃鱼苗，养殖者在渔排上方搭起一层“黑色网帐”（张云鹤 摄）

在渔排上挑选“黄瓜鱼苗”的渔工（张云鹤 摄）

店、服饰店、理发店等。另一类是渔业船舶相关的店铺，如船具店、油漆店、燃油店、网具店等。为便利沙埕对台交往，集镇上还特意修建了台湾街。台湾街占地 200 亩，围海造陆而建。改革开放以来，海峡两岸民间交往日益繁盛，来投资贸易的台商增多，每天来避风修整的台轮多时达上百只。台湾街为台商提供商贸、生活等便利。台湾街有 3 条主干街，内含住宅区、商贸区、生活娱乐区、台轮停泊点、对台小额贸易点、对台劳务输出合作点、保税仓库等。建筑风格以当地民俗为主导，吸收台湾地区和日本的风格，颇具特色。

由于围海造陆，沙埕港的滩涂变得愈发狭窄，每逢农历七月十五、八月十五大潮，被挤压的海水便会从地下一股脑地冒出来，那时整个沙埕都满了起来，两岸的店铺被浸泡在水里，街道上的水映衬着晚上的灯光，倒有一番别样的风情，当地人也爱极了这一景观，便取了个浪漫的名字——“海上威尼斯”。这一景致最大的“受益者”当属街上的孩童们，调皮的孩子们三五成行，光着脚丫欢快地玩起打水仗的游戏，阵阵欢声笑语，洋溢着满脸的天真与快乐。但大人们就没那么自在，尤其是沿街商店的店主们，如果不抢在满水之前搬走店里的货物，店家往往损失惨重，因为被海水浸泡过的商品便不能出售。围海造陆在一定程度上也带来了地基下陷、房屋倾斜等问题，尤其是当大潮遇上台风，这种情况更加可怕，所以沙埕的民居总是盖至四五层高，第一层实则为房屋下陷做准备，而随着年代的变迁，人们会在楼房上层层加高。在乘船时，如果从海面看向岸边，会发现岸上的部分房屋已经整体倾斜。

概而观之，沙埕港以优美的海岸带自然景观为背景，在海与岸之间雕刻出错落有致、深深浅浅的海上家园，一道道被渔船荡起的波浪线条曲曲折折，一根根竹竿倒影在水面上摇曳生姿，偶尔鸥鸟掠过拨起点点水滴，犹如一幅灵动的剪影画。岸边码头、集市川流不息，民居从海岸带一直延伸到山腰，扩展出 5 个村落交叉聚居的集镇，是人们居住、生活、休息和进行各种社会活动的生存空间，充满了浓浓的渔家风情。而山上则保留着海洋群体创作下的人文印记，气势恢弘的古老庙宇、别致典雅的宗祠亭台等建筑空间都彰显着强烈的艺术和文化氛围，山上成为人们寄托情感、追忆祖先的精神空间，颇具神圣性与庄严感。这种聚落空间分层，是几百年来以海为生的渔民将渔业生产与信仰、生活长期融合与发展的结果，体现出海边渔业社区的典型聚落特征。

海岛景观

张云鹤

海上明珠——台山列岛

台山列岛距沙埕港 17 海里，距大陆最近点达 14 海里，由西台、东台、香炉屿、笔笼屿、南船屿、南屿、圆屿、星仔屿、尾礁、牛屎礁、白礁、乌礁、笠斗礁、雨伞礁、半爿山礁等 15 个岛屿和 22 个礁组成，总面积 3.57 平方公里。据《福鼎文史》载，岛以西台、东台为最，其中西台是台山列岛的主岛；东台港湾较曲折，海岸线略长。由于长年经受海浪的冲刷，礁岩呈肖形状物，百态千姿，尤以雨伞礁为美，其形似一把大伞，风光如画，白礁上有鼠、牛、虎、兔、羊、鸡等十二生肖美景，远远望去惟妙惟肖，令人惊叹造化之神工。屿以南船屿、南屿、星仔屿为最。星仔屿在台山东偏北海上，南屿在台山南海面上，距主岛均较远，有渔民扦网捕捞，但常住人口极少。其余各礁均无人居住。如遇狂风巨浪，各礁时没时现。另由沙埕至台山中间海面，有暗礁两堆南北分列，曰北半洋礁和南半洋礁，每月大潮退尽才能现出，平时没于水中，如不谙熟航道，行船或有触礁危险。

东、西台两岛并列，中间相距约千米，当地人称为台门。渔民在台门的广阔海域间从事定置网作业，台门南下叫下桁，台门北上叫顶桁，总称为台门桁。台山列岛港道发达，来往船只可从下桁、顶桁进港。西台停船澳在岛东南，面向台门。东台停船澳有两处，一在岛西，面向台门；一在岛东，面向台湾海峡。此外，台山列岛还是重要的海防岛屿之一，为闽浙近海咽喉。明朝顾炎武先生在《天下郡国利病书》中即把台山列为外洋门户。明末倭寇扰乱海疆，万历二十八年（1600）明朝曾在台山设游，可知台山列岛在军事上的重要性。

岛上居住的渔民多是从长乐迁居而来，他们的祖先为躲避战乱，远离故乡，先后来台山定居，赖渔营生。据当地乡民回忆，约在 1850 年前后（鸦片战争爆发之后），清政府为充实军队，到处抓壮丁。居住于长乐潭头镇霞江村的 18 位青壮年渔民为躲避战乱和兵役，便从原居地一路浮海漂流直上。他们最先行至浮鹰岛，发现此岛已有人居住，若在此处定居，必然要面临两种困境：其一，作为外来者，肯定会遭受

雨伞礁（游如真 供图）

岛上原住民的排挤；其二，该岛距离内陆太近，依然无法摆脱被充军的命运。所以这一批渔民决定继续前行，先后行至西洋岛、北礵岛，发现均有人聚居；随后进入嵛山岛——这里是土匪、海盗的巢穴，依然不适宜定居。最后，这 18 位渔民漂行至东台，发现这是一处无人岛，便在此定居下来。后来，又有一部分年轻人逃至西台岛，他们登陆之后，沿着海岛行至一个澳口，发现在此处竟然居住着十几户人家。由于到达之时，正值正午时分，澳口的许多青年人都外出挖贻贝，留在澳中的只是些老弱的妇女与孩童。于是，这批男性渔民便趁机定居西台岛，并与岛上的原住民建立起良好的关系。当时台山列岛贻贝资源极为丰富，岛上的渔民靠挖贻贝讨生活。将贻贝晾晒制成蝴蝶干、贻贝干，肉质十分鲜美，可以说台山“鱼多人少、生活好”。所以没过多久，一部分青年男人便回到长乐老家，将自己的家属接到西台定居，并将柴火、粮食等生活用品带至岛内。随着长乐渔民的大规模迁入，双方群体势力格局发生变化，人口不断增长的长乐渔民与原来定居西台的渔民群体间时常发生渔场纠纷，为了独占海域，双方渔民更是经常打架、械斗。由于长乐渔民人多势众，原定居在岛内的浙江渔民逐渐被排挤赶走，只剩余一部分以“做生意”为主要营生的浙江渔民。岛内人群通过联姻形成了庞大的通婚圈，人口逐渐增多。

1955 年，台山列岛解放，部队派兵驻扎台山列岛。党和政府对海岛渔民关怀备至，加强海岛建设，岛上渔民生产积极性空前高涨，渔获量逐年增长。在 20 世纪 50 年代至 80 年代，台山列岛渔业资源十分丰富，乃闽东著名的渔场，盛产黄瓜鱼、白鳓鱼、鳗鱼、鲳鱼、鲂鱼、乌贼、鲯鳅、泥鳅鱼、比目鱼、梭子蟹、青鳞鱼、带鱼、大虾、黄虾、贻贝、紫菜、海芥菜等，种类繁多，产量很高，有时一网可捕鱼数千斤。春夏之间，鱼汛旺发，各处渔船结队而来，仅东台岛就集聚千余人，从事捕捞、加工、买卖，煞是热闹。

尤其在集体化时期，台山大队人口达到顶峰，约 2000 人；渔船发展至 100 多条，船队规模十分庞大。当时，南镇村、水澳村、官城村、小白鹭村等都在台山一带开展渔业生产，主要捕捞东海带鱼、七星鱼。沙埕公社实行“三统五包”的政策，并根据工分和家庭人口分配粮票、肉票、布票、鱼票等。当时有些家庭将用不完的鱼票拿来购买新鲜的七星鱼，然后将其晾晒制作成烤肠，经过加工的七星鱼可以卖到 1 元 / 斤，成为家庭收入重要的附加来源。渔民还会将剩余的鱼送给水产站，并挑选品质良好的鱼赠送部队，军民关系一派和谐。

20 世纪 80 年代，台山大队开始实行“大包干”政策，通常由一两户人家共同承包一条渔船，以定置网作业为主；另有部分村民承包大马力渔船进行远洋捕捞，当地又称“开东”，即从东台向外开大约 2 个小时后再下网捕捞。当时的渔业资源极为丰富，所以在承包制实行的短短几年内，大家都赚了很多钱，渔民生活逐渐富裕。至 20 世纪 90 年代初期，仅西台岛上就有常住渔民 120 多户，800 余人，建有房屋百余座。《福鼎文史》记载，当时岛上有电视机 64 台，收录两用机 54 台，收音机 100 多台，渔船数十艘，渔民人均年收入超千元。岛上有 40 户万元户，10 万元以上的也达 16 户。

渔民在积累了大批财产之后，开始进行渔船私人化经营，以获取更多的利润。但是渔民的迅速致富，一方面打破了集体化时期的公平机制，致使一些渔民心生嫉妒和不公平感，村落内出现了偷盗渔网等恶劣行为，被偷走渔网的船主由于没钱再去投资，只能选择转行；另一方面，岛内捕捞船在短时期内的急剧增长也导致渔业资源迅速枯竭，渔获量大大降低。有些渔民为了生计，开始加入潜水挖贻贝的队伍之中，但由于乱采乱挖（中贻贝、小贻贝也被大量采挖），导致贻贝资源大幅度减少。如此恶性循环，人们只好再次寻找其他的作业方式。后来人们发现电鱼可以增加渔获量，便利用灯光吸引鱼类聚集在一起，然后将其电晕，捕获大量鱼类。

大规模过度捕捞、潜水挖贻贝、电鱼等作业方式对渔业资源的破坏程度非常大，渔民时常面临“无鱼可捕、资源贫乏”的困境。当地政府逐渐意识到海洋资源保护的重要性，2003 年 8 月，宁德市政府将台山列岛列入厚壳贻贝繁殖保护区，致力于海洋生态的可持续发展。近些年，随着美丽乡村建设的推进，台山列岛大力发展旅游经济，海岛渔村成为被重点开发的资源，然而如果没有丰富的渔业资源支撑，旅游业也必将寸步难行。对于此，台山村书记认为：保护区要做大，就必须实行资源整合，推行“支部 + 公司 + 基地 + 农户”的公司运作模式。首先，政府应将资源保护起来，推行“公司运作 + 渔民入股”的经营模式。比如挖贻贝的船应该整合起来，用作渔业休闲项目，从而杜绝乱挖乱采现象；渔民采取的贻贝则根据重量大小，分别提供给有不同需求的公司，然后由公司支付渔民工资。其次，成立两个旅游基地，分别设在沙埕、台山。最后，整合交通船。规定交通船统一的往返时间，防止私有化船只不按时、不固定发船。每条船只根据游客需求安排民宿，避免出现民宿经营者之间抢客、宰客的现象。而这些措施的实行必须由政府牵头组织，为该模式的运行提供良好的配套设施，这样才能引领台山列岛旅游业迈向繁荣，成为一颗冉冉升起的海上明珠。

海上小普陀——莲花屿

沙埕港的海面上漂浮着一座恰似“临水芙蓉”的岛屿，明初先人在岛上建寺，得名莲花寺。其殿宇小巧，供如来佛、观世音菩萨各一尊，殿左为僧舍，殿右为塔墓，殿的正前方有天地炉和天桥，殿后有观音洞和关帝庙，旁边建有一灯塔，居制高点，为南来北往的船只指引着方向。寺内有一口淡水龙泉，水质清甜，常年不涸，据说这原是一个天然洞口，后来被雕塑成龙头形状，洞内的淡水来源堪称一奇，有人认为此乃地下水涌冒，也有人称是天上雨水渗透而来，说法不一。

莲花寺虽经沧桑，兴衰沉浮，而今香火依然兴旺，如今的莲花寺不仅是信徒涉水朝拜的一方圣地，更成为一处探幽寻梦的海上旅游景观。改革开放以来，当地政府及群众在原寺基上扩建了大雄宝殿、观潮虹桥、观音阁楼、膳堂住居及专用渡船码头，为游客与朝山礼佛者提供方便。

关于莲花寺还有一段动人的美丽传说：相传在很久以前，八洞神仙之一的铁拐李闲来无事云游至龙安杨岐主峰，俯瞰群山环抱、西水东流，龙互胶、凤相绕，属难得风水宝地。尽兴之时，不料一个趔趄，一脚跌落在峰顶，原来高耸的笔架峰一时变成纵深的豁口，破了人间风水，铁拐李深感惭愧而自责不已。第二天他起个大早，来到仅一江之隔的浙江马站云亭合掌岩上的乱石堆里施展法术，不一会儿一个个形状各异的石头变成一只只大小不一的小猪崽。铁拐李将猪崽赶往杨岐主峰豁口，欲将其偷偷补上，小猪崽游过流江，爬上西岸途经西澳村里洋，一个趁早在山上干活的老农却喊："奇怪哩，石头没脚能走路啰。"话音一落，那成千上万的猪崽一刹那都变回名副其实的石头，宛若一条长龙，趴在沿岸山脚下纹丝不动（我们今天依然能看到里洋自然村海岸边分布着许许多多貌似猪崽的石头）。铁拐李黯然神伤，不甘失败，次日，天刚蒙蒙亮，他两手各执一只簸箕，兴冲冲来到金屿门半岛，用手刨满一担簸箕的土，欲挑担时，却发现忘了带扁担，情急之中，他信手拈来一根芦苇取梗，晃悠悠挑了起来，就这样一路穿行于羊肠小道之间，最终来到龙安后井山坡（今龙安码头以北）。这时，一个老妇人携七个村姑正起早在半山腰割草，见状好生奇怪，便好心问道："兄弟那芦苇根咋能挑啊，要不我扁担借你吧……"话音未落，芦苇根"嘶"的一声崩裂，装满土的簸箕顿时朝着两个方向而去，沉入海底，紧接着"砰"的一声轰鸣，转眼间冲天的巨浪掀至山腰，老妇人和另外七个村姑被突如其来的浪涛卷走。那两只簸箕沉下后不久，便慢慢露出水面，形成了我们现在所看到的遥相呼应的"莲花"与"龙安"（现海堤管理所所在地）姊妹寺。龙安寺在北岸，与海岸线相距百米，退潮七分时，人便可涉水蹚过行香；而不可思议的是南岸的莲花寺却总在农历八九月中旬有位移和越近越露之感，有人说是岛屿底下簸箕受浮力托起的缘故。

东海之珠——冬瓜屿

冬瓜屿曾名屏风山，位于沙埕镇西南方向 8 海里，因形似冬瓜而得名。该岛属于敏灶村管辖，东西长 2.28 公里，南北宽约 0.4 公里，面积约 0.92 平方公里，位于北麂列岛和大北列岛之间。冬瓜屿四面环海，岸线长 5.2 公里，地势西高东低，最高点在兔子笼山，海拔 168.9 米。

冬瓜屿（陈律鹏 摄）

岛上淡水充沛，花草树木交相辉映，并设有福鼎市最早的国际航标，始建于清光绪四年（1878）。岛上风光独好，是泛舟、垂钓、攀岩、烧烤、观日的最佳去处。

沙埕台风记忆

张云鹤　巴贲达

沙埕港系我国东南天然良港之一，港道两岸高山对峙，山高一般在300米以下，最高700米，港口宽1海里左右，在南镇鼻与虎头鼻之间，湾口朝向东南，其东有北关、南关两岛屿为天然屏障。沙埕港湾狭长弯曲，宽约370米至1758米，伸入内陆达36公里，水深大部分在15米以上，最深处约50米。《福鼎文史》载，港口外锚泊地最深处在北关岛附近，进港的主航道在南关岛以东，一般情况下，万吨轮船可抵达金屿门，5000吨轮船可抵长屿，500吨船可抵内港八尺门。由于港阔水深且有群山庇护，故沙埕港成了天然的避风港，通常能避12级强台风。

大海是一个充满各种危险的异域环境，海上捕捞、渔业养殖都面临着多变和不确定的环境因素，其中最难以规避的风险便是突如其来的自然灾难，如暴风雨、台风等。沙埕港每年都要经历多起台风，由于其天然的避风港优势，每当台风来临之际，闽东、浙南甚至台湾地区的渔船都会选择来此避风，沙埕港承载着讨海人的温情依赖与情感寄托。但是近几十年来，沙埕港经历了3次较大的台风重创，其一是1949年前的超强台风，其二是1958年的12级台风，其三是2006年8月10日的17级"桑美"台风。在当地人心中，台风之殇是一个不远的故事，是一段集体的记忆，即使时隔多年，那种恐惧、无奈、绝望夹杂着死亡的酸楚感仍能够在顷刻间涌上鼻尖。

在海里讨生活的渔民对大风心存敬畏，极端的天气状况、洋流的波动、风向的变化等都是影响渔民生活和渔业生产的重要因素。台风的侵袭不仅会影响渔业资源，还会在很大程度上造成渔民生活的不稳定，甚至危及生命。

1949年之前，沙埕曾有过一次重大台风，虽已年代久远，但村中的老人依然记得那次台风天是在农历五月十六。当时连家船民未上岸，密密麻麻的小舢板随风漂荡，逐鱼而居，水上人"上无片瓦，下无寸土"，只能"以船为家，终日漂泊"。对于连家船渔民来说，一旦遇上台风或者连日暴雨，身家性命可能随时葬身大海。据说那天风平浪静，阳光灿烂，一切都与往日无异。中午时分，渔船上的人家还在吃饭，一刹那，有人感觉到桌子上的碗碟摇摇晃晃，顷刻散落在地，大风就这样突然来袭。那时的房子大多是木质结构，或者是茅草房，伴着暴雨被翻卷至空中，撕成粉碎。

而其中最为悲惨的便是连家船，船里的人在暴风之中抓不住一丝生存的希望。当时沙埕港人数不多，但是死亡人数高达100多人。

1958年9月4日，12级以上特大台风在沙埕港登陆。当地民间所流传的“狂风暴雨从天降，千年大树连根拔，天上飞石地飞沙，顷刻无食又无家”，正是对沙埕港1958年遭受超强台风重创的真实描述。据《福鼎县志》载，当时全沙埕只剩下粮站仓库1座，小学1座，水产仓库2座，其他房屋及区公所办公楼全部倒塌，残砖碎瓦一片废墟，到处是啼哭声。台风登陆当日暴雨倾盆，日雨量大多在200毫米以上，到处山洪暴发，田野成为汪洋大海。沿海房屋遭受严重破坏，海岛台山154户民房全部被毁。台风冲毁水库21座，流失大船6艘、小船20条。海产养殖及农业设施、国家物资损失难以计数。

有人回忆起当时的情景：

当时的电话线被风吹得发出巨大声音，老百姓家里养的猪全都跑出来了，大路上有竹子做的网拦在那里，我当时拿着一把伞想跨过那个栏，结果大风一吹，连人都飞起来了，那时候我还是小孩子，比较瘦小。我记得那时候我家里的瓦片都被打掉了，木构的房子整个倒下来了，从沙埕走过，遍地是砖瓦。

这次灾难存在于像他这样的老人的记忆当中，老人们口耳相传，向子孙后辈们讲述自己儿时的台风经历，那种痛苦、恐惧、哀伤的情绪杂酿在一起，慢慢地发酵成往事。台风似乎成了当地人生活中的一部分，抹不去，赶不走。

2006年8月10日的“桑美”台风对于沙埕港来说，是一次历史性的重创。2006年8月10日下午5点多，“桑美”以排山倒海之、雷霆万钧之力侵袭沙埕港，不仅损坏了很多渔排、房屋、渔船，还夺走了许多人的生命。

据当地的一位老人回忆：

走在大路上，房子到处倒下来，山上的建筑全部被吹光了，海上渔排一夜之间化为乌有。这场台风造成多少家庭悲剧啊！有些家庭中的男人死了，剩下一个妻子带着孩子怎么办？生活怎么办？那时候真的是太凄惨，但是天灾谁又想得到。

狂风如刀，刀刀划入心口，关于“桑美”有太多的痛楚无法言语，原本美丽、安宁而又生机勃勃的沙埕港成了一个泪湾，哀伤的空气时时萦绕。港内的数万口渔排顷刻之间化为乌有，养殖户们，尤其是资金薄弱的养殖者，面临着破产、负债等一系列打击，沉痛而又无奈。据一个亲历者回忆：

当时我的鱼都是成品鱼，养了两三年了。台风前，鱼开始涨价，收鱼的商贩都不想买，想台风过后买。但是台风之后，渔排全部被打光了。要是台风前，别人把我的鱼买了，差不多可以卖 130 万元左右。因为一开始搞养殖是要赚钱的，赚一些钱渔排就要加大，钱全都放在里面。台风来就打得光光的，一毛不剩，后来家里人都反对，不让养了，风险太大了。

除了渔排毁坏、网箱受损之外，养殖的鱼类也遭受了重大病害。一旦遇到台风，海水和洋流都会发生变化，会诱发高温、赤潮、水浓等水域污染问题，从而使鱼类大批死亡。因此，养殖成了一项风险投资。“桑美”之后，沙埕港域内的渔排规模再也没有恢复到 2006 年极盛时期那样。

房屋的损失，一般是家具、窗户、房顶、玻璃等的损坏，这些都可以慢慢修复重建。“桑美”台风带来的最大灾难发生在海上。第一阵台风过后，天空放晴，万里无风，许多人认为台风已过，便下海查看自家渔排、渔船的受损情况。但不一会儿，“桑美”回南，以时速 270 公里狂奔的气流直逼沙埕，肆虐地吞噬码头，席卷了不计其数的生命。

有人悲痛地回忆了当时的情景：

渔民是全世界最苦的职业。捕鱼非常辛苦，在大风大浪里来往，冒着生命危险，有时候甚至连台风天都在外面，让人特别担心。

“桑美”台风的时候，我都被吓哭了。一想起那个时候，我就忍不住要流眼泪，真的是太惨了！海上有很多人喊救命，但是没办法啊，风那么大，没有人能救得了他们啊！那个风太大了，很多渔船一下子就被卷进海里，人根本出不来，浪也非常高。还有，只要一秒钟或几秒钟时间，一整艘船，就从这边被卷到对岸去了，几百上千米的距离！当时是晚上，我老公在船上看船，他亲眼看到旁边的船上有人喊救命，旁边的人想救，但是一点办法都没有，无能为力啊。

我们这里从来没有经历过这么大的台风，据说是 50 年一次。那个时候，台风突然入侵沙埕港，所有人都不知道台风会来，都没有做好防备。“桑美”之后，大家有经验了，如果是台风来了，所有人都会到岸上来躲避，不会再

待在船上了。

“桑美”的强破坏性给我国闽浙地区造成了重大人员伤亡和财产损失，2006年12月，在中国澳门举行的第39届世界气象组织台风委员会会议上，决定“桑美”这一名称今后不再续用，由“山神”取代其命名序列，“桑美”以2006年第8号台风的专名被载入世界台风史。“桑美”虽被除名，但其留下的伤痛记忆却永远无法抚平，它就像一个庞大的高速旋转的锯齿铁轮，其强度之猛、风力之大均为百年一遇。很多渔民后来反思了“桑美”台风的经过，之所以会造成如此大的损失，沙埕渔民对台风眼的认识不到位是一个重要的原因。

此外，在经历了“桑美”台风之后，有关台风的民间谣谚重新成为当地人日常生活中多次谈论的话题。对于沙埕港来说，“台风不叫大，回南才叫大”。“回南风”依然让沙埕人心有余悸。当地人解释了沙埕“回南风最大”的原因：

> 台风从太平洋过来，东南风一直转上来。先是东北风，进去一点是西北风，出来一点是西南风。为什么我们这边讲回南力气最大，台风怕回南？因为回南力气如果不大，就没办法推动台风前进，台风往上走的过程中，卷过来，推上去，推力像火箭一样，所以回南风力气是最大的。“桑美”台风也是这样，回南力气很大，导致整个沙埕损失惨重。

同样，在沙埕当地也流传着“六月七月打雷压九台，八月九月打雷招风来”这句关于台风预测的古老谚语。当地一位有着丰富海上作业经验的船老大是这样解释这句谚语的：

> 农历六七月响雷了，可以把9个台风压下去；如果农历八九月打雷就会招风来。这句谚语也验证了“桑美”台风的回南。当时“桑美”台风登陆沙埕是没有响雷的，但台风过去之后，响雷了，非常响，一响雷，风马上又转过来。现在很少有人知道这两句话，当时做船老大的时候，我很注意这个，经验比较充足。像我这一辈的人，台风怎么来，是什么风向，很多人都不知道。当第一阵台风过后，整个沙埕港风平浪静，大家以为没事了，码头那边100多人在那里，边防所的人下去没多久，台风就转南了，那边黑压压一片，我都吓死了，第一个跑进来，跑到祥迎宾馆那边，再看边防所那个船，刚好码头下去冰库那边，风吹过来，整个挂机靠在冰库那边，

船上边防站的人和一个记者爬到冰库里，幸运的是这个冰库没有被打掉。台风时速每小时30公里，暴风眼差不多一个半小时就过了，我感觉过去了，结果响雷了，没过多久，风又来了。所以“八月九月打雷招风来”在“桑美”台风中印证了。

除民俗谚语外，以往海上作业经验也蕴含着许多防灾治难的生态知识，在经历“桑美”台风之后，渔民们也更多地谈论起这部分经验。在地方性的知识经验中，渔民们可以通过判断台风风向、风力大小决定渔船的抛锚位置以及抛锚方式，免遭损失。沙埕港内的风向一般分为西北风、东北风、西南风。港内风向不同，渔船的抛锚位置也要因之改变。首先，如果是西北风，沙埕港内的避风船只必须抛锚在龙安一带。因为龙安一带有高山抵挡，可以避免台风正面袭击船只；而如果停靠在沙埕集镇的锚地，风从海上席卷过来，威力巨大，这种情况便是当地人所谓的“风下水”，即风一下水，便会掀起巨浪，此时停靠在集镇锚地的船只必定遭受重大损失。其次，如果是东北风，船只抛锚在山脚之下即可，可利用高山优势遮挡台风。再者，如果是西南风，则意味着沙埕将遭遇极大的灾难。因为沙埕的锚地大多集中在集镇码头附近，如果风从西南或西北方向来，则会正面袭击锚地，尤其是西南风对沙埕港危害最大。“桑美”台风便是西北转西南风向，导致集镇码头停泊的所有船只全部被打到龙安一带，给沙埕港带来了灾难。

同样，一些有关台风期间渔船的停靠、抛锚的安全知识也重新被强化。台风来临时渔船抛锚要比往常更为谨慎。平时，渔船抛锚都是从船头下去，但是一旦遇到台风，抛锚的绳子则要从船身的两边绑下去，在两条绳子交汇处打一个三叉结，结成一股总绳绑到锚上；每侧船眼附近通常也会拉一股双绳，使每侧抛锚的绳子从这股绳中间穿过去，以固定船身。此外，“桑美”台风之后，人们对台风的认识与体验更为深刻。“桑美”之前，沙埕渔民有一个惯例，台风天船老大为了避免大风刮起导致渔船脱锚相撞或者船只解体等情况的发生，一般都会固守在渔船上。在大风刮起来的时候，船老大要开足马力，用船头对准大风，从而避免渔船被打翻。经历了“桑美”台风之后，船老大固守渔船的惯例被打破，所有船员在台风期间必须全部上岸，再不敢疏忽麻痹。而有经验的船老大还会在三叉结前方绑上轮胎，隔一段距离后再绑上一个轮胎，利用轮胎弹性起到保护渔船的缓冲作用。

面对超强台风“桑美”，沙埕镇政府积极响应，在随后的救援工作中，“舍小家，为大家”，最大限度地保证了受灾群众的生命与财产安全。沙埕镇在8月10日晚台风彻底通过以后，迅速组织成立海上搜救队，第一时间到海上进行搜救。

当晚共救出 11 名群众。同时位于沙埕地区的相关部队——福建省宁德武警支队、驻福鼎部队、边防官兵等积极参加到沙埕镇成立的搜救队中，全力开展搜救工作。11 日至 18 日期间，海上搜寻逐渐进入高峰期，每天累计在海上进行搜救的船只多达 80 艘，人员在 800 人以上。截至当年 8 月 19 日，救援工作重点转向以打捞沙埕港海底船只为主。交通部海上搜救中心、交通部救捞局、上海救捞局、福建海事局等有关部门人员赶赴福鼎，指导沙埕港沉船打捞工作，帮助进行沉船探测定位，同时海军也增派打捞力量协助工作。由福建海事局、上海救捞局、东海救助局和海军部队组成的阵容强大的打捞队伍，大大加快了沉船打捞速度，最终统计共打捞起沉船 73 艘，在沉船上找到遗体 18 具。台风登陆后的第二天，通往沙埕镇等相关地区的所有国道、省道、县道全部恢复通行。电力与通信系统也在随后的日子逐渐恢复正常，保证了救援工作中机械设备、人员以及信息的畅通。更为重要的是，灾情发生的当天，福建省就紧急展开应急实施预案，下拨应急救灾资金累计 3700 万元，并紧急调运帐篷、棉被、床、方便面、矿泉水等，以保证灾民的基本生活。沙埕镇政府认真做好安抚工作，给予每位遇难者的家庭 5000 元抚恤金，承担所有遗体搜寻、处置费用，并妥善安排好灾后群众生活，确保灾民有饭吃、有衣穿、有临时住所住、有干净水喝，伤病能及时得到救治。“台风无情，人有情”，在救灾过程中，许多人不辞辛劳，不顾自己家人的安危，第一时间抢救他人，武警部队及解放军积极参与到救灾工作中，上至福鼎市政府、沙埕镇政府，下至普通百姓，都积极发挥救灾热情，为“桑美”过后的安抚与重建工作作出了巨大贡献。

台风过后，沙埕镇逐渐恢复到往日的平静之中。2007 年，43 艘灯光渔船全部在钓鱼岛附近海域出海作业，效益不错。渔排也已恢复到 8000 多户，同时 30 多家紫菜生产、加工企业也已逐步恢复生产。在镇政府的帮助下，沙埕引进投资 700 万元的精深加工企业，预计产值 2000 多万元，为当地农民带来可观的经济效益。

为减少今后台风带来的灾难损失，沙埕镇政府积极撰写防台风预案，为船上渔工购买保险，且由福建省财政承担 20%，福鼎市级财政承担 10%，沙埕镇承担 5%，保额达到 60 余万元。政府的一系列举措，为沙埕这座以渔为生的小渔镇再次焕发海洋的勃勃生机作出了巨大贡献。

如今的沙埕镇似乎已经走出了 17 年前那场灾难带来的悲痛，或是已经将其掩埋在沙埕人柔软的内心之中，但是不可否认的是，“桑美”带给了人类灾难，也给予人类教训以及思考。最终的结局是自然让人类在不断改变与适应它的道路中强化自身；人们对自然也越来越充满敬畏，接受它的馈赠的同时，也感叹它的无穷与强大。

沙埕疍民

刘长仪　段云兰

疍民泛指以船为家、浮家泛宅的人群，常出现于闽粤地区的沿海河路，在中国传统的历史书写中作为“边缘群体”出现。“疍民”的名号颇多，诸如“游艇子”“泉郎”“白水郎”“卢亭子”“龙户”“蜑”“蛋民”等，所指的都是疍民。

《北史》中有“时南海先有五六百家居水，为亡命，号曰游艇子”的记载，《太平寰宇记》认为此处的“游艇子”指的是东南沿海的“夷户”，并且是“卢循遗种”：“泉郎即（泉）州之夷户，亦曰游艇子，即卢循之余。晋末卢循寇暴，为刘裕所灭，遗种逃叛，散居山海……其居止常在船上，兼结庐海畔，随时移徙不常厥。”除了“游艇子”，《太平寰宇记》中还载有“庚定子”，也称为“白水郎”和“卢亭子”：“东海上有野人，名为庚定子。旧说云：昔从徐福入海，逃避海滨，亡匿姓名，自号庚定……土人谓之白水郎。”梁克家在《三山志》中将“白水郎”与“游艇子”“卢循遗种”合并，认为所指皆是闽地“举家聚止一舟，寒暑、食饮、疾病、婚娶，未始去”的“夷户”。之后福建的方志通常将“白水郎”记录为七种“闽之先居海岛者”之一。

“白水郎”在史籍记载中和沙埕港有千丝万缕的联系，《三山志》中记载“白水郎”的停船之处为“白水江”。“白水江”的位置现今已难以确证，但史料明确记载其与“桐山溪”汇流于沙埕港：“桐山溪，相近有董江，上流通白水江，即沙埕旧港也”；《三山志》中又有“沙埕港源出温州界，至桐山东入海”的记录，因而可以推测源自温州地界的河路，经白水江、桐山溪，最终由沙埕港入海。

史书有关“白水郎”之来源的记录大致可以归纳为三类：一是认为“白水郎”的先人原本计划跟随徐福东渡，中途后悔，于是藏匿在东南沿海生活下来；二是认为“白水郎”是居住在福建沿海岛屿的“先民”，是“卢亭”的一种；三是把“白水郎”与《太平寰宇记》中的“游艇子”合并，认为他们是兵败逃亡的卢循一伙的后人。

有趣的是，沙埕当地的历史记忆和传说故事与卢循一伙存在微妙的关联。根据周瑞光先生的文章可知，晋太康二年（281），温麻郡设立典船校尉，现今沙埕境内的流江，被认为是温麻船屯的据地之一。晋元兴三年（404），孙恩起义，战败于临海，而后孙恩投水自尽，他的妹夫卢循率领残部由浙江转战福建，现在沙埕附近的流江、罗唇等地曾经是卢循军队的驻所。也就是说，透过对历史文献和地方故事的略览，我们可以基本确认一些以船为家的闽地先民曾经在沙埕一带的水面聚集。然而这些存在于历史古籍中的水上先民，在漫长的岁月变迁中，已再难寻得踪迹。现今沙埕的疍民均由福州迁徙至此，这些船居的“水上人”从闽江口北上，遍识港湾，最终选择在此定居，和历史上汇集此地的“白水郎”“卢循遗种”发生穿越时空的奇妙耦合。

沙埕疍民的迁居历史与苦难叙事

疍民现今被称为“连家船”或“连家船渔民”，用他们“以船为家”的生活形态作为群体的指称。然而在过去的地方文化中，对疍民的称呼并不友好，在闽东方言区内他们被蔑称为“曲蹄仔”，疍家妇女被叫作“曲蹄婆”。由于疍民长年生活在空间狭窄的船上，行动举止只能弯腰屈腿，又总是盘腿坐在船尾摇橹，日积月累就容易造成双腿发育不良，呈现弯曲状。也就是说，“岸上人”利用了疍民身体上的畸状，给他们贴上了具有歧视意味的标签。在闽东方言谚语、地方文本中，对疍民歧视性的表达屡见不鲜，如谚语“曲蹄爬上岸，打死不见官”“曲蹄钱九十七，岸上使百零三”，以及陈盛韶在《问俗录》中写道：“古田男女有别，街衢庙院绝少游女，惟水口荡船来自南台洪山桥一带，名曲蹄婆”——更是将“曲蹄婆”与“娼妓”画了等号。

沙埕一带的疍民大致在清道光年间从福州迁来，主要以欧氏、连氏和江氏为主。欧氏疍民的族谱记载：

> 我欧姓相传以来，始祖由闽迁泰邑，由泰邑迁至福鼎沙埕住居。历来均以捕鱼为生，对谱牒事不以为然，致失于联系。……前老谱已于“文化大革命”期中被焚毁，所以在易贵公以上只知良字讳，不知其名，再上就无从稽考，因此以良字公为住沙埕第一世祖。

此后根据其记载的世系图，第四世公妹墓碑上记载生于公元 1880 年，以此反向推算，第一世大致出生于 1820 年。江氏始祖也于清道光至咸丰年间来到沙埕：

> 稽沙埕吾宗者，其先世籍贯连江，溯其本源均系伯益之后，济阳之裔也。固居临海滨，以渔为业，以海为田。继以就业，携眷舟居，沿海停泊，与

渔民为伍，与欧、连通婚，渐沦化于渔民之习俗。于清道咸间到沙埕，即为常泊之处。

《上党郡连氏宗谱》也有类似记载：

我连姓相传祖贯福州，后迁连江，地处海滨，因地就业，竟以海为田，赖渔营生。于清道光年间启治公携眷沿海而来沙埕。

上述族谱的记录表明欧、连、江三姓疍民自迁居至沙埕起，就有通婚之例，他们常结伴为伍，共同劳作和生活。

初到沙埕时，“连家船渔民”拖家带口栖居船上，以海为田，受封建统治势力的压迫，生活十分艰苦：

彼时在封建及反动统治下，经受资本家残酷剥削，致日不聊生。或远航，或舟处，浮泊无定。

在 1949 年之前，沙埕疍民普遍聚集在港湾沿岸水面，之后随着生产力的提升，疍民们慢慢通过填海造陆，将海岸线向西推进。国民党统治时期，沙埕疍民主要以为沙埕“岸上人”做“渔工”为生，他们将捕获的鱼交给“岸上人”，换取一些钱款和米粮，“岸上人”再将这些渔获贩卖出去，赚取利润。

那时候，沙埕的疍民每天早起扬帆出海放钓，傍晚收钓归来，途中要经过台山海匪、嵛山马军、北山大刀会、南镇伪军和沙埕“渔霸”这“五关”，所得渔获到返港时往往所剩无几，到最后还要经历岸上的“渔霸”的“绝子秤”的盘剥：“（沙埕疍民）每天早起扬帆出海放钓，傍晚收钓启程归来……‘讨海’的鱼鲜不是被抢劫，就是被敲竹杠；最后也经不起渔霸资本家的‘绝子秤’。资本家控制一把空心秤，秤杆内装上水银可以流动，鲜鱼称进秤尾往下压，10 斤鱼只有 6 斤，货物卖出秤尾往上提，6 斤的东西变成 10 斤重，疍民明知这种秤有诈，却不敢吭声。”疍民向“岸上人”缴纳渔获后换取的一点钱款，基本上都用于买米、买面。但是后者极尽克扣之能事，疍户到手的钱款少得可怜，根本买不起大米；一些“渔霸”直接用面团来代替钱款，“水上人”也只能接受。困难的人家无钱买米、买面，只能靠番薯藤、番薯叶来充饥，而沙埕的“岸上人”又严禁疍民上岸，于是这些渔民常常开船到其他地方采摘番薯叶。

这些往昔的生活记忆在水生村渐渐构成了一种当地的“苦难叙事”，在反复的述说和口耳相传之下，口述的历史变得渐趋一致，特定的历史事件、经历和意象频繁出现。比方说，“番薯叶”就成为重要的象征要素，当地疍民常常形容上岸之前的生活如同腥臭的番薯叶一样难以下咽、苦不堪言。再比如疍民总会不断强调沙埕原生的“岸上人”对他们的欺压。这些欺压既存在于经济层面，也渗透进社会生活的方方面面。做“渔工”的疍民如上所述被“岸上人”过分克扣工钱，他们不仅食不果腹，而且衣难蔽体。“岸上人”认为“曲蹄天生就是光脚丫的”，所以不允许疍民穿鞋，因此“赤裸着脚板不穿鞋”也成了沙埕“岸上人”针对疍民的固化的歧视性印象。在天气暖和的时候，光脚在船上工作可能比较方便，但是在寒冷刺骨的冬天，没有鞋穿对“水上人”来说就是折磨。如今老一辈的疍民谈起以前的生活，都会反复强调“冬天连鞋子都没得穿”，双脚在寒风中长满冻疮、皲裂出血，由于过于寒冷，脚板被血浸透都察觉不到疼痛。辛苦的“水上人”为了生计只能麻木地保持盘腿的姿势，不停地摇橹。再穷苦一点的人家，甚至连裤子都不够穿，他们只能光着腿坐在船上，用破旧的棉被遮蔽；有时候棉被对他们来说都是奢侈品，旧衣、破布，甚至旧船篷都可以当作被褥使用。更有甚者，为了维持上岸缴交渔获时的体面，他们不得不轮流穿裤子：“今天你上岸就你穿，明天我上岸就我穿。”他们因为双脚长期泡在水中，又经常光脚涉足泥沙海滩，于是在脚底板形成了厚厚的茧，而这些茧在一定程度上成为疍民过往辛苦岁月的见证。

不止于经济层面的盘剥，沙埕“岸上人”颇为彻底地限制了疍民的活动空间，最彻底的便是不允许他们涉足岸上的土地，所谓“曲蹄爬上岸，打死不见官”确实存在于沙埕疍民的日常生活，只有在上岸缴交渔获的时候，他们才被允许在岸上短暂逗留。一些经济条件较好的“渔霸”拥有大船，男性疍民渔工在干活的时候被允许上大船，一旦活计结束，便被勒令离开。“岸上人”的欺压有时还会给疍家带来灭顶之灾。老人们时常回忆起民国某年六月廿七的大台风，据说那时候“三天两头风，石板飞墙过”，当天中午烈日高照，正在吃午饭的时候，突然黑云压坠，旋风骤起，饭桌上碗筷飞走一空。疍民们又不能上岸躲避，成排的船只被风直直打向海岸，层层叠叠地撞击在一起，最后仅有 7 条船幸免于难，而上百人则死于非命。

而大年初一、初二、初三是疍民难得的能够破例上岸的日子。这 3 天中，女性疍民携着子女成群结队地上岸、上山，挨家挨户地“讨马力”。“马力”是当地的一种年糕，成长条状，可蒸食，也可油炸。这种疍民正月上岸乞食的习俗在福州地区十分常见，文雅一点称之为疍民“贺年”俗，福州文人郑丽生先生在《贺年》这首诗中形象地描绘了这一民俗活动：“屠苏饮罢正欣然，又见曲蹄来贺年。十二月花成板调，疍歌情致意缠绵。”与福州疍民不同，沙埕的“水上人”上岸“贺年”时并不唱歌，她们要从沙埕出发，走十几公里的山路，尽可能多地拜访人家，多获得一些“马力”，以作为正月间的吃食。“年关”对穷苦的沙埕“水上人”来说十分艰辛，一方面，正月间鱼汛锐减，生产停滞；另一方面，疍民受生计所困而负债累累，到“年关”无法还清欠款，债主甚至没收他们的橹。谈及此事，一位约莫八十的老疍民不禁感慨：“没有橹，我们又该怎么挣钱还债啊？”

船上的生活对于女性来说要更艰难一些，即使在孕期，她们也得持续劳作。她们在生产的时候，没钱请医生或产婆，只能由一些“过来人”帮忙接生。因为缺少必要的接生工具，只能打碎一个瓷碗，用碎瓷片割断婴孩的脐带。在产后第二天，她们就要立刻出海捕鱼，坐月子、休养等等都是疍家妇女难以奢望的事。哺乳也是一大难事，因为营养不足，鲜少疍妇奶水充足。无奈之下，她们只能找奶娘，或是用面团熬成的面糊喂养小孩。实在负担不起的家庭只能将小孩送给他人，一般倾向于将男孩留在家中作为劳力，女孩送去给人做童养媳。童养媳在沙埕疍家很常见，大部分人家都是以收纳童养媳的方式完成婚配。对送出孩子的人来说，这无疑减轻了他们的养育负担。而接受孩子的人家一般家庭情况困难，他们无力为儿子操办婚礼，收纳童养媳一来可以为家里增添劳力，二来等他们都长大，就自然“过在一起”，不需要花钱办婚礼、下聘“讨亲”。

诸如此类的关于“苦难”的回忆，成为沙埕水生村地方历史的重要部分。时至今日，当地还流传着一首忆苦歌：“忆往年，咱是水里生浪里长，破船为家，麻袋遮体，海藻当粮，曲蹄爬上岸，打死不见官，水居人的苦和仇呀，千年万代也难忘。”

服饰与船：沙埕疍民的物质文化

虽然疍民的生活在 1949 年之前十分艰辛，但并不影响其对美感的追求。首先就衣着服饰而言，他们很重视隐蔽身体，赤裸劳作被认为不光彩，因而即使物质匮乏，他们也会想尽一切办法来维持体面。通常男子的穿着比较简单，他们常穿着类似“麻袋”的褂子在海上劳作。“麻袋”衣呈锈红色，以“红柴汁”染成。所谓“红柴汁”，是福建沿海地区十分常见的染料，以荔枝木为原料，渔民收集足够多的荔枝木之后，将其劈碎，同时将一个大木桶架在灶台上，放入荔枝木和水进行熬煮。一般需要熬煮一至两天，时候差不多时，渔民要拿一根稻草秆，在秆的顶端弯一个圈，将圈轻轻伸入红柴汁并快速拿出，若红柴汁在圈上结成了一个“镜”，那么就表示这时红

沙埕水生村女性疍民的服饰（张云鹤 摄）

沙埕水生村疍民渔作时所佩戴的斗笠（张云鹤 摄）

沙埕水生村疍民渔作时所佩戴的胶帽（张云鹤 摄）

柴汁的黏稠度达到染料的标准，便可停止熬煮；若无法成“镜”，则必须加长熬煮时间。红柴汁熬制完成之后，便可以进行布料的染制。布材为苎麻布，一般要经过四五轮的染制才能让布“吃透”颜色。经过红柴汁染制的布料质地会变硬，海风侵蚀后不易腐烂、破损，使用寿命长，有时候疍民也会用红柴汁来染制“加固”他们的船篷。

相比于男子，疍妇的服饰变化更为多样。她们比较看重衣物的颜色，那种用红柴汁染成的锈红色她们不太喜欢，于是改用靛蓝，年轻一点的女性会让蓝色再浅一点，偏向青色。这种靛蓝色也是用植物染料染成的，染料的制作流程和制作红柴汁的过程大同小异。疍妇的服饰基本由自己亲手制成，样式为斜领褂上衣配七分或九分阔腿裤，颜色以青蓝色为主。讲究的妇女会在领口和袖口绣上条纹装饰，为了不显太“空”或太素，她们常在衣服上绣白色或红色的花。后来这种斜领褂渐渐简化成短衣短袖。不管男女，疍民服饰的裤管都非常宽，圆径在两尺以上，因为渔民在捕捞作业中，经常要卷起裤管下滩涉水，宽裤管方便他们作业。同时，疍妇在海上作业，为了抵御烈日曝晒，她们通常会佩戴斗笠。沙埕疍家的斗笠的特色之处在于在编制过程中，她们习惯用1至2根白色和蓝色的塑料绳混编入斗笠，以作装饰之用。斗笠中增加的白色和蓝色通常与她们所着的服饰的颜色相呼应。后来在集体生产时期，这种传统斗笠被绿色的塑胶帽取代，塑胶帽由于形似日本军帽，故当地人称其为“日本帽”。

除了服饰之外，疍妇还很看重她们的发型和发饰。未成年的疍家女一般都扎一条辫子，成婚之后，便要将辫子盘在后脑勺，梳成一个高高的发髻，并别上银质的发夹、簪子等，因为神似田螺，有人也称这种发型为“田螺髻”。疍妇每天要花时间整理自己的头饰和仪貌，如若发髻散乱，则会被人讥讽。

“疍家艇”亦是疍家特有的物质文化符号。疍民“船居”“水生”的形象深入人心，船对他们来说，既是生产工具，也是生活空间，故而他们的船常被称为“连家船”。“连家”大致有两层意思：其一，顾名思义，“连家船”有“船”“屋（家）”并用之意；第二层意思可以从他们的生产、生活背景理解。一般来说居住在一条船上的算是一家人，一处水域内的疍民一般是依靠血缘关系而紧挨在一起。

“连家船”空间比一般的讨鱼小船大，船的天顶和四周用船篷遮挡。为了家庭成员生活方便，疍民还会用竹篷分隔出空间，有时甚至特意将篷制作成可拖拉的门，以增加遮蔽。沙埕连家船一般长 7 至 9 米，比闽江一带的船更宽、更深，大致能分出 2 至 4 个隔间，一个隔间约 8 平方米。到了晚上，疍民会在船头挂上红灯笼，富裕一点的疍家会使用煤油灯。

一家普通疍户通常有 6 到 10 口人，一对夫妻加上 4 至 8 位子女，有的三代人都居住在同一条船上。他们的全部生活都在船上解决。疍民会用破洞的水缸搭成简易的灶台，在船上烧饭吃，闽东方言称这种灶为“缸灶”。他们把锅架在缸口上，柴火、煤炭通过破洞放进缸里燃烧。圆形的竹篾通常用作饭桌，吃饭时将竹篾放在甲板上，一家人围绕竹篾盘腿就餐。

对于疍民来说，他们的“船”就是他们的“家”，因此在船上生活有诸多讲究和禁忌。勤劳的疍妇会每日打扫，保证船体的干净整洁，一些疍家人会在船上饲养鸡鸭等家禽，他们通常将家禽饲养在笼子里，再将笼子悬挂在船尾，这样鸡鸭的粪便就可以直接落入海中，不至于污染船舱。至于人的方便问题，无论大人、小孩，都绝不能在船头方便，因为疍民普遍认为船有灵性，有的还会在船头两侧画上眼睛，将船视作“生物”。在船头方便是对“船灵”的不敬行为，而且对疍民来说，“船”就是“家”，“在自家厅堂如厕”这种行为自然不成体统。男子在方便问题上不怎么避讳，直接在船尾朝海里解决；女子就比较讲究。疍民生活在水面，岸上常有行人来往，有些疍妇自备专门的“尿筒”，“尿筒”用直径约 15 厘米的竹筒制成，将其塞进宽敞的裤管中进行如厕。

一位渔民在沙埕码头为旧船上漆（张云鹤 摄）

至于“疍家艇”的结构，具体来说可以分为舱面和甲板以下的船底两个基本组成部分。从艇的舱面部分来说，一艘疍家艇分为船首、主舱和船尾三大部分。船首部分虽然面积相对较小、结构简单，但具有重要的实际意义和象征意义。例如，传统的所谓“拜船头”仪式就与之有关。沙埕疍民在 1949 年前没有集中而明确的信仰，但是每逢农历的初一、十五，他们还是会敬香“天公”寻求保佑。由于船上的空间过于狭小，他们并未在船体内设立神龛，于是“拜天公”的仪式就在船头进行，一些船的船头边沿有专门插香的小孔。主舱是一艘疍家船上最为重要的生活空间，是疍民们日常生活的主要场所，也是全家的主要财产或者物什的摆放处。由于这个缘故，一艘疍家船的主舱部分总是有棚顶遮蔽，白天人们借之得以躲避烈日或者暴雨，夜晚休息时则借之遮蔽身体。夏日时节，船上空间狭小、窒闷，胆大的男孩儿常常爬到棚顶上睡觉。船尾部分通常有舵、桨或者橹，是驾船的最主要场所。按照传统，疍家惯于采用男在前划桨而女在后掌舵或者划撸的方式，或者由女性独自在船尾摇橹，而男子则在前部专门负责渔作。到了夜晚停泊时，人们把船首的缆绳系在陆地某处（如树木），而将置于船尾的锚抛入水中，这样有利于增加船的稳定性。

在甲板之下，一般区分为上、下两层间隔。最下面的一层通常放空，主要是用来隔水，故普遍称为“隔水层”。隔水层的上方、甲板之下，又有分为相连几个空格的一层间隔，主要放置日常生活与生产用品，以及粮食。有些隔间开有小洞、做成“活水”设计，疍家将捕获的鱼鲜放入“活水箱”，以保证渔获的新鲜。这些设置在甲板下方的间隔，在方便生活的同时还可以增加船底的重量，从而增加船的稳定性。

由于整体的面积有限，船上有形或者无形地分割出的各处空间，都显得相当狭小。船上的所有生活用品和陈设，都被迫趋于最简，不是最为需要的物品一般不会出现于船上。

受制于穷困和狭窄的生活空间，连家船渔民的生活相当单调，他们每天凌晨出海捕鱼，下午三四点归来。长久的渔业生计至今影响着水生村村民的生活作息和节奏，外人评价他们“吃得早、睡得也早”。

疍家婚礼：沙埕疍民的民俗文化

疍家婚礼是疍民单调生活中难得的一抹亮色。婚礼需要一定花费，能够操办的一般是有“本”的人家。沙埕疍民通常在疍民群体内部进行异姓通婚，“岸上人”不娶疍家女，也没有人愿意下嫁疍家男。过去男方送给女方几百元礼金和金耳环、金戒指等物作为聘礼，戒指、项链的挂戴是亲事订立的重要标志。现在男方的聘礼以礼金为主，也会加送点糖、面、猪脚、衣服等物品。女方收到聘礼后进行回礼，会把糖还一点回去，如果收到长寿面也要退一部分给男方，也会回赠男方衣服。另外女方会特意将猪脚下面的猪蹄部分送还给男方，意指男女双方都要“肥”起来，都要过上好日子。沙埕疍民结婚时，舅舅和兄弟姐妹除送礼金外，还会送一副对联。如果有多位舅舅，则依长幼顺序，将对联依次挂在客厅。父方亲戚的对联挂在进门的右边，母方亲戚的对联挂在进门的左边。

婚礼当天，男女两家各出一艘渔船，船要打扫得干干净净，连“一根针都不能有”，船上披上红布、张灯结彩，作为“新船”。而后两船相对，间隔几十米停泊在水面。待至吉时，以击鼓鸣锣开始，男方挑选一位年轻力壮的小伙子站在“新郎船”船头，在船缆端用红布绳系上大红花，向“新娘船”抛去，如果对方没接住，就继续抛，一直等到对方接住为止。继而两船分别收、放各自的缆绳，来回穿梭互动，最终将“新郎船”和“新娘船”并联在一起。两船相“碰”之后，新郎将新娘牵入“新郎船”，二人双双向亲人拜堂敬茶，最后夫妻进入一个布置得漂漂亮亮的船舱，盖上舱盖便是“洞房”。

婚礼当天，新郎、新娘可以“破例”穿鞋，新鞋和礼服通常向“岸上人”借，婚礼结束的第二天便还回去。一些在“渔霸”船上干活的“渔工”还可以借用头家的大船拜堂。仪式一结束，喜宴开始，几条船围拢在一起，亲戚朋友在船舱宴饮，共庆新婚之乐。晚上开始“闹夜”，男女双方邀请姐夫妹夫、表兄表弟等男性来热闹。闹洞房时，女方要给每个人点两支烟。点烟时，男性亲戚会故意将火柴吹灭，让其重点。聪明的女方就会使用四五根火柴，怎么吹也不容易灭，这样就表明新媳妇很聪明能干。女子嫁后第二天回家，叫作“请回门”。“请回门”时，娘家的船划过来，娘家人到新郎的船上或“渔霸”船上办宴席，请女方亲戚来一起吃中午饭。到了晚上，新娘到娘家家中吃晚饭。

结婚之后，看各自的家庭情况，经济条件较好的人家，可能重新置办一条新船给结婚的儿子，以完成分家。有些人家的儿子成婚后，父母会将船扩大，增加船舱的空间，用木板单独隔一间房间给新婚夫妇当新房。

新中国的“水生人”

刘长仪 段云兰

疍民的渔业成就

沙埕疍民的困苦生活在1949年后有了翻天覆地的变化。新中国成立初期，沙埕完成“土改”，原来岸上的“渔霸”被打倒，不准疍民上岸的“乡规”也被打破，一些疍民便将破船拖到海岸边，在岸边沙地打下木桩，撑起破船，以作住所。有了固定住所之后，年老体衰的长者、妇孺便不必再受船舶的颠簸不定之苦。

在肃清海匪、“反霸”、“土改”、废除封建剥削的基础上，中共福建省委于1951年作出“组织互助组、促进生产”的指示。据《福建省志》载，当年12月，福建省第一个新型渔业互助组——魏刚昌(平潭)互助组诞生。通过典型示范，逐步推广，推动了沿海各县海洋捕捞业互助组的蓬勃发展。

受政策鼓舞，当时在沙埕的“土改”工作组鼓励聚集于此的“连家船渔民”合作成立渔业互助组，此后，欧、连、江三姓渔民结成互助组，由政府提供船和各种渔具，进行以钓业为主的渔业合作。1955年7月，毛泽东发表《关于农业生产合作化的问题》，福建省开始全面试办高级渔业生产合作社。高级渔业生产合作社与初级社的不同之处在于：取消生产资料入股分红，所有渔用地、渔船、渔具均属合作社公有，真正按照按劳分配原则。高级社由若干初级社、互助组合并，并吸收个体劳动者，包括鱼贩、小手工业者等社会阶层加入组织。一般以一个村或一个乡为一个高级渔业生产合作社。沙埕的渔业互助组在政策推动下逐步升级成初级社、高级社，1958年，公社化运动开始，渔业高级社转变为人民公社。

新中国成立初期各级行政单位的调整和变化颇多，由于文献阙如，我们无法得知每一次合作社变化的具体时间。但就当时亲历者的体验和记忆来说，沙埕疍民经历了从松散的大钓营到正式的大钓队的转变。“土改”之后，原先聚集在水面的疍民渐次在海陆之间建造棚屋、上岸定居，疍民组成的渔业互助组效益越来越好，最后上级决定以这些连家船渔民为主体，在这一块地方设立属于渔民的专属聚居地，由于疍家的生活特性，将聚居地取名为“水生”。

水生渔业大钓营逐步发展为水生渔业大钓队，再后来成为与东升、石码齐名的福建三大队之一的“水生大队”。原来备受歧视的“曲蹄仔”成为风光无限的“水生人”，他们终于可以上岸、穿鞋、填饱肚子，老疍民说：“是毛主席带领我们翻身，脚也翻身，肚子也翻身。”

水生大队最初以“小钓”作业为主。“小钓”学名“钩钓”“放钓”，根据其所用工具的形状，还称“排钓”。“小钓”是较为古老的捕鱼法，系将传统的鱼竿钓鱼法加以改进的作业方式。鱼竿钓鱼只能放一个鱼钩，而“小钓”在一条线上装置多个鱼钩，大大增加了捕鱼的概率。“小钓”需要准备的主要工具有：圆形的细密箩筐、钓钩线、小鱼钩、母绳。箩筐是“小钓”法中最重要的工具，它的口径在70 厘米左右。连家船时代的箩筐以竹子编制，在箩筐口的四周，装置厚厚的稻草，并将其扎紧，用来挂鱼钩。稻草的透水性很好，因而鱼钩不容易因为积水而生锈，但问题在于稻草的耐用度低。之后渔民将稻草改为橡胶圈，箩筐改由塑料制成，但是这样一来鱼钩反而容易生锈。每个箩筐配有一条绿色的母绳，几十个鱼钩通过钓钩线拴在母绳上。放置“小钓”网时，要按照逆时针方向，鱼钩与母绳、钓钩线逐个对应放置，不能打乱。下网时，在挂渔网的线头开始处的上端绑上浮标，下端绑一块小石头，扔进海里。接着按照顺时针方向，迅速地逐个取下鱼钩，挂上饵料，一个箩筐下网结束时，将其与下一个箩筐的母绳接上，再继续放鱼钩。如此往复，鱼钩和渔网就连成长长的一排。“小钓”常见于近海作业，是过去连家船普遍采用的渔法，通常用来捕获一些体积较小但是销路紧俏的鱼类，如红鱼、黄花鱼、目鱼、鳗鱼等。有时根据鱼群不同，需要采取辅助手段配合“小钓”，比如晚上在放好排钓网的地方，点燃一些火把，放在水面上，就会吸引很多的乌贼过来。“小钓”对渔船要求不高，普通的小船即可作业，如今沙埕一些小渔船仍在使用该法。

收起来的排钓网（段云兰 摄）

然而“小钓”的生产效率不高，于是渔民们开始改变钓钩的尺寸，进行“大钓”作业。大钩钓的尺寸不一，有些钩比排钓的传统鱼钩大出几十倍，有的还设计成双钩或三钩，但是，每条母绳上的钓钩数量要比“小钓”少。捕鱼作业时，将母绳和挂上饵料的鱼钩扔出去，可以捕获较大的鱼类。采用“大钓”捕鱼法的渔船被称为“大钓船”。沙埕港过去生态资源较好，常有大鲨鱼出没，人们用大钓船在港内捕捉了很多大鲨鱼。“大钓”和“小钓”由于对渔业技术和力量有不同的要求，因此两种作业一般“泾渭分明”，惯常从事“小钓”作业的渔民做不来“大钓”。

但是即使从“小钓”转型至“大钓”，靠钩钓作业所获的年产量只有 14000 担左右，仍旧偏低。于是水生大队发展起了“敲罟”作业。“敲罟”又称“敲梆”，用水生渔民混杂福州方言的“海家话”来说，叫作“Ki Ko”。“敲罟”主要在近海捕捞黄花鱼时使用，主要是用木头打击一种金属器具“罟”，发出响亮的声音。“罟”以铜铸成，成中空的圆柱形，长约 50 厘米。“罟”的外表留有一条细细的缝隙，以便声音传出。渔民在海上发现，“敲罟”发出的声音对黄花鱼具有打击的作用，听到连续几分钟的“敲罟”声之后，黄花鱼就会变得“傻傻的”，慢慢地翻肚浮起来。接着渔民就用很多条小船进行围网，对它们进行捕捞。另一种说法是“敲罟”作业由浙江一带的渔民传至沙埕，“水生人”看这种渔法效率颇高便学习下来，并且凭借疍家丰富的渔作经验，将其发扬光大。“敲罟”作业不只是“敲”而已，还要根据潮水和风向觉察黄花鱼的游向。黄花鱼在水中会发出“咕叽咕叽”的叫声，作业时，渔夫要将船静静地停在水面，停下摇橹，禁止一切杂音，俯身趴下，耳朵贴在甲板上，侧耳倾听船底黄花鱼的叫声，再结合潮水与风向，确定鱼群位置和大致游向。然后渔夫要顺着黄花鱼移动方向行船，同时“敲罟”，由于黄花鱼的生理构造，在噪音下会晕厥、漂浮在水面上，跟着鱼群流向“敲罟处”，所以这种方法能最大限度地打击鱼群，获得丰收。

“敲罟”的成果十分显著，水生渔民回忆曾经有一次海面全是翻肚浮起的黄花鱼，渔民的网和船都不够装，无奈之下只能求助附近的海军，通过海军的电话联络水生大队本部，再由大队派船出去接应，将鱼运回。然而夸张的收益之下隐藏的是“敲罟”作业的残酷性。“敲罟”给予黄花鱼毁灭性的打击，大大小小的黄花鱼在晕厥后不久便死去，从而导致黄花鱼鱼群数量锐减。原先水生渔民只要出沙埕港以东的海口便能捕获数量颇丰的黄花鱼，到后来不得不北上台山、南下官井洋，不断扩大渔区。20 世纪 60 年代初期，国家出台政策明令禁止“敲罟”作业。

“敲罟”作业带来的黄花鱼丰产，彻底改变了沙埕疍家的生活。原来疍家的经济地位还不甚明显，但黄花鱼作为昂贵鱼种，其丰产让疍家有了堂堂正正扬眉吐气的本钱。水生大队的效益越来越好，还被评为“红旗大队”，不少其他姓氏的渔民也加入“水生人”的队伍。先前的疍家未受过教育，因而大队内部的会计、出纳、保管等文职，均由“岸上人”担任，然而“即使干部们都是‘岸上人’，但那一时期挣钱的全是‘水上人’”。

“敲罟”作业被禁止之后，为了发展生产，水生村充分发掘机帆船的力量，发展大围缯技术。1964 年左右，水生大队派出 24 名技术员，专门学习大围缯技术，并新培养 16 名技术员。拥有一批优秀的技术员之后，水生大队开始研讨新的围缯技术，具体举措如下：将网口改大，使更多的鱼入网；扩大网桶，由 1450 目改为 1550 目，增加围鱼数量，提高网产；放网时，开网车三进三停，以防止绳子打车叶，而且将头网放正；正坡改倒坡，防止西南风、西北流，倒坡放网，增加放网次数；子船改为放网，单网操作改为双网，延长作业时间。在操作起网时，子船牵头注意“五看”，即看风向、看针字、看牵头绳记号、看流水、看网负担。

大围缯的特点是采用帆船围网技术，每一艘大围缯船由 1 条母船和 1 条子船组成。母船上一般放置 2 条网，1 条使用，1 条备用。母船有 2 至 3 个桅杆，上面装载有 4 至 5 条小舢板。子船比母船稍小，有 1 至 2 个桅杆。每一艘大围缯船，共有 45 人的船组成员。母船有船员 25 人左右，负责带头航行、下网和拖网。子船有船员 20 多人，围网后，其中的 11 个人迅速转移到母船上协助拉网。

在渔船组的具体分配上，母船和子船相同，都包括技术员（船长）、船老大、轮机长、中肚、二手、偏手、三手、水手、妇女。除水手有十几人以外，其余各岗位有 1 至 2 人。技术员是大围缯船中最高的职务，负责起航开船，以及航行路线、撒网指令的下达。渔船的收获量与技术员的指挥能力紧密相关。船老大负责开船掌舵，俗称“看更”，一正一副，副职负责上半夜，正职负责下半夜。轮机长也分正、副二职，负责在船舱底下轮值看守机器的运作，以保证渔船的动力。中肚的职责是在围网时拉重杆。二手则站在中肚后面，协助中肚拉重杆。偏手站在中肚的旁边，负责拉漂浮的网绳。三手则站在偏手的旁边，负责拉渔网。此外，渔船上采购大米、蔬菜等食物或生活用品，以及拉上来的渔获物处理，也由三手负责。其余的水手也都协助拉网、处理渔获物等。船上的 3 位妇女负责杀鱼、做饭、洗碗、打扫卫生等。

大围缯还增添了住宿用的船舱，这样便于行船至更远的渔场作业。母船和子船的船舱分为上下两层，舱内隔出若干间小房子供船员休息。每个小房子里为上下铺，住 2 名船员。在大围缯作业时期，渔作通常集中在夜晚。

在渔船上工作，评工分为半年或一年一次。技术员、船老大、轮机长、中肚的工分由生产大队评，其余人员的工分由每艘渔船的船组管理人员评定。每艘船中，技术员的工分最高，一般为母船 16 分，子船 14 分。船老大、轮机长、中肚、二手的工分相差不多。偏手、三手，以及水手、妇女的工分，则依次减少。同一个职务，母船比子船的工分多 0.5 至 1 分左右。水手中也有等级区分，二手、三手、偏手属于水手中较高的等级，有 10.5 分、11 分，最高甚至 12.8 分，普通水手就 6—9 分。船上的女人，负责煮饭的有 8.5—9 分，负责洗碗的有 7.5—8 分。妇女的人选，就看船上谁的妻子愿意去，比如水手的妻子、船老大的妻子等，但是一定要经过技术员的同意。

当时外海捕捞的渔获物要遵循“统购统销”的原则。1957 年，根据国务院关于统购农产品的有关规定，福建省规定黄鱼、带鱼、鱿鱼、鲨鱼、丁香鱼等 19 个品种为二类物资，由国营水产供销公司独家经营，实行统购、调拨和供应。1995 年版《福建省志》载，1961 年，福建省水产品统购政策规定：主要经济鱼“购七留三”，小杂鱼“购五留五”。公社、大队的自留鱼允许自行上市。也就是说，不同的鱼种要按不同的比例卖给国家，由国家进行统一收购；余下的由渔业社自行贩卖。渔业社系总体经营和核算单位，下分若干个生产队。生产队是常年独立的生产单位。合作社对生产队实行“五定”：定产量产值、定劳力、定工具、定成本、定工分，船员根据每次出海后的收获，按照工分比例分红。下表为大围缯渔船组成员的分工及相应工分统计表：

大围缯渔船组成员分工统计表

段云兰 制表

名称	性别	职责	人 数（母船）	人 数（子船）	工分标准（母船）	工分标准（子船）	评工分单位
技术员	男	航行路线、指挥捕鱼	1	1	16	14	生产大队
船老大（正）	男	看更：下半夜开船	1	1			
船老大（副）	男	看更：上半夜开船	1	1	11	10.5	生产大队
轮机（正）	男	看机器：下半夜	1	1	12.5	11.5	生产大队
轮机（副）	男	看机器：上半夜	1	1	12.2	11	生产大队
中肚	男	围网时拉重杆	1	1	12.5	12	生产大队
二手	男	站在中肚后面，负责拉重杆	1	1	12	11	船组
偏手	男	拉漂浮的网绳	1	1	11	10.5	船组
三手	男	拉网	1	1	10	9.5	船组
水手	男	拉网	13	8	6~9		船组
妇女	女	做饭、拉绳、卫生等	3	3	6~9		船组
合计			25	20			
			45				

大围缯作业中，渔网是最重要的工具，水生村流传着一句俗语：“打鱼人，一靠船，二靠网，好船好网好烧饭。”渔网体积大，上端有圆球做浮子，下端则在粗绳上穿上重力锤。重力锤为铝制，长度约为四五厘米，是中空的圆柱体，外径约 2 厘米。围网需要母船和子船同时配合作业。由母船先下网，子船帮助牵网的另一端。大约经过 40 分钟，网袋拉直以后，就要迅速开始围网，否则鱼就会冲出来，下网失去效用。围网时，母船不动，子船将网的另一端绕到母船上，并将网交给母船。此时，子船上的 11 位船员，迅速转移到母船上，站在母船的一端，协助母船拉网。拉网时，

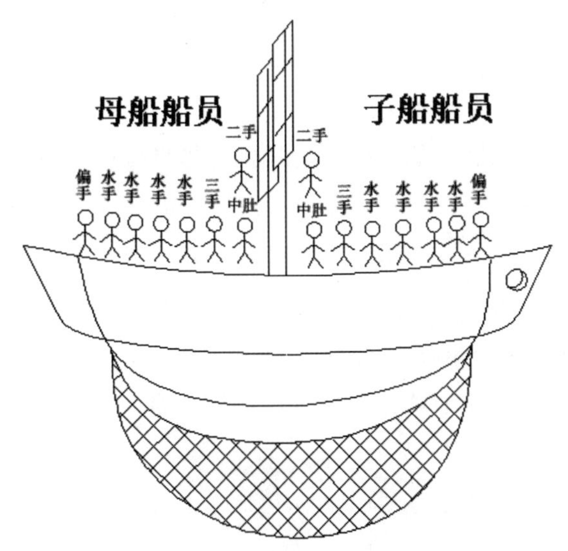

大围缯作业示意图（段云兰 绘）

每个船员负责的位置不同，大家各司其职，船员所站位置如图所示。

1960 年，水生村组织技术员总结了大围缯放网和卡网的精要操作方法，也正因此，水生村获得了渔业的大丰收。1963 年，水生大队拥有 23 艘 500 担以上的大渔船（其中机帆船 17 艘），5 艘 200 担以上的渔船，71 条小舢板。添置渔网 12 张，钓具 5830 件。当年，渔业生产总产量为 124172 担，产值 2349572 元，比上一年增产 20.3%，超额完成了国家水产局的收购计划。1962 年集体资产累积到 165.6 万元，1963 年达到 247.8 万元。社员年平均收入 2254 元，当年新盖房屋 38 座，渔民的生活水平随着渔业生产的增加而逐步提高。

当时，水生村的技术人员积累了很多海上捕鱼的经验，熟悉潮汐、洋流、气候等，水生村不断涌现优秀的领队人员。1964 年 12 月，刘贻棉、林秋明两个生产队勤学苦练，“抢风头，赶风尾”，6 级风都出海。他们坚持日网兼夜网作业，1 个月时间的产量就高达 1530 担，赶上了生产队最高水平。尤其是刘贻棉的船队，在技术革新和渔业增产方面积累了丰富的经验，成为全福鼎的“红旗”船队。在他的带领下，有时候一次就捞到 1 万多担黄花鱼，创造了捕捞黄花鱼的奇迹，令当时的人们惊叹不已。1990 年，刘贻棉被评为“全国农业劳动模范”。

时任水生村支部副书记的刘本能，也在 1991 年被评为“福建省劳动模范”。刘本能 11 岁开始捕鱼，17 岁当渔业技术员。20 世纪 70 年代，他带领的水生机围第九队创出“6 年队产超万担”的成绩，名扬省内外，他被人们誉为“捕鱼能手”；在

20世纪80年代的时候，还以“大海胸怀，本能风格”闻名全省。在海况不好、鱼汛不正常的情况下，他带领水生十几对机围船，长年累月到舟山、浙南、闽东和闽南渔场捕鱼，使全大队渔业生产连年获得增产丰收，人均年收入达1000元，夺得全县“三连冠”。以刘本能为队长的船队发现了鱼群信息，还会及时通过电台发报，通知其他村的渔船前来捕鱼。他还发明了捕捉刺鲳鱼的新技术，精心设计出一口新网具，使刺鲳鱼成为船队的“专利品”。1987年，刘本能的船队光是刺鲳鱼就捕获了570多担，产值近10万元。此后，刘本能船队将捕刺鲳鱼的经验和技术传授给水生村其他船队，也把网图和技术资料报送到闽东渔指部，让更多渔民掌握这门新技术。1985年，刘本能船队被福建省水产厅定为渔业信息船，担负起开辟新渔场、试捕新鱼类的重任。

在那个渔业生产辉煌的时代，水生大队还成立了许多集体工厂，以辅助渔业生产，比如网具厂、农场、海带养殖场、船舶修配厂、木材公司、造船厂等。这些工厂主要为村里的渔船服务，只有少数可以对外服务，也就是说，当时的水生大队，可以自行独立形成完整的渔业生产链，俨然一个以渔业为生的“独立王国”。

水生大队成立的集体工厂统计表

段云兰 制表

工厂名	数量	成立时间	停办时间	功用	备注
渔用织网厂	1	1960年代	1990年代	生产、修补村里渔船用网具。年产网量约为100张	此项目主要对本村渔船服务，也可部分对外
农场	2	1960年代	1982年以后	种植地瓜、蔬菜、水稻等，生产大队的粮食自给自足	在虎头鼻、龙安两处
海带养殖场	2	1960年代	1970年代	养殖海带、发展集体经济	
船舶修配厂	1	1970年代	运营中	修理机器、船舶等	现转为私人经营
木材公司	1	1970年代	1990年代	采购杉木等木材，放在滩涂下泡海水，以供造船用	
造船厂	1	1980年代初期	运营中	造木船	现转为私人经营

沙埕水生疍民村落的形成

沙埕疍民凭借他们丰富的“依海为生”的经验，以及“搏命干”的艰苦奋斗精神，创造了水生大队在集体经济时代的辉煌业绩。而这一夺目的渔业成就为沙埕水生疍民村落的最终形成奠定了坚实的物质基础，促成了寄泊于此的疍民最终定居。

为了改善“水上人”的生活条件，沙埕人民公社在海岸边陆续划拨了一些土地给水生大队，有九万号、新农村、澳仔内等。20 世纪 50 年代中后期，水生大队在公社划拨的地块上建起了第一栋房子，作为连家船上岸后最早的集体住屋。房子是老式的砖木结构，外墙以石头和青砖砌成，内墙、楼梯、楼板以实木搭建。房顶以黑色瓦片盖成，瓦上用砖头加固，以防台风。

集体住屋根据当时特殊的历史情况设计，为了使上岸的连家船户都能分到房子，一栋楼被分成了 44 间小屋子。房子为两层的楼房，长约 35 米，宽约 7 米，高约 6 米。房子的正中间有一个 10 多平方米的厅堂，作为过道和楼梯间使用。厅堂内是通向二楼的楼梯。堂屋左右两边有一条走廊连通，通过走廊，房屋被分成前后两部分。每个部分又被分成 11 间小屋子，每间小屋的面积约 9 平方米。小屋的门对着走廊，与门相对的墙上开了一扇小窗户，可以采光通风。整栋房子呈左右和前后对称，左右各 5 间，前后各 1 间，每层楼共有 22 间小房子。1 个单间的售价为 30 元，计划上岸定居的疍民须以户为单位向大队缴纳房款。迫于经济压力，疍家通常选择共同分担房款，小屋子里常常住着三代人，或者兄弟合住。后来人口越来越多，原有空间容纳不下，疍民就在每间小屋靠近门口的地方建造隔间。每间小屋都有一个这样的隔层，隔间内部是互通的，连接着各家各户。当时许多小孩子喜欢在阁楼、楼道里玩捉迷藏的游戏。集体住屋前几十米处是沙滩，渔船就停泊在屋前的沙滩上。如果家里人不够住，一些身体状况良好的青年会主动搬出，居住在海岸边的船屋。

这栋集体住屋至今仍旧保存完好，有少数几户人家居住其中。该住屋的旁边是

为安置疍民上岸而建立的集体住屋（段云兰 摄）

当年水生大队的办公地，直到 20 世纪 80 年代才移迁至新建地的街道上。集体住屋正对着水生村最早的渔民小学。疍民上岸伊始，村里没有学校，水生大队便动员村民自己动手，开山拓土建立学校。在这里，大队兴办起扫盲班，各个年龄层的孩子聚在一起学习文化知识。这些受过教育的新一代“水生人”，逐渐取代“岸上人”，成为往后水生大队干部队伍的主力军。

水生大队集体住屋的东侧有一块高十几米的岩石，岩石顶上是水生大队保存的另两栋旧楼。这两栋楼修建于 20 世纪 60 年代，是当时水生大队辉煌生产的最好见证。根据当地村民介绍，其中一栋是在黄花鱼捕获量最好的时候建起来的，为作纪念，称其为“黄花房”；另一栋是鳓鱼捕获量最好的时候建起来的，称为“鳓鱼房”。两栋楼几乎并排而建，靠山面海。两栋楼中间，有一座雄伟的大门，至今也保存良好。初建时刻在大门顶上的 “水生”二字现已斑驳，但一个红色的五星浮雕仍旧亮眼，而这成了水生大队集体生产时期历史的象征。大门两侧有围墙，对称地雕刻着一些精美的花纹。进入大门，左边为“鳓鱼房”，右边是“黄花房”。

“鳓鱼房”以青砖砌墙，黑瓦盖顶，外墙涂以红色涂料，也是一栋两层小楼，长约 21 米，宽约 12 米。小楼的正面设计了 1 米宽的柱廊，边上由 8 根圆柱间隔支撑，刚好将房子隔成 7 个开间。每个开间宽约 3.1 米，进深 10 米。正中间是楼梯间，宽约 3.3 米。柱廊顶上宽约 2 米，有镂空雕花护栏，既美观又可防雨。柱廊前方是宽 1.5 米的露天走道，走道边上是高 80 厘米的砖头围栏，装饰镂空花纹，拼着几个耀眼的红色大字“永远感谢共产党”。这几个字对于水生村而言意义重大，它成为历史的真实记录，可以窥见当时连家船民上岸之后，大家对于渔业丰收和党领导的幸福生活的感激之情。这栋楼早期是水生大队的渔业仓库，后来改为水生小学，还曾经作为劳教学习所。作为水生小学的校园使用时，学校共有 5 个年级，每个年级 1 个班，还有 1 个

鳓鱼房侧观图（段云兰 摄）

鳓鱼房侧观图（段云兰 摄）

班是幼儿园。水生小学的教师都是水生大队自己的老师，他们虽然文凭不高，但是非常仔细、耐心。当时的“鳚鱼房”一部分房间作为学校，另一部分作为水生大队的渔业仓库，对学生学习造成了一定影响。再加上该栋楼光线条件较差，又处于悬崖之上，没有宽敞平坦的活动场所，因此1989年起，水生大队在最初的扫盲学校的旧址之上，集资修建了一栋新的渔民教学楼，以改善办学条件和环境。该教学楼于1991年落成，1992年立碑记。教学楼建好后，水生村的小学生入学率达到了100%。后来水生小学又与沙埕中心小学合并，2007年，福鼎市教育局将渔民教学楼改为沙埕中心幼儿园。

黄花房（段云兰 摄）

“黄花房”外观比“鳚鱼房”华丽、气派。“黄花房”是一栋以红砖盖成的二层楼房，当地村民说，这曾是沙埕最好的楼房。在大楼的正中间，有一个漂亮而大气的门廊，长约6米，宽2米。门廊前方由4根圆柱支撑，天花板涂成了蓝色，中间嵌入3个白色的圆形灯环。门廊的顶上是镂空的雕花围栏。围栏分为3个部分，左右两边分别拼写着“鼓干劲”“争上游”6个红字，正中央镶嵌着“水生大队”4个大字，并连同精美的花纹漆成蓝色。“黄花房”的一楼作为织网补网的仓库，又称网具厂。人民公社化时期，男性劳动力到渔船上工作，妇女就到网具厂补网等。二楼是水生大队的办公室。

对沙埕疍民来说，集体时代的渔业经济的兴旺，给予了他们提升地位和尊严的资本，他们不必再忍受“岸上人”的各种歧视和压制，“岸上人反而输给了水上人”“外面的人还要加入我们”成为水生渔民在“苦难叙事”之后的高频语汇。

沙埕水生疍民的成功转型和地位提升在一定程度上得益于时局和政策的优势，同时，是疍民丰富的海洋经验使他们成为显赫一时的渔业强队。过去的“苦”与“仇”让他们拥有顽强的精神，出海的渔民曾连续几年在沈家门渔场过年，他们放弃了个人享乐，全身心地投入、奉献于水生大队的建设，如此才成就了水生“红旗大队”的佳话。

“岸上人”和“水上人”的界线在集体经济的模式下逐渐消弭，然而过去的隔阂仍旧时不时地浮现，从语言上就可见一斑。“岸上人”的方言以闽南话为主，而“水上人”的方言由闽东方言构成，因此，水和陆的界线在水生村的日常交际互动中时不时地被强调。

如今，虽然仍有水生村民生活在老房子里，但是随着经济收入的提高，许多人已经搬出集体时代的住屋。他们移居至更加平坦的街道上，买地盖起了自家的楼房。水生村内部及其周边也吸引了其他村落的居民在此定居。在如今林立的高楼之中，水生村的这几栋老房子已然显现出陈旧与衰落，但是它们组成了早期的水生村聚落，并且见证了水生村渔业生产的辉煌历史，述说着当地疍民“上岸”与“翻身”的故事。

（本文撰写得到刘本波、刘本能、吴祖弟、欧银玉等的帮助）

渔业生计

“一网金鳞”

巴贲达

无论是创造文学的语言、文字，还是让人陶醉的音乐、绘画，人类的劳动工具与生产资料无不是精神文化与物质财富的结晶，也无可避免地被打下深深的文化烙印。自古以来，当我们面对“文化”时，思维的局限将其锁定于狭小的书籍之中，但却忽视其所拥有的形式多样的类型与呈现方式。在文化的定义中，人类的劳动工具与生计方式扮演着极为重要的角色，更是文化中不可或缺的组成部分。而在这个位于海滨的渔业小镇——沙埕镇，海洋生计方式所形成的独特海洋文化聚落，也以它特有的方式，书写着它的故事。改革开放后期兴起的摄影技术，成了当地人记录他们百年渔业生活的新方式。

海水滔滔，浪花一次次拍打着沙埕港的泊船，似乎在催促着未出海的渔人不要怠慢对海洋的挑战。伴随着朝霞，一艘艘渔船在“嘟嘟”的机轮声中驶向远方的碧蓝，水下的鱼群穿梭于此，等待着辛劳的渔人。大海汹涌的波涛培养了沙埕人从小不惧挑战、迎难而上的气质，而不屈的精神让在渔船上打鱼的船员被阳光暴晒出黝黑的

夕阳下收获的渔船准备靠岸（巴贲达 摄）

印记。他们在船老大的指挥下，熟练地放网、收网，操作的精妙都融于渔网一收一放的经验中，否则将会一无所获。经过一天的忙碌，远方的夕阳下一艘渔船驶上归途，无数的黄花鱼被从波光粼粼的海中打捞出来。橙黄余晖中，它们身上的鱼鳞也在提网的一瞬间闪闪发光，反射金光点点，这金黄色不仅仅是阳光给予渔人的奖赏，也呼应了满载而归的渔人的喜悦。渔船在颠簸中逐渐驶进港口，出发时的吃水线已被新的水线所替代。这一切似乎在告诉大海，那是收获的印记。这美丽而繁忙的景象，充实而简单，但却充满着渔人对海的希望、对海货的期待。每一个收获的画面被照相机记录下来，由此成为永久的记忆。而一张反映沙埕镇渔民满载一网黄花鱼的影像图片——《一网金鳞》由此诞生。

优秀的文化作品往往取材并无限接近于真实生活，摄影作品《一网金鳞》也是如此。1988 年 9 月，这张切实反映渔民生活的摄影作品刊发于各地报纸。它的拍摄者腾达也引发了当时摄影界的巨大关注，《一网金鳞》于当年荣获“福建省农村摄影大奖赛最佳作品奖”。时至今日，当你漫步在沙埕镇的大街小巷、大小村庄，《一网金鳞》的故事仍旧无人不知、无人不晓。更值得关注的是，与其他摄影工作者不同的是，腾达是一位从小便生活于海边的普通渔民，对大海与渔业的感情早已融入他的作品中。

在《一网金鳞》作品的影响下，沙埕这个普通的滨海小镇有许多人走上了摄影的道路。而其摄影的历史其实也由来已久。据载，早在 1943 年，曾经在福州以照相为生的邢氏迁居福鼎城关，开办了福鼎县（现称福鼎市）的第一家照相馆。20 世纪 50 年代至 70 年代，沙埕地区的不少人参与到摄影之中，照片常被《闽东报》《福建日报》《健康报》《福建画报》《工人日报》《人民日报》和中国图片社、福建电视台等新闻媒体采用。随着摄影技术的更新和彩色作品的出现，福鼎和沙埕地区的摄影作品引起国内的极大轰动，累计共 800 多件（幅）出现于展览和报刊之上，其中邢宗发的《太姥山》入选福建画报社出版的《太姥山》挂历，《九十年代第一春》《白羽掠清波》《飞瀑》《春的旋律》《黄山烟云》等在省级以上平台展出。随着摄影机的悄然兴起，腾达的《一网金鳞》成为人们对那个时代渔业生活的印象，被永久地留在人们的脑海中。但这个小镇不仅是照片中的美丽渔镇，更是重要的海洋养殖厂。

沙埕镇地处福建省的东北端，与浙江省毗邻，经贸活动异常繁荣，是当今福鼎地区最大的渔区集镇与渔业海货主产区，其外海连接台山渔场，资源丰富，是闽东主要渔场之一，主要盛产黄花鱼、带鱼、鳗鱼、鳓鱼、鲳鱼、乌贼、毛虾、梭子蟹等海产品。根据《福建海洋渔业简史》记载，1959 年 11 月受国家水产部的委托，由厦门大学生物系、福建省海洋研究所、福建省海洋水文气象台、福建省水产局、福建省水产科学研究所、集美水产专科学校、闽东渔场指挥部、三沙气象台和福鼎县水产局等9个单位共25人组成调查队，在相互协助努力下，对该海洋区域进行了“闽东渔场水产资源调查”的首次历史性考察，取得了丰硕而巨大的成果。调查发现该地域拥有浮游植物105种，浮游动物402种，底栖生物187种，鱼类122种，海区水域生产力高，已开发并可待继续开发的鱼种众多，包括带鱼、大黄鱼、小黄鱼、鳓鱼、灰鲳、银鲳、海鳗、鲵鱼、鲨鱼、乌贼、梭子蟹、毛虾、中华管鞭虾和哈氏仿对虾等。因分布于闽东渔场的多数鱼类有集群洄游进行产卵、索饵或越冬的生活习性，该时期为渔业生产的旺汛期。相关专家还根据生殖群的年龄组成进行分析，认为大多数的经济鱼类均属生殖群体的第二类型，补充群体大于剩余群体，具有世代更新快、渔业资源稳定和恢复较快的特点。沙埕地区的渔业资源丰富且多样，添实了沙埕渔民的腰包。生计、生活与海洋紧密联系在一起，形成了沙埕独特的海洋文化和海洋生计方式。

俄国著名哲学家车尔尼雪夫斯基曾有“艺术来源于生活，却又高于生活”的精辟阐释，基于海洋形成的聚落、生产与繁衍方式，让沙埕人对海洋充满了感情，以此出现了《一网金鳞》这样的摄影作品。综其所有，沙埕的海洋特质使渔民拥有了适应海洋的生活方式，而此地的一网金鳞造就了今日艺术的“一网金鳞”。

（本文撰写得到沙埕镇政府和黄小庭、王念栋等的帮助）

海上村庄——网箱养殖场

巴贵达

与海洋相关的生活与劳动，形成了沙埕人民独特的生计方式。站在沙埕的海边，一座座分布于近海的网箱映入眼帘，它们一片片悬浮于海面特定区域，辛勤的渔人在渔排组成的“海上村庄”之上生活、生产。这一座座彼此相连的渔排更像是一座大型的海洋农田。网箱相互交错，整齐地排列于海面，将一片海域分割为几个小的网格，每一个网格饲养不同的鱼种，最大限度地利用空间增加当地渔民的经济收入。因此网箱养殖成为沙埕当地人海洋养殖主要使用的手段与方法。

追踪历史与发展，网箱养殖在我国由来已久，在近年生态养殖发展中焕发生机。沙埕镇利用天然优质海域得天独厚的自然资源，在海面上铺设渔排，放置网箱开展海上养殖。采取网箱养殖不仅可以增加渔业养殖在海域内的单位分布密度，有效地利用空间，也能更加全面地发展海洋优势资源，回归鱼类自然的生长环境，从而使鱼肉鲜美，更加趋于自然本真。沙埕镇自 20 世纪 70 年代开始，大力发展网箱养殖，到目前已拥有四五十年的养殖经验，养殖种类多样，包含虾、蟹、鲍鱼等，成为当地渔业的优质产业。一些有经验的渔民还将技术传授到广东、浙江、广西等地，以此带动当地的网箱养殖发展。

“海洋农田”网箱养殖（巴贵达 摄）

网箱养殖的主体为网箱，其主要以沉子、浮子、网衣以及框架相互组合构成。早期的网箱主要是通过浮子与沉子在水中将渔网张开，悬浮于水中即可。但该种方式较为简单且技术含量较低，仅仅适合早期个人捕捞使用，不能进行集中捕捞。随着时代的发展与技术的进步，如今网箱组成已经有了较大的改变，整个箱体由之前的毛竹、木料，逐渐发展为较轻便且韧性更好的材质，以此使网箱更加稳定。同样网衣也进行了牢固封底，保证鱼群不会逃遁，也避免饵料播撒落沉的情况。近几年网箱技术的不断改良与革新，催促着网箱养殖由传统网箱向近海抗风浪网箱发展。海洋网箱养殖的“海洋农田”更加奠定了沙埕镇的闽东重要渔场地位。

沙埕镇的“海洋农田”在宽广而辽阔的水域，海浪阵阵，当地渔民便在这里搭建起一个个海洋网箱养殖场，养殖场是渔民生产与生活的主要场所。为方便出入与诱饵投放，渔民用木板搭建一条条可任意通行穿梭的方格通道，宛如内陆平原缩小的地垄。因网箱养殖为多鱼种密集型生产，单海域长时间停留易造成缺氧状况，为此有经验的渔民会在搭建渔排之时充分考虑附近海域的水流情况，掌握涨潮、退潮的水流转换，保证海水的充分流动，为鱼群提供充足的供氧量。

网箱养殖渔民常居住于自己搭建的渔排之上。偶尔家人会乘船送饭，但多数的渔民还是喜爱在自家渔排的养殖场上搭建炉灶，品尝自己的鲜美海货，享受大海对他们劳作的馈赠。每当炊烟在海上袅袅升起，渔民便开始犒劳自己一天辛勤的付出，随着海风的吹拂，海面之上饭香四溢。嬉戏、玩耍、驻足于毛竹与渔排之上的成群白鹭，似乎也在等待着海货收获时一饱口福，如此便构成了人与自然融为一体的和谐画面。

随着沙埕镇网箱养殖场增多、泛滥，加之没有考虑到网箱养殖对生态所造成的危害与污染，以及没有对其进行规范化管理，一系列问题最终于21世纪初在沙埕镇部分养殖户中出现，给养殖户造成了极大经济损失。面对挑战，沙埕镇相关部门采取了积极措施，帮助渔民走出困境：统一规划合理布局网箱设置，保证网箱数量在单位区域海域的可承受能力范围之内；要求每单元渔排之间要留存间隔，以此保证养殖区的海水流动畅通，增强网箱内部海水与外部海水的交换，从而提高含氧量。同时为了避免鱼病发生，沙埕镇政府邀请各地渔业专家与技术人员为渔民举行针对网箱养殖问题的相关会诊与技术指导，从而减少鱼因病原滋生导致的大面积死亡。最后，为了净化海域，对渔排、城镇中生活废水与生活垃圾予以科学处置，避免将废水、废物向网箱养殖场周边排放。当地的渔民也在多年的网箱养殖中积累了经验，深知水质对于网箱养殖的重要性。沙埕镇的网箱养殖场又恢复了昔日的风采，尽管历经考验，

渔排安全生产守则（巴责达 摄）

但依然是当地的支柱性养殖产业。

历经了为期两年的养殖，培育的各类鱼种也到了出网的季节。养殖户通过“伢人”这一中介进行收购贸易，联络生意。渔人委托“伢人”寻找商人，而鱼商也委托“伢人”寻觅鱼货。“伢人”认识的收购商广泛且可靠，通常是青岛、大连、广西等地的客户。待两方联系好后，鱼商到渔排查验品质、商议价格，商定后待几日涨潮时，将活鱼运输船停靠渔排吸装活鱼入仓。两年时光里，辛劳的养殖户付出了感情，投入了无限的精力，甚至有那么一刻因看到自己的条条“鱼孩”即将远行而感到些许落寞，但是转念一想，又因自己的收获而感到欣喜与快乐。

网箱养殖业与沙埕镇渔民有着数不清的关系，更有着讲不完的故事，尽管曾经历过考验，但依旧屹立不倒地与沙埕的渔民相互成就，他们之间的故事也继续在渔排之上书写着……

（本文撰写得到沙埕镇政府和黄为国、黄小挺等的帮助）

海洋征途——远洋捕捞

巴贲达

浩瀚的海洋蕴含着无限的渔业资源，也拥有着无限的机遇与挑战，而渔人勇敢的气魄使他们坚定地走向更为广阔的海域。随着近海经济渔业资源的逐渐枯竭，以及外海渔船的相互捕捞竞争，只有更有气魄的渔民才能走向更深的大海，时代与现实的需求令远洋捕捞应运而生。闽东渔场的沙埕镇远洋捕捞业繁荣兴旺，多个行政村与自然村的渔民都在近几年开始从事远洋捕捞。从沙埕镇的港口周围远眺，海上漂浮着大大小小的船只，似乎彰显着这里渔业捕捞的辉煌。这里流传着沙埕镇朴实勤劳的渔民以渔船为生的传奇，诞生与造就了一位位靠海洋发家致富的百万、千万富翁。渔船不仅带给他们巨大经济收益，也一次次见证了沙埕人的气魄。

沙埕镇的远洋捕捞历史并不久远，是近海渔业资源枯竭、渔船技术的发展催生而来。2003年，随着当时渔业技术的转型，一直以来被定义为沙埕镇特色的优势捕捞技术——定置网捕捞，受到了渔业资源枯竭和技术革新的冲击，海货收成紧缩，甚至部分渔民在此时出现了破产的情况。面对压力，当时沙埕镇南镇村部分有想法、有创新意愿的渔民挑起了开辟新路的重担，开始寻找新型的捕捞方式寻求转型，从而扭亏为盈。在该时期，南镇村拥有了第一艘用远洋灯光捕捞的渔船，南镇村也成了整个沙埕镇远洋捕捞“第一村”，并在当年渔业生产中获得了巨大收益。巨大的经济效益吸引着其他渔民的目光，2005年，沙埕镇的渔民在相互交流中学习，从事远洋捕捞的船只增加至3艘，并在以南镇村渔民为代表的整个沙埕镇掀起了一股远洋捕捞的热潮。大家彼此带动，交流经验，合伙购船下海，于2006年新增远洋捕捞作业渔船37艘，甚至配有专门为沙埕镇远洋捕捞渔船进行服务与运输海货的运输船6艘。2003年至2005年，沙埕镇远洋捕捞所采取的灯光捕捞作业方式一度使该地渔业崛起，再次繁荣。

但是自然的力量与魔力让人类无法理解与预测，甚至大自然的怒火也让人类根本无从应对。2006年8月，沙埕镇受台风“桑美”影响，遭受巨大经济损失。2007年，沙埕镇开始经历全面渔业修复与重建，并建造多艘远洋捕捞船只，由此又逐渐走入了远洋捕捞的新时期。

2013年，随着定位器、捕鱼器以及无线电、声呐等造价高达400万元的设备在渔船上装配，马力自80匹到120匹的铁质渔船激励着南镇村民更加坚定地走出内海，大胆走向远洋更大、更广阔的海域。2017年，南镇村的远洋捕捞业早已彻底走出了曾经的伤痛，繁荣的沙埕镇拥有100多艘远洋船只，且80%以上的村民都在从事远洋捕捞。

如今的远洋渔船已经发展为大型且稳固的船只，可以经受住深海的考验，其长度最小也在30米左右，而较大船只甚至达到40米，宽度通常为6米。同样，船舶造价等方面也出现了巨大改变，单只船舶在早年间大概需要100万元左右，顶峰时期飙升至200万元。随着出海捕捞的时间增长以及船员的增多，加之建造技术的完善，船舶上的设施更加齐全，船舱中都有卫生间，还加装热水器、空调等现代化设备，以及先进的电子定位、捕捞设备，单艘远洋船的顶级价格达到400万元。

渔业的发展也吸引了周边省份如江苏、浙江甚至河南、河北、四川、安徽等多地的雇工。他们跟随远洋捕捞的船舶一同出海作业。船老大为了雇工人身安全通常购买保险，利润分配也在11%—15%。尽管辛苦，但出海捕鱼一到两个月便可获得两三万的收入，故而吸引着各地工人前来从事远洋捕捞。

进行远洋捕捞，最短也要经历1个月时间的海上生活，装载较多的海货船需保证十几个人的饮食，并配有运输船转移海货。运输船前来收货时，需按照远洋船舶的要求，携带部分远洋船所需要的生活用品、蔬菜瓜果以及其他辅食来满足海上劳动的生活需求。

沙埕镇的远洋捕捞船只上最令人震撼的是最高桅杆上悬挂的国旗，这向外表明船舶所属的国度。随着中国海洋意识的提升以及对自我权益的保护，我们的渔民在远洋捕捞中更为自信，向外展示着我国在滔滔海洋中的渔业实力，海监、海警的巡逻与保驾护航，使远行的渔人感受到来自祖国的温度。随着国家实力的提升以及政策的扶持，我们的远洋捕捞船越做越大，甚至跻身国际前列，如此的出海远行、远洋捕捞让渔民更加自信与骄傲。当悬挂着中国国旗的渔船出现在各大海域，犹如一张骄傲的名片，向他国展示着中国渔人的自豪。国家对海洋权益的重视以及近年来海军的建设，让远洋捕捞有了更为全面的保护，也使中国渔民的海洋权益得到了进一步保障。可以说，远洋捕捞的发展其实与国家海洋权益保护紧密联系在一起。

远洋捕捞多是在太平洋的遥远区域进行，深蓝色的海水为渔民提供着更多的机遇与发展。沙埕镇的远洋捕捞经历了近海、外海捕捞的经验积累，远洋船只也越来越关注与重视海洋资源的生态保护，甚至在远洋中尤其注重对垃圾、废水的处理，使远洋海域得到有效保护。就其本质而言，保护海洋环境便是在保护渔民自身的利益。

只有对海洋保护更加重视，才会带来更长久的发展。

宽广的太平洋、丰富的渔业资源，让沙埕人在经历了渔业技术的变迁，经受过海洋锤炼后，勇敢地走向更远的海域，而我国对海洋权益的保护使他们更加放心地在公海捕捞作业。

沙埕镇这个位于祖国东南一隅的港口渔镇，其渔业经历了从近代老式捕鱼到敲罟捕鱼、大围缯捕鱼、定置网作业、灯光捕鱼、远洋捕捞等技术的转型，尽管经历过一次次“阵痛”，但也为沙埕人的渔业发展提供了有效支撑。一艘艘钢铁铸造的渔船，马力十足，伴随着“嘟嘟”的汽笛声，勤劳和勇敢使渔民自信地走向远方。

（本文撰写得到沙埕镇政府和姚芳生、王念栋、黄小挺等的帮助）

渔业水产贸易

巴责达

美丽的沙埕渔港（巴责达 摄）

沙埕镇不仅拥有丰富的渔业资源，更是海上贸易的重要出口。沙埕港总面积为39万平方公里，海域面积为陆地面积的10倍，省道沙（埕）吕（峡）线直达市区，与104国道福鼎段衔接，为四通八达的运输网注入了新的活力。此地水深且有群山庇护，台风季节港内外风力相差4级，成为渔船、客货轮船的天然避风良港。

沙埕镇，古称“沙关”，是一个利于船舶停靠、渔业生产的天然港口。背靠的山脉被称为“麒麟山”，在当地人中流传着远古麒麟在此守卫海疆的传说故事，而山上的座座宫庙，也展示着丰厚的历史文化资源。

明朝以来，沙埕作为福建沿海地区的军事重镇，港外有南关山横峙作为天然屏障，有利于大型海轮、巨舰停泊与避风。明末抗清英雄张煌言曾3次到达沙埕港，被其独特的海港战略地位所折服。《福鼎文史资料》载，清光绪年间，温州府候选同知朱正元在其所著的《浙江沿海图说》一书中曾将沙埕地区的军事地位描述为“镇下关介闽浙之间，负山面海，形势雄胜，西面沙埕港水道深广，可泊大轮数十号，两岸尚可择地开筑船坞，口门两山拱峙，关隘天然，若再守以坚舰利炮，可为海军屯聚之所”。近代以来，尤其是抗日战争时期，中国军队曾在沙埕地区反击日本侵略军。在1955年针对国民党的台山岛海战中，它便作为打击国民党台湾地区部队的重要军事基地。而在1974年中越西沙海战中，由沙埕港驶出进行驰援的军舰为战争胜利作出了突出贡献。因而沙埕港在历史上扮演着不可或缺的军港角色。漫步海边，可见山顶之上的雷达基站，也可以看到一个个海军驻扎的营房。如今沙埕地区拥有沙埕港与沙埕集镇渔港两个不同的码头，沙埕港主要承担物资运输的任务，沙埕集镇渔港主要是作为渔业生产、村民流动的小型停靠码头。

一直以来，渔业生产是沙埕人劳动与生活的主要手段，历史的积累与经验的积累使得当地经贸活动繁荣，总有来自福鼎市或周围地区的居民三两相约驾车前往沙埕镇购买新鲜、便宜的海货。每逢周末或是假期，情况更盛。近几年，为方便渔业贸易的进行，沙埕镇政府修建了新的沙埕中心渔港，尽管还未完全投入使用，但在未来必将起到举足轻重的作用。

沙埕镇的渔业贸易史并不久远。早期受当地无商业、无买卖的思维与观念影响，沙埕地区渔业贸易起步较晚，多数渔民打鱼只是为了生计，仅是在小范围内贩卖；当地妇女和儿童捡海螺、打牡蛎也仅用来贴补家用，或自己腌制食用。集体化时期的海上作业更是以完成国家给予的渔业任务为中心，渔业贸易行为难有出现。随着改革开放以及包产到户的政策，一些浙江有钱商人的运输船能在海上将打捞的海产品直接收走运往工厂进行加工，沙埕镇开始出现多人集资购买运输船，直接与加工厂联系的情况，进而开启了渔业大批量贸易发展。因渔业收获巨大，聪明的沙埕人开始投产建立制冰厂，以及购买海上制冰船，可以及时对所打捞的海货进行保鲜。福建海润食品有限公司等21家拥有精深加工生产线的工厂年创产值达7000多万元，为当地创造了大量的就业资源。

捕捞行业的发展也催生出其他行业。为了满足当地人渔业生产的现实要求，其他配套产业也相应发展，如渔具购置与修理、船舶修理与建造产业，甚至衍生出渔民海员雇佣公司，为沙埕镇的渔业贸易发展起到极为关键的促进作用。

渔民出海，辛勤劳作，黝黑的皮肤，这是对渔民的标志性描述语，也是对他们

忙碌的渔港小商贩（巴贵达 摄）

劳作的褒奖。渔船靠岸，海货交易价格与其新鲜程度密切相关，因此渔民与商人都不想压货，以免海货失鲜价格走低。岸边商人也在“与时间赛跑”，他们巴不得马上将价格谈好，将海货运往自己的小店或附近的地区贩卖。当收获的渔船靠岸的一刹那，焦急的商人便会如蜜蜂一般聚集起来，与船老大攀谈起价格。而拥有固定渔船打捞的海货商人会认真查验每一箱海货的数量与品质。

渔民会以“不好打捞”“风大浪急”为由要求提高价格，而商人会尽可能压低成本，不经意间将他们认为合适的价格抛出，等待“出手”抢走海货，“一唱一和”“一抢一夺”在小小的渔业港口演绎着海洋生活的人间百态。交易结束后，船老大通常会到附近小铺购买香烟，当他远眺着一辆辆运输海鲜的汽车从渔港出发，驶向远方，脸上总洋溢着收获的喜悦。

沙埕镇，这个小小渔镇，历经时间的变迁，但不变的是沙埕人对于海的喜爱。一筐筐新鲜的海货随着渔人的劳作丰收，让这个滨海小镇更加具有活力。

（本文撰写得到沙埕镇政府和姚芳生、刘端毅、黄小挺等的帮助）

沙埕镇渔业技术的变迁——以南镇村为例

巴责达

在沙埕镇东南部有一个三面临海的渔业聚落——南镇村，渔业的发展与繁荣促使它成为沙埕渔业技术变迁的缩影与写照，更是闽东村落“靠山吃山，靠海吃海”的渔业典型代表。自古以来，南镇凭借地理位置的优势发展渔业，产业技术不断革新与转型，从早期敲罟捕鱼到大生产时期转型的大围缯、小钓、钩钓、钓船，后又为适应渔业与海域环境，定置网捕捞作业方式应运而生。伴随着滔滔海浪之声，历经时光的流逝、技术的革命，南镇的渔业技术完成了从大生产到合作化再到私人合股、定置网的发展。

历代文人对闽台渔业技术发展多有记述。其中较有代表性的作品便是明代屠本畯的《闽中海错疏》，“是对我国福建省海产动物与渔业方法的最早记录，并对闽台地域的鱼类、软体动物、甲壳动物、两栖动物以及棘皮动物等进行了详细的说明”（杨瑞堂《福建海洋渔业简史》）。后续清代郭柏苍的《海错百一录》不仅对福建

俯瞰秀丽南镇（黄小挺 供图）

海域的鱼类动物进行了说明，还对每种鱼类的捕捞方式进行了描述。清代屈大均的《广东新语·鳞语》也对海洋渔业技术进行了收集和整理。在南镇捕捞技术中最早较为流行的方式为敲罟捕鱼。根据文献记载，福建地区的敲罟渔业最早起始于“广东省饶平县大埕乡，距今已有 400 多年（明嘉靖年间），是由该地一姓周的签事官发明而成，是由当地大埕乡首创拖沙网演变而来。1949 年前，该种渔业作业方式仅存于广东，且船也仅有五六十艘。直到 1949 年后，该项渔业作业方式才逐步发展起来，截至 1957 年，广东省当时所进行的敲罟渔业船只大约已有 380 艘。而福建省于 1954 年请广东广澳乡技术员在东山、诏安传授推广该项技术，并将其逐步推广至福建省福鼎、泉州等渔业生产海域”。但是由于该种作业方式对海洋资源伤害严重，曾直接导致福建地区的黄花鱼资源枯竭，1957—1960 年根据国家规定停止该种作业方式；在 1961—1962 年困难时期，由于人民群众对海货的需求，短期恢复敲罟作业，之后又被禁止；1967 年为了实现国家给予的渔业产量任务又恢复敲罟作业，最终于 1980 年年底彻底禁止敲罟作业方式。在访谈中得知，南镇村从 1955 年 8 月开始进行敲罟作业，甚至于 1958 年成立了专门进行敲罟捕鱼作业的大围缯生产队，由此也变相证明了当地敲罟作业方式是 1954 年由广东技术员到闽推广习得而来；敲罟作为当时较为先进的捕捞技术手段，使渔业收益猛增，甚至一度激增到 13000 多担（1 担 =50 千克，13000 担 =650 吨）。而敲罟的主要渔业形式为大围缯敲罟作业，整个南镇 300 人组成一队，由 2 条大船以及 36 条小船共同组成；大船也被渔民称为“母船”，主要从事放网以及观测鱼群、海域信息，并对小船以红、黑、蓝旗帜进行指挥；小船则是由小舢板组成，上面共有 5 人，1 人摇橹为船体提供动力，4 人敲击绑于船体的木板，发出叮叮当当的声音。访谈中年纪较大的被访者向笔者描述了敲罟捕鱼的盛大生产场面：2 条大船与 36 条小船同时出海，大船停泊于远处，36 条小船四散离散；当大船指挥员举旗，36 条小船上的 4 人便开始敲罟，他们用震荡船体发出的声波刺激鱼群向中心靠拢；刚开始时的小船分散，范围较大，但经过 1—2 小时的聚拢，范围逐渐缩小，此时大船进入鱼群聚拢区域进行放网，并最终由 2 条大船完成收网。庞大的生产团队，盛大的“生产仪式”，熟练的生产流程，300 多人、2 条大船、36 条小船的指挥与调度，对于海域鱼群的观测，捕捞“火候”的掌控，全凭 2 条大船上有经验的船员使用黑、红、蓝三色旗一起一落的指挥，最终完成敲罟捕鱼。尽管敲罟作业对海洋资源的伤害巨大，但是从被访者激动的描述中可以看出人类智慧的光芒，以及人类对于海洋开发、征服鱼群的渴望。

1983 年，福建省人民政府颁布了《福建省水产资源繁殖保护实施细则》，敲罟捕鱼作业方式被严令禁止，第四章第十八条规定“严禁敲罟作业以及毒鱼、炸鱼和滥用电力捕鱼”。由此敲罟捕鱼作业方式彻底退出历史的舞台，成为南镇村老人永久的记忆。因敲罟捕鱼而组建的大围缯在南镇村渔业转型中也被淹没在发展的浪潮中。

面对渔业技术转型的压力，南镇村继承并发展出定置网捕捞作业，这个在近代由闽南泉州地区姚姓常村传入，并在南镇捕捞历史上扮演过重要角色的捕捞手段，成为集体化大生产时期的首推。早年南镇村从事定置网捕捞的船只较少，且网一般挂于海面之上，适合于小船操作，仅对上层鱼群的海洋作业较为有效。后来随着技术的完善，网深程度逐渐加深，收网工具也由之前的人力手工转变为轮机操作，南镇村逐渐演变为使用定置网技术的主要代表。

早期的集体化大生产中，定置网捕捞作业需要船员 12 人，且所有财产与生产材料均收归集体所有，人人对集体负责，集体对个人以工分计算其劳动贡献。当地村民向笔者介绍了该时期由 12 人组成的定置网作业生产队的工作职责与工分标准：主要从事海洋捕捞的共有 7 名海员，他们分别是掌管整个航行与捕捞的船老大、副手各 1 名，轮机、二手、三手各 1 名，水手 2 名；在陆地上从事后勤工作 5 人分别负责补网和担任会计、出纳、仓库员、伙计等相关职务，共计 12 人。由于受到国家集体化大生产的政策管理，集体通常会根据各位人员技术水平，以及在海上捕鱼作业中发挥的功能作用来制定工分标准，且每半年进行一次评定并将其固定。船老大主要负责开船，了解海域状况、鱼群捕捞条件和判断天气海况等，可以说是一名名副其实的“船长”，其在长期的海洋捕捞实践中形成并具备了一整套使用定置网捕捞作业的知识与经验，故而“船长”的工分最高，达到 12 分之多。副手作为专门为船老大打下手的人也极其重要，是另外一位具有一定海洋捕捞经验的“副船长”，通常手撑竹篙，帮助船老大制定捕捞计划并协助参谋。由于该工种需要技术支持，工分为 10.5 分；轮机手主要负责开关机器，出海捕捞时为船只与机械提供后期的故障维修与保养服务，涉及技术知识，故工分为 10 分；其他的二手、三手、水手等主要负责下网、拉网、网具清洁等工作，工分为 8 分到 9 分之间不等。而位于海岸之上的后勤保障队中，会计主要从事收货记录、工分计算与柜员出纳等，分数大约为 10.5 分；仓库员主要从事海货搬运与管理，工分 6 分到 7 分。同时每个定置网渔业生产队还配备 1 名炊事员用以为整个团队进行饮食保障，工分 7 分到 8 分；其他后勤人员的工分大概为 6 分到 7 分不等。由此定置网渔业作业形成了完善的操作与评分体系。

1978 年前后，国家农业生产逐渐步入正轨，并开始实行改革开放的重要决策，鼓励人们“灵活脑子，动起来”。经历了大集体化生产的繁荣景象，体会了“大锅饭”

的弊端，南镇村在定置网捕捞中出现的问题也逐渐突显。全国范围内开始推行联产承包责任制后，这个位于祖国东南海滨的小渔村也步入了“以统为主，统分结合”的渔船经营模式，并一度出现“交够国家的，留足集体的，剩下自己的”的渔业经营口号。南镇村作为闽东以定置网作业为传统生计方式的海洋聚落，于1981年率先响应国家的号召，开始实行“大包干”政策。以定置网作业为例，初期，南镇村各生产队仍然以原有船队为单位，渔船、网具等生产资料仍然收归集体所有，每条渔船上的船老大起模范带头作用，争先成为“大包干”时期“第一个吃螃蟹的人”。他们向生产队承包经营渔船，船上的作业人员仍然是集体化时期固定群体的12人且工作职责依旧不变；同时村集体也极力支持“大包干”的实施，而相较之前拥有极大劳动自主权与经营自主权的渔船承包提高了承包人船老大的生产积极性。船老大作为一艘渔船的“老板”，每年需要向村集体缴纳1000元的承包费，除去“三金”后剩余的利润进行分配，“自给自足为自己”的思想使得渔业收益较之前集体化生产时期得到显著提高。而相较于之前“统包统分”的大集体化，“大包干”渔业生产自主程度较高，南镇村的村落建设与福利政策难以得到之前大集体时期的必要资金保证；为保证村落基建、福利以及渔船、渔具的正常维修与保养，南镇村向每条承包渔船收取“三金”，即“公积金”“公益金”“福利金”的统称。每条渔船所缴纳的“三金”是由渔船当年年度总产值除去成本的纯利润，扣除所有人员分红的45%得来的，所剩纯利润的55%属于三金范畴：首先，在渔业生产中，渔船、机械装置以及渔网均有在生产中破损、废旧的可能，故“三金”中的“公积金”主要承担渔船折旧、渔网修补、机械设备维修与更换等费用，甚至包含维修后勤人员的工资，因而该款项在笔者看来是针对渔船本身以及团队作业的巨大保障。其次，“福利金”与“公益金”发挥着南镇村社会保障与社会福利的关键功能。“福利金”主要针对村落中孤寡老人、残疾人等弱势群体的保障。“公益金”则主要针对村落的社会福利事业与基础建设事业。因而“三金”在南镇村受到了广泛的支持与拥护，集中反映了海洋聚落构建中的和谐性、多样性与灵活性。但是“大包干”生产也显露出弊端，仅维持了半年，由之前大集体时期生产队12人组成的“大包干”渔业方式便走向了没落。

面对“大包干”时期渔业短期兴盛后内部管理混乱的现状，在改革开放后期，南镇村出现了全面放开的渔船承包经营模式，以“强者自强”为理念的经营模式，要求个体强者具有较强的领导与海洋渔业指挥能力，通过多人合股、个人独资或银行贷款等形式购买船只实施定置网的生产作业。在此时期，通常一艘渔船上共有船员4人到5人，船老大是整个渔船的船主人与老板，更是渔船收益的主要分红收益人，而其他人员绝大多数通过雇佣的形式进行团队组建，也相应出现多样的分红形式。同时为了保障渔业生产的安全性，适应海上作业船员的流动与灵活雇佣模式，当地政府规定每条船必须强制购买 4 人到 5 人的不记名商业保险，同时也出现了有关渔船保护、维修、保养的“渔船险”。

如此，一整套完整的定置网私人、合股捕捞队从组建到作业不断发展完善，当地的渔民不仅仅进行内海经济鱼类的捕捞，还从浙江地区学习新型单船拖网、双船拖网、拖网捕虾等技术，捕捞技术得到提升。在 20 世纪 80 年代中后期，浙江商人发现南镇村捕捞海域分布着丰富的红虾资源，因而进行了广泛、有效的开发与捕捞；为了从南镇村获取更大货量的红虾，浙江商人将自己的住所与生意场所搬入南镇村，通过雇佣渔船、购买渔船或借贷购船的形式推动当地的红虾捕捞，南镇村首次出现了专门进行红虾运输的运输船。渔民出海打捞红虾，将红虾贩卖给收购商，收购商将体积较小的红虾晒制成海米在国内进行销售，而体积较大的红虾经过剥壳加工处理远销美国、日本等海外市场，并成为销售地的高档海货产品和当地赚取外汇的支柱产业。借助定置网技术和红虾产业，南镇村在 20 世纪 80 年代初经历了 10 年的渔业大发展时期。但定置网捕捞业经历了几十年的辉煌时期，在 20 世纪 90 年代末戛然而止，南镇村所面对的是更大的危机与挑战——近海捕捞的渔业资源匮乏，远洋捕捞技术还不算成熟，如此一系列的状况直接导致了 2003 年部分渔民走向破产。在此期间，仍然有南镇村渔民“倔强”地利用定置网捕捞“垂死挣扎”，但依旧无法改变定置网作业的没落，并最终退出南镇村捕捞技术的舞台。

2003 年，南镇村有想法、有意创新的渔民开始寻找新型的捕捞方式进行转型，由此南镇村拥有了第一艘灯光捕捞的渔船，后又于 2005 年增加至 3 艘，此种捕捞方式带来了巨大收益，主要针对鱿鱼、虾米等喜光鱼类的捕捞。当地的渔民从灯光捕捞中看到了定置网转型后的希望，于 2006 年新增灯光捕捞作业渔船 37 艘，并配有专门为其服务与运输的运输船 6 艘。在当时的南镇村，灯光捕捞一度是渔业崛起的重要支柱与救命稻草。2007 年，经历“桑美”台风后的短暂修复与重建，南镇村的灯光捕捞、远海捕捞又步入了新的发展时期。部分渔民甚至到浙江地区捕虾米，获得了巨大的收益。 同时随着定位器、捕鱼器以及无线电、声呐等设备在渔船上的装配，渔民可以通过科技手段更加方便、有效地进行渔业捕捞，这鼓舞着南镇村民更加坚定地走出内海，大胆走向远洋更大的海域。2017 年，南镇村渔民开始大批量进行远洋捕捞拖网作业，由此南镇村开启了远洋渔业捕捞作业技术的新征程。

沙埕镇南镇村，这个位于祖国东南一隅的港口渔村，渔业的发展经历了从近代老式捕鱼法到敲罟捕鱼、大围缯捕鱼、定置网作业、灯光捕鱼、远洋捕捞等多种方式的变革，在一次次的渔业捕捞技术转型中顶住了压力，收获了一次次的技术胜利，而技术的一次次革新也为南镇村的渔业发展提供了有效的科技支撑，事实也再次证明了“科学技术是第一生产力”。

时至今日，南镇村的渔船已不再是利用人力摇橹的小舢板，而是被滚滚铁水打制锻造后的柴油铁船，面对远洋的海洋征途他们更加自信。而产业的变革，让南镇村也不再依附于单一捕捞方式，能够发展多种捕捞方式共存的生产模式，以适应复杂海域的全天候、全海域渔业捕捞作业；捕捞技术的多样化、机械及柴油机动力设备的迅猛发展、海洋渔业安全的保护与妥善开发，势必会让南镇村走入远洋捕捞的另一个新的明天。

（本文撰写得到沙埕镇政府和姚芳生、刘端毅、黄小挺等的帮助）

沙埕渔船建造往事

巴责达

环境不仅仅影响着人们的生计方式，也影响着生活在该环境下的人的劳动与运输工具的变迁。在出海捕捞、海水养殖、海货运载中，渔船是渔民不可或缺的主要生产资料，渔船建造技艺不断进步。同样，沙埕镇的渔船也发生着改变，由之前的小舢板发展到木船、铁船，以及现在的大型远洋渔船。更值得关注的是，伴随渔业的发展，渔业船只逐步多样化，水上运输业也在沙埕镇悄然兴起。

原福鼎市沙埕造船厂旧址（巴责达 摄）

沙埕镇新建造的中心渔港西北角，依稀可见一座在海风中矗立的两层小楼，这便是福鼎市沙埕造船厂办公楼，尽管如今的办公楼已空无一人，但是依旧可以想象曾经的辉煌。现在居住在距离旧厂址不远的原沙埕造船厂厂长陈诗乐回忆起曾经在此工作的往事，依旧记忆深刻，激动之情溢于言表。1951 年，沙埕镇响应党组织的号召，镇内多个由师傅心传口授的独立造船作坊相继联合组成沙埕镇手工业联社；1958 年，为了加强集体生产与劳动工具的集体所有，沙埕镇成立了由各类加工厂组成的沙埕联合总厂，拥有众多车间，而木船造船厂则是所属车间之一。随着沙埕镇世代的渔业生产以及国家渔业生产要求的不断变化，造船厂在 1964 年正式建厂于如今的中心渔场西南角。

1997 年，随着个人承包的开始，陈诗乐与原厂工人共同集资，将沙埕造船厂转为股份制所有，为满足木船的大量生产，由闽北建瓯提供充足的木材，将厂房扩展至 9 个车间，以此书写了沙埕镇木船制造的鼎盛时期。但为了实现远洋捕捞，木质船体被更加牢固的铁壳船所替代，福鼎市沙埕造船厂由此走向衰落，终于在 2011 年退出历史舞台。而世代流传的木船制造技术也彻底如文物、历史一般只能落在一张张发黄的图纸之上，每每谈起木船制造技术的流传中断，陈诗乐老人眼中闪着泪光，充满了无奈与感叹。

随着技术的革命与品质需求的提高，福鼎市沙埕造船厂的木制船被淘汰，为能适应时代与客户的需要，激发独立个体创新思想，车间中逐渐有人自己组织人员，带着技术走出原造船厂成立自己的造船公司，比如位于沙埕镇一东一西的沙丰造船厂与腾飞造船厂均是由原福鼎市沙埕造船厂分支建成。

繁忙的船厂（巴责达 摄）

沙丰造船厂原厂址位于水生村马道，后于2011年搬迁至今台湾街以东。进入船厂，一艘艘大型渔船横架于轨道之上，忙碌的工人为在海洋征途中留下斑斑锈迹的大船涂抹新漆，一闪一灭的焊枪也在忙碌着修补渔船的铁皮。

1999年8月，沙丰造船厂开始由个人进行承包，管理与经营权也开始归属于个人，从此走上了自负盈亏的道路。当年渔民的收入能力不足以自己购置铁质渔船，且渔船动力系统经过转型较为复杂，对维修水平的要求也相对较高，加之当时沙丰造船厂的承包人在经营中出现了问题，导致工厂在2002年濒临破产。

2003年经过妥善经营，不断购置先进设备，更新技术力量，沙丰造船厂在被接手后的第一年就获得了120万人民币的利润，并在随后几年提升了造船与维修技术，成功转型，由先前主要承担维修的工作，转为柴油木制船的制造。

更为重要的是，为了方便出海捕捞，绝大多数的沙埕镇渔民通过合股或银行贷款的方式进行了渔船的购置与建造，沙丰造船厂搭上沙埕镇渔民建船热潮的顺风车，促进了生产。船只增多后，维修、保养项目也同步增多，这样的市场需求与经济循环模式为沙丰造船厂带来了极大的发展机遇。

今日的沙丰造船厂依旧叮叮当当地响个不停，工人们穿着满身机油的工衣为前来保养的船只检查，为更换零部件的客户提供服务，或是为客户订制的新船安装机器设备、检测性能仪器。船厂制造水平逐年提升，可以生产近海、远洋各类款式的渔船，并在渔船设计中充分考虑渔民体验，可安装空调，设置卫生间、淋浴间、厨房等，从而为海上漂泊的渔人提供舒适的工作环境。过硬的技术加之由上海运送的质量上乘的铁板，使沙丰造船厂的业务不断丰富，工人们不辞辛劳地敲敲打打，一派繁忙。

位于沙埕镇西面、成立于2007年的腾飞造船厂与沙丰造船厂一样经历了发展与磨炼，在技术上不断钻研以提高品质，其铁壳渔船的制造与维修技术得到越来越多的客户认可与赞赏，因此和沙丰造船厂成为整个沙埕镇甚至周边地区之中并驾齐驱、共同发展的两大船舶生产厂。它们位于沙埕镇的一东一西，犹如守护这座渔业小镇的一对翅膀，带领着沙埕人在渔业发展中振臂高飞。

在巨大的经济利益驱使下，除大型铁壳渔船建造、维修外，镇里还相继开办了多家小型造船维修铺，它们分布于街区的大街小巷。店门口摆放着已经起锈而发红的铁器、轮桨以及一些废旧的机械设备，它们似乎在向顾客展示着维修人过硬的维修技术以及工作的繁忙，也似乎在向过路的行人诉说着它们曾经在海上奔波的经历与故事，那斑斑锈迹便是它们曾经征战海洋的标记。

街边的维修小店（巴责达 摄）

总之，不管是历史久远的沙埕造船厂，还是如今方兴未艾的沙丰、腾飞造船厂，抑或是一间间街边的维修小铺，它们都是沙埕镇造船技术发展的现实缩影，更是沙埕镇渔业发展的真实写照。

渔船的生产、建造与渔业息息相关，更是渔民生活、生产的重要工具，它们陪伴着渔民的一生，更是渔民生存、获得经济收入的基石。中心渔港的旧木船厂办公楼静静地眺望着现代渔港的繁忙，这似乎是历史与现实的巧合，它曾经为沙埕人致富作出贡献，如今注视着沙埕中心渔港的繁荣；而沙埕镇一对渔业生产的翅膀——沙丰造船厂、腾飞造船厂也承载着无数渔人的致富梦想，更是沙埕人面对海洋不惧艰险、敢于挑战的见证，保障他们向更蓝更深的海域遨游。渔船与渔民，同呼吸、共命运，彼此相连融合为一体，也从历史游弋到现在，书写着一段段讲不完的沙埕故事。

（本文撰写得到沙埕镇政府和陈诗乐、江招玉、陈国辉、刘本波、黄小挺等的帮助）

海洋“蔬菜”养殖

巴责达

人类每一种生计方式的存在，都与其生活的特殊自然环境紧密相连。内陆的农耕文明，传承着小麦、水稻的传统耕作方式；北部边疆地区的游牧文明，延续着千年来放牧、转场的自然规律；宽广的大海所孕育的海洋文明也催生了水产养殖的海洋渔业。

当我们俯瞰大地，会发现是环境造就了人类文明，而人类文明也适应着、记录着自然给予的馈赠。沙埕镇作为海洋藻类生产的主要区域，海面之上一座座毛竹架起的渔排，一艘艘木制、铁制柴油动力渔船，还有一排排浮于海面进行藻类养殖的网帘，构成其渔业生产的主要景观。

辛勤的沙埕渔民经过几十年开发、实践与完善，利用该地优质海水与自然环境，发现当地是适合海带、紫菜以及贻贝养殖的天然区域，从此渔民大量进行藻类、贝类生产，推动了该地藻类、贝类养殖的重要发展。故而提起沙埕镇，便不得不提起海带、紫菜以及贻贝养殖，沙埕镇也成为这些海产品在福建省甚至全国首屈一指的

紫菜等海产品养殖（巴责达 摄）

养殖区域。

海带的养殖主要采取幼苗培育的方式。每年的农历十一月份是海带养殖户最为繁忙的月份，需将购置来的海带苗放于两根麻绳相互缠绕的缝隙之间，将其在绳子中夹牢，然后将其捆绑好放入事先用木头、麻竹打制好的木制方格中，以免海带生长时相互缠绕，最后将其牢固地安置在海域，待第二年4—6月丰收。

1956年，福建省水产局多次派出专家队到辽宁省大连市海带养殖海域进行海带养殖的相关学习与考察，于当年在福建省连江县莜埕海域试验成功，从此打破了国内外当时针对海带养殖——北纬35度以南海域不能培育的定论。随后该技术逐渐在福建各地推广。1958年，福建省水产试验所经过不断研究，培育出适应福建海域生长的第二代海带苗。养殖户集中于虎头鼻海域以及大白鹭村、小白鹭村、王谷村、敏灶村、黄岐村等其他村落。

随着沙埕镇地区从事海带养殖的渔民增多，旧时将其收获后平铺于沙滩、岩石之上的晾晒方法逐渐被淘汰。现如今海带收购商直接将打捞上来的海带用快速烘干机进行速干，随后用货车将其运往临近的加工厂进行深加工，最后销售到全国各地。

但海带的种植也有其特殊的风险与压力，只有有勇气的渔业养殖户才会选择。海带浸泡在海水中，向水下生长，每年端午节前后的赤潮便是对其的巨大挑战与考验。赤潮会造成水体杂质、微生物增多，导致海带的下端出现溃烂的情况，需要及时治疗，否则将会带来巨大的经济损失。因此当地的水产技术人员积极服务养殖户，发现养殖问题及时进行指导、帮助解决，避免海带养殖户的损失，由此保证沙埕地区作为海带养殖主产区的重要地位。

除了海带，紫菜养殖业也是该地的支柱产业。福建地区紫菜养殖历史悠久，且方法独特。

史料记载，早在宋太平兴国三年（978）福建平潭地区就已经开始菜坛式栽培紫菜，由此开始了我国最早的人工养殖。在1923年的《平潭县志》中，清晰地记录了清代嘉庆至道光年间平潭县渔民发明的以洒石灰水清洗

收获季节繁忙的紫菜晾晒（巴责达　摄）

菜坛的坛养殖法、炸石造坛等多种方式。尽管该类养殖方式在现今看来产量极少且较为落后，但它却是福建地区紫菜养殖历史的重要见证，且该古法更是回归自然的重要体现。

如今沙埕镇的紫菜养殖方式主要是1958年由福建省首创的半浮筏式紫菜养殖法。从生物学角度来看，紫菜属于藻类，其生长与繁殖主要通过孢子，勤劳的农民尽管不懂生物学名词，但“泼苗”的养殖技术却与之不谋而合，传播着紫菜的种孢。

紫菜经过半年海水的滋养，在细绳之上攀爬、环绕，一簇簇地生长，九月中下旬便可收获。渔民用剪刀将一簇簇的紫菜剪下或用手撕下。采收后的紫菜通常在太阳光下晾晒烘干。

近几年小白鹭村建立了几座紫菜加工厂，速干技术迅速实现了紫菜作为商品的可能。而一些遵循古法的渔人，为了最大限度地保存紫菜鲜味，通常会采用炭火烘烤的古法。一簇簇紫菜在炭火的加热中色素与细胞发生着巨大的变化，也使香气更为醇厚、浓郁。

高品质的紫菜养殖一直是当地渔民创收的主要产业，当地渔民重视头水紫菜，它是紫菜中最为高等的品质。辛勤的渔民会珍惜地留存一部分于家中，等待全家人围坐在一桌，来一顿紫菜大宴，犒劳为了收获饱受饥劳的胃，一家人共享收获的欢乐与幸福。

贻贝也是沙埕镇当地人最为喜爱的海产品，而沙埕镇对于贻贝的养殖也由来已久。

贻贝，在我国南北沿海地区分布广泛，1949年后，福建省相继从辽宁、山东等地引进了紫贻贝养殖技术，并逐渐发扬光大。沙埕镇的贻贝养殖主要为紫贻贝，最早是由1972年福建省水产局组织人员前往辽宁省大连海域等地移植20公斤紫贻贝于福鼎地区进行试养，当年便获得了巨大成功。更值得关注的是，1995年《福建省志》载，在福鼎沙埕镇的小白鹭村海域进行的厚壳贻贝人工育苗等多项研究，使紫贻贝每立方米水体出苗率稳定在约100万粒以上，翡翠贻贝每立方米出苗8万到10万粒左右。

新鲜的贻贝（巴责达 摄）

当前沙埕镇的大白鹭村、小白鹭村以及海岛村落台山村均是贻贝养殖的主要区域，而其主要养殖方法为延绳式垂养，通过结合海带养殖实现立体的高密度“套养”，增加水产养殖单位面积与有效利用率，该技术在沙埕镇得到创新与发展，使得海带每亩产量800公斤—1000公斤提高至2000公斤，贻贝每亩产量也由2吨提高到4吨左右，海带与贻贝得到了双丰收，经济效益巨大。自20世纪70年代到现在，为了追求高品质的贻贝养殖，沙埕地区进行了厚壳贻贝资源的“封岛育贝”，贻贝养殖越来越回到天然、自然的状态，这也成为沙埕地区海产养殖的一张名片。

每一种作物的养殖与发展，必将与其独特的自然环境相关联。而海洋这个广阔的区域，我们对其特殊的文化却关注甚少。我们更多将目光投射到农业文明与游牧文明上，而几千年来，海洋养殖中所包含的技术与传统文化，同样值得我们关注。

沙埕这个海滨小镇，渔民“枕浪入睡，浪声而起”，他们的一生与大海紧密相连，他们的生计也离不开大海。从海带、紫菜到贻贝的养殖，沙埕人依靠海洋的富饶与广袤获得了巨大的经济效益。尽管受到工业化进程的冲击，但是原始、自然的古法依旧被人们所追崇。依靠自然、回归自然才是人类与自然真正的和谐共处。

（本文撰写得到沙埕镇政府和王为妙、周钱生、黄小挺等的帮助）

滨海旅游——小白鹭水乡渔村

巴贵达

位于美丽海滨的沙埕镇，有着蜿蜒曲折的海岸线，其中让人流连忘返的美丽沙滩，滨海旅游中最具代表性的一面旗帜——小白鹭水乡渔村，便借着得天独厚的优势蓬勃发展。

依山傍海、风景秀丽、民风淳朴是对位于沙埕镇南部的小白鹭村最好的诠释。这座面积仅有 4217 亩的海滨小渔村，却居住着 372 户、总人口 1464 人，拥有大小渔船一共 120 艘，同时更是以紫菜、贻贝养殖加工为主体的典型海洋生产聚落。

漫步于美丽的小白鹭滨海旅游村，走在松软温润的沙滩之上，听着海浪声，人们嬉戏打闹、下海游泳，或是在海滨烧烤、沐日光浴，沉醉于美景之中。

美丽的景色同样也承载着厚重的历史。在福鼎小白鹭水乡渔村景区中留存着一座堡垒，当游客漫步于景区中，最先映入眼帘的便是这座饱经风霜、见证小白鹭发展的“堡垒”，它屹立于此，似乎也在向游客诉说着小白鹭的往事。

小白鹭美景（周钱生 供图）

小白鹭水乡渔村景区坐落于小白鹭村落的沙滩之上，于2000年左右由台湾商人发现其商业价值，经过市场调研与相关评估，被逐渐开发建设成为旅游景区。由于当时对国内旅游业发展前景预估不足，管理与经营不善，最终旅游景区被转手卖给温州陈氏商人。2006年“桑美”台风之后，温州陈氏商人派遣员工开始正式对小白鹭旅游景区进行全面开发。小白鹭旅游景区于2010年荣获福建省旅游局、福建省海洋与渔业局颁发的“水乡渔村”称号，在福建地区拥有一定的品牌效应与知名度；2012年又被相继授予“全国休闲渔业示范基地”“闽台乡村旅游示范基地”等称号，小白鹭水乡渔村的滨海旅游成为福鼎市甚至福建省滨海旅游的一张名片。

小白鹭水乡渔村旅游景区推动了沙埕镇小白鹭村的发展。根据数据显示，截至2017年，小白鹭村每年接待游客几十万人。其中“五一”与“十一”黄金周更是该地的旅游旺季，仅“十一”期间的单天人均游客数量就已突破三四千人。而游客的剧增也促使当地建立相应旅游服务配套产业。

如今经过几年的发展，整个小白鹭村拥有36家民宿、6家饭馆、3家当地小吃店，以及6家各式小商品、土特产店等。由此便建立起以小白鹭水乡渔村为核心的更加完善的生活服务度假区，并激发了当地人从事与旅游相关工作的热情，最大限度地增加了当地人的收入，推动了当地的经济发展。

在出海捕鱼的季节，渔民便下海捕鱼；在旅游旺季，渔民则操办起自家的小店。当地极富特色的经营形式——农家乐、渔家乐、渔家村，倍受外地游客的追捧。外地游客在此观光旅游，住在民宿，在楼下就可以品尝到由民宿商家烹饪的当地海鲜。在旅游最旺季节，一个拥有4个民宿套间的农家乐便可获得约2万元的经济收入，这般旅游景区与村落相结合的经营方式为村民带来极大的收益。

景区为吸引游客观光，开展了相应的体验项目。松软的海滩为游客提供了日光浴休闲场所，而浅海游泳区域可以让游客三五相约乘坐摩托艇飞驰于海面。岸边一座座由纯木打造的别墅型建筑，散在山腰之间，营造出淡淡的古朴氛围，尽管小木屋住一晚价格不菲，但是在旅游旺季房间依旧紧俏。清早的阳光透射入屋内，吸一口带着海腥味的凉空气，远眺深海，薄雾层层，远山朦胧；近看沙滩，养殖箱边辛勤的渔民早已在晨曦中干得热火朝天，时而伴随着“突突突”的柴油机马达声，渔船出入于港口，更显得海岸边、沙滩上一片寂静，似乎回到了悠远天边。

特色项目——海上捕捞体验，则让游客真真切切过了一把渔民的瘾。通过捕捞体验，游客更加立体地领略大海风光、体验渔耕生活、品味渔家风情。到了小白鹭，“当一回渔民，赶一次海、捕一网鱼、捡一回贝壳”成为当地渔业捕捞体验的标配。村里一艘艘马力不等的各式休闲渔船带着游客驶向远方，带游客体验着渔民作为海

小白鹭海滨一隅（周钱生 供图）

洋征服者的快感与兴奋。入夜时分，潮起潮落，在海边景区租一个沙滩帐篷，听着海涛声进入梦乡，感受大自然的安宁。

随着小白鹭村旅游景区游客的增多，全村人均纯收入由2011年的6286元，提升为2016年的19367元，旅游景区也为村民提供了200多个就业岗位，缓解了渔民在休渔期的就业压力。

当地人热情待客，淳朴的村落民风吸引着周边地区甚至全国各地的游客在此驻足。村集体与村委会自发对当地第三服务产业的老板进行监督，防止小白鹭村镇商业项目出现“宰客”事件。“薄利多销”的运营模式，让商品、住宿、饮食均保持合理价格，以此强化了小白鹭渔村的品牌效应，逐渐提高了知名度。

随着小白鹭水乡渔村景区的不断发展与完善、游客的激增、旅游品牌知名度的提高，村落与景区的匹配与适应程度也出现了或多或少的问题。近几年小白鹭村委会已尽其所能地帮助、改善村落的基础建设。2014年，小白鹭村进行了下西洋水库除险加固建设项目，2015年又完成了小白鹭村桥头至闸门河道整治工程，2016年完成小白鹭村庄绿化建设项目等工程项目。村委会在发展经济建设的同时，做好各方面工作，获“宁德市先进基层党支部”“福鼎市精准扶贫典型培育村”等称号。更值得关注的是，近几年来，由于部分企业排放污水与有害水体，使得贻贝养殖遭受工业污染，直接导致了小白鹭贻贝养殖的巨大经济损失。面对如此境遇，村委会积极帮助渔民解决问题，帮助渔民取样送至福建省权威机构进行检测，后期积极与污染企业磋商进行经济赔偿，从而最大限度地保护了村民的经济利益，将渔民的养殖损失降至最低。为响应党和国家和谐、美丽村落的建设政策，小白鹭村继续“山海并进，旅游富村”的发展道路，全力推进村落各项事业的建设，使景区与村落相匹配，呈现“景美、村美、人心美”的滨海旅游印象。

伴随着小白鹭水乡渔村景区的发展，小白鹭村也在逐渐完善着村落的构建，景区不仅为当地人带来丰厚的经济收入，也增加了商品的流动，为渔村注入了新的活力与思想。

（本文撰写得到沙埕镇政府和周钱生等的帮助）

信俗文化

沙埕九使信俗文化

李天静 张云鹤

沙埕广泛流传着九使信仰习俗，其宫庙主要分布在沙埕集镇、水澳村、后澳村等地。本部分主要围绕沙埕集镇的九使信仰习俗展开叙述，兼顾其他几个宫庙的信俗文化。

沙埕集镇九使宫

1. 九使宫的历史变迁与现状

沙埕九使宫现坐落于风景秀丽的狮头峰之上，占地 1800 平方米。据了解，沙埕九使宫原是一座建于海边的木制宫庙。宫址在时代更迭中几经变迁，宫庙初建时期及其具体演变已无从考证。据林墨西在《沙埕民众义愤反抗省委员刘新萃砍伐古樟树纪事》中的记述来看，沙埕九使宫曾位于沙埕宫岗龙脉，其围墙及九使行宫后墙的 3 棵高六七丈、干围丈余的古樟树是在清代初期栽培的，距今已有 200 多年历史。又据《日寇骚扰沙埕调查报告》以及沙埕刘本兴先生在《仇恨之火——日寇在沙埕烧掠罪行之所见》记载，日寇在两次火烧沙埕之时，强抓几十个救火的渔民，并逼着渔民们在九使宫的下殿里挑搬 100 多箱明矾。据说，日本烧掠沙埕时，九使宫也被烧毁。当时，日本军队趁退潮之时大规模上岸；国民党部队突发一枪，而后双方陷入激战，沙埕港被湮没于炮火之中。位于海边的九使宫首当其冲地成为战争的牺牲品，庙内供奉的所有神像均被大火吞灭，毁于一旦。抗战结束之后，沙埕九使信众在原址上重建了九使宫。

1949 年以后，九使宫庙经历了 1958 年台风的侵袭，庙内神像全部损毁。“文化大革命”期间，宫庙和神像受到严重破坏，幸有些热心信徒，把神像抱回自己家中供养，部分神像被偷偷转移到临近一个小村庄“虎头鼻宫”供养，在此期间香火仍然不断。现仅存清朝道光二年（1822）1 只小石狮、1 颗刻着 3 位广利侯王宝牒的铜印和旧时宫门 2 条石柱、1 条石板横匾，横匾上书“国海流膏”4 个大字，左边石柱联为“水抱山环钟圣地”，右边石柱联为“松苍竹翠净尘缘”。1982 年，信徒许忠成、王成法等 15 位首事组成“兴建九使宫筹备小组”，并充分发动广大信众积极参加、献资

沙埕九使宫牌坊（李天静 摄）

献策，经过将近两年的努力，终于在一个叫“沙埕城仔内”的地方重新建起了九使宫，重新塑造神像，并添置了其他用品。庙宇正式建成时，还隆重举办了7天开光和大醮仪式，请了7天大戏。沙埕信众们自带桌椅，摆了120条桌，一起庆祝宫殿落成大吉。

1993年春，新宫庙定在现今狮头峰宫址上。由张道源、陈方连、林元福等几十位信徒成立“重建九使宫筹备小组”，广大弟子信众捐资献力，又得台胞朱建华、张铭烈等的鼎力相助，总计集资200余万元，用时3年建成了目前这座九使宫。宫庙前大殿为九使宫，后殿为妈祖宫，左边为办公楼和仓库，右边为祥和亭，2016年新建一面焚烧香金纸大炉和一座高8.3米的宫殿牌坊。牌坊上横批沿用“国海流膏”4个大字，其中的“膏”，本义指代庙堂中敬神的油脂。古人认为在动物身上包裹内脏的肥细脂膜，是食物中的精华，遂常用于庙堂敬神。古代有“膏者，神之液也”的说法，即是对“膏”本义的解释。此外，《说文解字》中提道：膏，肥也。此处，膏有丰厚、肥沃之义。左柱联：示迹狮头峰千流浪滔舟稳载，右柱联：应现沙埕港万层浩海缆坚牢，边联：水抱山环紫气临阁钟胜地，松苍竹翠红云献瑞聚尘缘。这副对联描述了沙埕港怀山抱海、林茂竹密的图景，而“聚尘缘”三字隐喻了坐落于狮头峰之上的九使宫乃信仰圣地。由此，我们可以推敲出“国海流膏”便是对上、下联的精华萃取，一语三关，“国海”二字凸显了沙埕港的海洋性特征，“流”生动地体现了海港的川流不息之美，孕育成一方肥沃之地。所谓“天降膏露，地出醴泉”，九使、妈祖两宫得万民之信仰，受仪礼之祭祀，年年香火旺盛，神膏满盈。后门横批“紫气东来”，左柱联：聚灵山秀气万朵祥云膺海港，右柱联：纳福海波澜千年香火照沙关。边联：圣德巍巍海晏河清昭至德，母仪堂堂风恬浪静荷神休。整个九使宫外绿意葱葱，可俯瞰浪涛不绝的沙埕港。

最初，九使宫内供奉九使、十使、十一使3位广利侯王和宫主侯王及杜一文书、杜二代理和一百零八将，后来增添了五显大帝、华光大帝及白马明王。“文革”期间在“虎头鼻宫”还收了一位“观海招财童子”为部下，专司海面求财一事。现在，

沙埕九使宫（刘端富 供图）

九使宫中主殿供奉神明九使、十使、十一使 3 位广利侯王，每尊座像高 2.6 米；左殿供奉五显大帝、华光大帝、宫主侯王；右殿供奉杜一文书、杜二代理、白马明王和观海招财童子，还有千里眼、顺风耳、黑猴、白兔和一百零八将等众多部将。九使公的主要功能是保佑一方平安，出海顺利；杜一文书神则负责记账，当有弟子请愿、还愿时，杜一文书神要黑笔记账、红笔勾销；杜二代理神多管家庭纷争。大殿两根正柱，左联为“狮峰巍峨沙港长流四海群黎同沾福泽”，右联为“宫殿宏伟神灵显赫十方社稷共仰升平”；正殿神龛左联为“威镇狮峰浩气长存保疆土”，右联为“傲游闽台神光普照佑黎民”；宫殿大门左联为“宏瞻西北千山苍绿千山秀”，右联为“威震东南万水碧蓝万水欢”。这些对联都是本地信众触景而生之作。殿前大厅有个铜铸大炉，高 1.5 米，重 800 斤，大宫走廊左边架一大鼓，直径 1.35 米，右边挂着一口大钟，直径为 0.6 米。下面是一艘造于 1986 年的神船，神船上插有一支写着“蕉”字的大旗帜。船上有 3 支桅杆，船前后舱排放 4 枚大炮，船内艄公、水手和茶盐油米一应俱全。船舱内挂着“广利侯王”的牌匾，两侧写有一副对联“吟风唱浪游沧海，红日青云上碧天”。据《福鼎文史资料》记载，沙埕渔区流行一种民俗活动，即在鱼汛到来之前，到九使宫请出神船，举行隆重的神船下海仪式。在当地渔民看来，九使神船能保佑渔民海上作业平安无事。

沙埕九使宫神像（李天静 摄）

2. 沙埕九使的来源传说

九使、十使、十一使3位神明的渊源可追溯到唐僖宗年间。据《榕阴新检》和《黄檗山寺志》等史料记载：“唐僖宗腊月十三，福清黄檗山有巨蟒为祟，邑人刘孙礼妹三娘姿色妖艳，蟒摄入洞中为妻，孙礼不胜忿恚，誓必死之。遂弃家远游，得遇异人授以驱雷秘法，归与蟒斗。是时其妹已生十一子。孙礼杀其八，妹奔出，再拜，为蟒请命，孙礼乃止。其后三子为神曰：九使、十使、十一使。闽中往往立庙祀之。”后来三子被朝廷赐封为“广利侯王”。现在的福州、福清、福安以及浙江、台湾等地都有供奉九使。

自从沙埕人供奉九使以来，便有了许多神奇传说，对长期生活在海上以海为业的沙埕渔民来说，在海上无论是大雾迷航、渔具脱漏，或是遭遇其他疑难杂事，都会诚心恳求，以求能逢凶化吉，大事化小，平平安安。

水澳村广利侯王宫

水澳村广利侯王宫，坐落在福鼎市沙埕镇水澳村城内西城旁，坐北朝南，依山而建，面向东海。该宫始建于清乾隆年间，重建于清咸丰五年（1855），光绪十九

水澳村广利侯王宫（李天静 摄）

年（1893）兴建下落。因受 2006 年“桑美”超强台风袭击，上下落全部坍塌，面目全非。后经本村广利侯王宫首事及主事 30 多人带头发起，全村信徒纷纷慷慨解囊，在当时经济并不宽裕的情况下捐资计 278300 元。在原址上扩建广利侯王宫，于 2008 年落成，由上下落和一个天井构成。后又有热心人士捐资 8 万多元，安装神案桌等其他配件。重建的宫庙门外有一副对联：“赫赫神光英灵主掌锦江镇，昭昭恩德赫濯显圣通福清”，横批“海国升平”。水澳村以前所在地叫“锦江境”，属于“四都”，“镇”则是镇守的意思。而下联的“福清”则表示主神广利侯王来自福清。据文献载，宫庙上落长 10 米，宽 18 米，高 8 米，面积 180 平方米。中间为天井，长 3.6 米，宽 6 米，面积 20 多平方米。过天井就是下落，长 11 米，宽 18 米，高 7 米，建筑面积近 200 平方米，总建筑面积 400 平方米，总占地面积 550 平方米。下落的顶端仍以木质结构为主，最中间有一个八卦图，构造非常美观。八卦图的四周使用原宫庙里的木材，上面还刻写有“清光绪拾玖年”。宫庙内设有 3 个木质的神龛，神殿正龛两侧对联“圣德遍施河清海晏千秋永，神光普照国瑞家祥万业兴”，横批“有求必应”。中间正龛内供奉 3 尊侯王，分别为九使、十使、十一使；左龛供奉（由左向右依次为）土地公、玄天上帝、杨府圣王；右龛奉祀八部将军。神龛前两旁立塑有黑猴、白兔两将军，威武庄严。数百年来，流传着种种神奇故事，宫内神圣，威灵显赫，盛名远扬，深得八方信众的敬仰，故香火旺盛。

广利侯王是水澳村村民的海上保护神，渔民出海遇到大风的时候，都会向广利侯王祈祷，尤其是在以前使用只能坐 4 个人的小木帆船时，渔民们特别依赖广利侯王。

主祀九使的水澳广利侯王宫跟沙埕集镇的九使宫习俗类似，每个月的初一、十五都有信众前来烧香祈福。每年的九月初九，水澳村会为九使侯王请大戏（最早请木偶戏，近年请的是越剧、京剧、黄梅戏、闽剧等）庆祝其诞辰。每年请大戏都要花费十几万元。九月初六或初七开始唱戏，连续唱5天。以前唱木偶戏在宫里，现在唱大戏场地不够大，则选在村部附近的大广场。开戏当天，戏班穿着打扮好后到宫庙打八仙戏祝祷，请香炉放到戏台前。

以前九月初九，水澳村有游神的传统，主要是游“平安”。游神少不了请先生作法、乩童跳神。如今，每到九月初一，宫庙理事们便要忙起来，将彩色旗帜插起来，做好准备。据了解，一般每年的九月初九，渔民们都会回来。来吃福的人中有大约70%的本地人（主要是船老大和渔民）和约30%的外地人（船上的雇工及村人的亲戚朋友）。而且每个来吃福的人“一吃就要吃3年——寓意保佑3年之内平安无事”。

水澳广利侯王宫为九使庆祝诞辰的基本仪式与沙埕九使宫的大同小异。不同的是，水澳村十几年前的九月初九九使公诞辰时，宫庙会给每个来吃福的人准备一个用竹子和纸做的灯笼——里面是蜡烛，外面用红色圆圆的纸罩着，上面写有“广利侯王”4个字。信众将灯笼拿回家挂在大厅一年。但是，后来吃福的人太多了（以前只有十几桌，现在要办三十多桌），而且照明设施更加便利了，便不再准备灯笼。而现在每个来吃福的人回去的时候宫庙都给一个“福头包”，前几年“福头包”里放有糖，表示回去“甜一下”，代表如意。现在“福头包”里面包有两块（一双）用面粉裹着的猪肉、糕点等。包猪肉，肉代表“回”，表示“给你回一下（礼）”，寓意“把广利侯王的福气包回家”。

后澳九使宫

后澳村的九使宫广利侯王始由黄岐西山村郭安居祖先供养。九使宫至今有500年之历史（现有黄岐天后宫碑文可证）。宫内主供神位有：正殿为九使、十使、十一使3位侯王；左偏殿为福德正神，即土地；右偏殿是“侯王”之母舅刘章礼法师、舅母马烈夫人；“四将”左为白兔、黑猴，右为炼石、神通二将。时过境迁，昔日壮观的九使宫，经历了1958年台风和“文化大革命”后，珍贵的文物所剩无几。现有的后殿由地方信徒们竭力修复。适逢2006年8月10日“桑美”台风，村部被夷为平地，为保护地方文化遗产，地方信徒王传财等人号召“十境”同仁复建前殿。在诸位名人信士帮助下，九使宫前段于2008年夏日圆满竣工。

沙埕妈祖信俗文化

李天静 舒璋文

沙埕妈祖信仰分布范围更加广泛，其中历史比较悠久且管理比较规范的主要有沙埕集镇的妈祖宫、南镇天后宫、大白鹭、敏灶、黄岐及澳腰的天后宫。

沙埕集镇妈祖宫

沙埕集镇的妈祖宫坐落在狮头峰九使宫后，始建于明万历癸酉年（1573），约400多年历史。据传，万历年间，有一莆田船运花生到浙江售卖，半路上遇到台风便在沙埕港抛锚，船主向妈祖许愿，后为还愿，建造了妈祖宫。20世纪30年代，日军侵袭沙埕港之后，妈祖宫被毁。20世纪50年代以来，妈祖宫建在沙埕的中心点，后因集镇建设需要而进行了两次迁址。“文革”时期，妈祖宫宇被占用，文物受摧残。1976年，六七个人做头在现在九使宫旁边建妈祖宫，后由于九使宫选址重建，占据了大量面积，妈祖宫被移居后方。1992年，海峡两岸信徒带头捐资支持，在狮头峰重建妈祖宫，还在宫中塑36尊送子娘娘。新建宫庙为砖木结构，盖以粉红色琉璃瓦。

妈祖宫中供奉妈祖娘娘、陈靖姑、李夫人3位主神，主殿内刻有巨幅对联：“甘霖祷苍普度众生沾实惠，好景太平广济沧海迎新客”。信众多到此求添丁、婚姻、出海之事。据说，宫中另一副对联便是求子信众还愿捐赠的，过了一两个月后，还愿者来妈祖宫后点香，发现自己送的对联竟然发黑。原来上边所镀之“金”是铜的，时间久了就变色。还愿者便拿回家重新镀金，将对联重新变换位置，上边书有进献者名字的放在进门后的右手边，如果放在左边，则意味着对神的亵渎。

沙埕集镇妈祖宫历来由妈祖境的头人举办做福活动，与九使神诞祭仪相似，唯一不同的是凌晨请先生作法后，开印盖符不用经过乩童。2012年，在弘扬妈祖文化的大背景下，沙埕妈祖宫从湄洲岛请妈祖金身回宫，湄洲妈祖宫要求此后三年的每年妈祖圣诞日，妈祖要回湄洲探亲。

南镇天后宫

南镇天后宫位于福鼎市沙埕镇南镇村中心，坐东南朝西北，占地面积386平方米，建筑面积450平方米。宫为砖木结构，四周风火高墙，正面宫门外石阶雄踞灵狮1对；宫宇正面贴红色瓷砖，墙脊为琉璃瓦面，飞檐翘角，别具一格；门额上方浮雕“丹凤戏牡丹”图案1对，图案两边镶嵌“弘扬妈祖文化，秉承中华美德”的联句；往上正中镶嵌“天后宫”金字青石竖匾，匾额两旁墙上彩雕历史人物和各种花卉图案，色彩艳丽，形态逼真；宫门左右两边装有“龙凤呈祥”青石镂空窗花；宫庙大门彩绘两尊威武庄严神像，大门进去便有戏台，供唱戏酬神使用；戏台后为天井，天井上放置香炉和元宝炉。天井两侧有回廊，其后便是神殿。神殿为全木结构，仿清建筑，雕梁画栋，殿内设有多个神龛和3个案桌，神龛内供奉天上圣母妈祖娘娘、顺天圣母陈靖姑、李夫人、林夫人、千里眼、顺风耳、八部将军等。

南镇天后宫始建于清朝乾隆三年（1738）。据说，1917年春，南镇天后宫被作为区立南镇初级小学（乡村学堂）直至20世纪50年代。20世纪60年代初，短暂为南镇大队后勤部使用，20世纪70年代，在天后宫设办南镇乡村卫生院。改革开放后，天后宫香火日益旺盛，1998年在天后宫成立南镇老渔民活动中心，后来改为老人协会。2002年正月十八日，由朱邦泉等组成复修天后宫筹备小组，筹集资金。在各方支持和努力下，于当月动工复修天后宫，修塑妈祖神像。当年妈祖神像开光落成，同时成立天后宫管理委员会。斯时天后宫管理委员会与老人协会两套班子共用一个地点。2003年，南镇天后宫进入鼎盛时期，由天后宫管理委员会全面负责管理。2005年正月二十日，南镇天后宫进行第三次全面修建。为弘扬妈祖文化，保留古代传统文化，修建在保留百年天后宫基本原有建筑格局前提下进行，许多信徒自愿乐助，由天后宫管理委员会主持修建工程，于当年农历十月廿五竣工。

每年三月廿三妈祖诞辰，南镇天后宫举行多种纪念活动。早晨6点，天后宫管委会主持隆重的祭祀仪式。祭祀完毕，妈祖巡安。在每年妈祖巡安前夕，管委会各负责人相聚天后宫，商讨巡安资金、人员、时间、路线、注意事项诸事宜。南镇村共有10个自然村，即九牧、复兴、美岩、澳外、澳内、半领、上澳、海滨新村、海滨路、山头村，每个自然村都供奉有自己的角落神，建有十几座宫庙，如杨府庙、天后宫、平水庙、将军庙、大帝宫等等。这10个自然村被划分为4个境（即复兴境、上澳境、中澳境、锦江境），每境主祀不同神明：上澳主祀大帝爷，锦江主祀七相公和地主爷，复兴主祀华光大帝，中澳主祀杨府圣王。而位于九牧村边界的天后宫中的妈祖娘娘则为全村落所敬拜之神明。在弘扬妈祖文化的大背景下，巡游队伍一般会经过每个境的每个自然村，呈现出一派欢乐祥和的气氛。走在巡安队伍前面的信徒有的拿着写有“南镇五都”“天上圣母”的头灯，有的扛着写有“金”字的黄色方旗；紧跟其后为庆祝牌，牌上有字曰“纪念妈祖诞辰”“妈祖出巡，平安南镇，构建和谐，共享繁荣”“祈求风调雨顺，一帆风顺，满载而归”等祝福语。最吸引四方信众的则是妈祖金尊。人们用装饰精美的神轿抬着妈祖金尊出巡，在恢弘庄严中展示着威武。亦有人员抬着南镇天后宫的香炉，供信众插香之用。每当妈祖金尊经过百姓门口时，信徒纷纷叩拜妈祖娘娘。巡安队伍还伴有腰鼓、舞龙、跑旱船等民俗表演，一路打锣敲鼓吹唢呐，鞭炮齐鸣，气氛热烈，场面壮观。

巡安完毕，信众齐聚天后宫结福。所谓“结福”，即吃福，指信众们聚在一起聚餐吃宴席。若有人遇到比较着急的事情要向妈祖祈求，则可挑一个良辰吉日前往宫庙祈求。据说还愿时，有信众为了感激妈祖护佑，除了烧金、捐钱，还会在宫庙修缮时候，捐献牌匾、对联或添置祭拜所需之物。

南镇村妈祖信俗文化有着深刻的历史积淀，蕴含着浓烈的乡情，百姓的参与度颇高。妈祖信仰成为联结乡情乡谊、团结友爱的桥梁与纽带。妈祖巡安等民俗活动凝聚的海边人的智慧、勤劳、团结、友善，正是南镇村海洋文化的重要组成部分。

南镇天后宫宫门（舒璋文 摄）

敏灶天后宫

敏灶天后宫，位于福鼎市沙埕镇敏灶村五都桥澳仔里东海边，距村部约 1 公里，宫宇坐北朝南，西、南、北三面环山，东面临海，青山秀水，环境优美。据乡老口述，传言境内村民出东海捕鱼，至南风澳时，发现海面上漂来一个木质物。木质物慢慢靠近渔船，渔民们只顾在海上捕鱼，根本没有留意木质物的流向行踪。到黄昏准备返回时，渔民见木质物还在船边环绕，觉得蹊跷，便俯身去看，这才看清原来是一尊木雕女神像，顿感惊奇，赶紧把木雕女神像捞上渔船，仔细观看一番，觉得神像形态、面貌像极威名远播的妈祖娘娘，疑心是妈祖娘娘显灵，要栖身境内行道。于是，渔民们不敢怠慢，当即扬帆返乡，连夜将木雕神像安放在村口沙头岩石旁古树下。数日后，这几位村民携手在古树下搭起简易小神龛供民奉祀，以保境内风调雨顺，渔业丰收，人民安康。

1944 年，乡贤陈章兴为感妈祖洪恩，倡议以神龛原址按子午坐向兴建天后宫。2003 年春，在原天后宫身后增建一座建筑面积 300 多平方米、占地总面积 1800 多平方米的新天后宫。新建的宫宇雄伟壮观，内外一新，古今融合，既有民族传统建筑特色，又有新时代建筑气息。宫庙妈祖塑像左侧的石缝中长出一棵枝繁叶茂的奇树，被誉为“妈祖树”；岸边涨潮时青石金鱼游弋，宫正对面陡峭悬峰花木交相辉映，给宫

敏灶天后宫俯瞰图（舒璋文 摄）

敏灶天后宫（舒璋文 摄）

庙增添了许多传奇色彩。周围有碧海沙滩和可休闲垂钓的冬瓜屿，还有独特的仙人脚、状元印石、状元帽、龙船底、金鸡岭等奇峰怪石相伴，让人流连忘返。爬上山顶又可远眺浩瀚的东海及美丽的台山列岛，海鸥翩翩起舞，国家级鸟类自然保护区和嵛山“天湖”的美景尽收眼底，令人赏心悦目，心旷神怡。

大白鹭天后宫

大白鹭天后宫，位于沙埕港南岸，距沙埕集镇 32 公里，距小白鹭海滨度假村 3 公里，距著名的国家级风景区名胜太姥山 15 公里。宫坐北朝南，背倚巍巍青山，面向浩瀚大海。

相传在清朝康熙年间的一个夜晚，有村民梦见南边飞来一石香炉，降落在大白鹭现今为天后宫的地上，第二天辰时起来，见此果然有一石香炉（至今还存放在宫殿内），炉上刻着“妈祖娘娘”四字。传言这香炉是从莆田湄洲湾妈祖祖庙飞至而来，来此护境佑民。随后先贤们前往莆田湄洲妈祖祖庙分灵回来，在此建庙塑像供奉。

大白鹭天后宫从始建至今已越 300 多个春夏秋冬，历经风雨侵袭，屡修屡废。欣逢改革开放，国运昌荣，政通人和，随着经济不断发展，人民生活水平不断提高，1999 年，为弘扬中华传统文化，由本村热心人士董欣庆提出倡议，得到村民及信徒的认同和支持，并推选董欣庆为筹建天后宫理事会理事长。在他的带领下，全体理

大白鹭天后宫壁画（舒璋文 摄）

事及信徒任劳任怨，呕心沥血，同心协力，历时1年，天后宫重建圆满告竣。

重建后的大白鹭天后宫焕然一新，总占地面积1080平方米，雄伟壮观，气势磅礴，飞檐翘角，琉瓦覆盖，脊顶饰双龙戏珠，宫内雕梁画栋，楹联满目，金碧辉煌。神殿内供奉天上圣母妈祖娘娘、千里眼、顺风耳、金童玉女、八部将军、平风大将、哈浪大神等神圣。在神龛下面有一口细泉，常年细流，永不干涸，被称作“妈祖圣水”。台湾渔船经常在沙埕港停泊，常有台胞上岸进香朝拜，取“妈祖圣水”，然后为天后宫捐款，以表示对妈祖娘娘的敬仰。每年农历九月初九日、三月廿三日妈祖神诞日，以及十一月十五日“普渡日”，宫内均搭台唱戏，香客云集；妈祖出巡，游神队伍浩荡，锣鼓喧天，鞭炮齐鸣，热闹非凡。

2003年7月，大白鹭天后宫经福鼎市民族宗教事务局批准，正式成为道教活动场所。随后天后宫成立了管理委员会，由董欣庆担任主任，多年来为妈祖宫的建设作出了一定的贡献。

杨府上圣宫

李天静

杨府上圣宫，又叫兴德寺，位于沙埕镇内澳，属兴德境，据说是沙埕最早的宫庙。杨府上圣乃是从浙江苍南金乡而来，有四五百年历史。宫中供奉主神杨府上圣，左殿供奉五显大帝、土地公，右殿供奉地主明王、白马明王、广泽尊王、看牛大王以及村民寄在宫里的小尊菩萨。

沙埕杨府上圣宫（李天静 摄）

丹霖大帝宫

李天静

丹霖大帝宫，位于闽浙交界的海岸地带，属虎头鼻渔民新村管辖。宫中供奉丹霖大帝三兄弟，大哥管海，二哥管粮食，三哥保平安。关于丹霖大帝故事很多，渔船出海前，通常要到丹霖宫请愿，祈求渔业丰收，保佑全船人员平安。出海后，福鼎商船若在海上作业时遇到大风大浪，信众就会在船尾点三五根香求平安；有的小船开到台山外面放钓，碰到风浪，也会祈求丹霖大帝。现在渔民一般在放钓时求丹霖大帝保佑石斑鱼、黄瓜鱼丰收等。

沙埕丹霖大帝宫（李天静 摄）

城仔内文昌阁

李天静

沙埕城仔内文昌阁，位于福鼎市沙埕镇宫岗，坐东向西，建筑面积 400 平方米，复建于 1982 年。早在 100 多年前就有文武圣殿在城仔内落户供奉文武圣君。关于文武神像二尊，由沙埕信徒魏开庆、许忠成二位寄存沙埕莲花寺内，直至 2001 年才将其神像请回本宫，经上报批准，正式称为“沙埕城仔内文昌阁”。由于原有神像较为小尊，沙埕众信徒集资重塑大尊神像（保留原有神像同奉）。宫内正殿有对联曰“文昌艺苑千篇谱，武镇乾坤卫山河”；宫门口有对柱联曰“文明气运参天地，翰墨荣华贯古今”“义存汉室三分鼎，志在春秋一部书”，还有乐助款碑刻 2 版，书记文献有文昌帝君简介和关圣帝君简介。本宫正殿供奉文昌帝君、国公、太师、魁星等。左殿供奉三官大帝，右殿供奉关圣帝君、关平、周仓等神像。

明清时期，城仔内是海防守地，岗山有火炮多枚，对面澳腰和南镇澳岗设有炮地，

沙埕城仔内文昌阁（李天静 摄）

属沙埕城仔内分支，驻有炮兵和重炮，严防海盗和倭寇入侵。南明抗清名将张煌言将军曾驻防城仔内要地。城仔内面海隔山，对面是有名的“海上仙都”太姥山，左海上有天然目宝礁，礁上有灯塔，引导海上船舶，确保航道安全。沙埕港是天然良港，民众称其“山外有山楼外楼，沙江水流永不休。天生一道避风港，任君容纳千万舟”。

沙埕文昌阁就是在这样美景中建造落成，它声名远播，闽浙两省沿海都有渔民前来焚香朝拜，为子女读书上进、求取功名，祈求文昌帝君辅助教育。每年二月初三日乃文昌帝君圣诞，宫内设宴庆祝，前来祝福的群众接踵而至，人数多达四五百人，热闹非凡。

澳口村齐天大圣宫

李天静

齐天大圣宫，位于福鼎市沙埕镇澳口村，宫庙面朝沙埕港，坐落于闽浙两省交界之处的洋口隔自然村，两省信众往来不断。传说，澳口陈氏祖先上山割草的时候不经意间发现对面灯火岩有佛光照射，前往探个究竟，发现草丛中有一石炉，便把石炉请回家中大厅供奉，传言这石炉其实是齐天大圣所化。

此宫庙始建于宣统年间，已有100余年历史。由于台风多次袭击的缘故，宫庙倒塌，经历了数次重建。信徒慷慨解囊、诚心赞助。有信众还捐献金身、贡桌、木梁等物件。有一位姓钱的浙江信众看齐天大圣宫资金较紧张，便在修建宫庙时捐献了 1 万元（包括金身 1 尊）。现在的宫庙坐西朝东，为钢筋混凝土建筑，大殿面积 100 平方米，宫边活动场地面积 360 平方米。宫内正殿供奉齐天大圣、二圣王、三大圣、土地公；左殿供奉马仙娘娘、肖山长老、劝善大师；右殿供奉林相公爹、林耳将军、白马明王。各殿有部下左判官、右符使，共 22 个炉。正殿还供奉着 3 尊旧时宫庙塑造的圣王神像，这 3 尊神像体型较小，虽然宫庙新塑了 3 尊圣王神像，但是旧的这 3 尊仍要保留，于是宫庙管理者把新旧神像一并供奉。大殿内悬挂有3块牌匾：神光千秋在、威灵显赫、有求必应。大殿内挂有楹联：神威灵兮恩佈五湖四海，人虔诚兮福荫万代儿孙。大殿门口楹联：风调雨顺春常在，国泰民安庆有余；物阜年丰歌盛世，河清海晏庆升平。宫庙还有较大面积的庭院，植树数株。宫庙建有围墙与大门，大门上有对联曰：金猴奋起千钧棒，玉宇澄清万里埃；三春桃花红锦绣，万盏荫烛引玉人。横批：出入平安。

齐天大圣宫左右两殿的神明早先皆来自不同宫庙。如今本宫左殿供奉的马仙娘娘早先自有一座宫庙，该宫庙主祀马仙娘娘，附祀劝善大师、肖山长老。在 20 世纪 80 年代，由于兴建澳口村小学，当地人考虑到齐天大圣宫地点较宽，也为了供奉好神明，便把马仙娘娘、劝善大师。肖山长老请到齐天大圣宫一并祀奉。左殿供奉其他两尊神明即肖山长老、劝善大师，以前祀奉两位神明的宫庙毁坏后，有信众把神像请回家，再转至澳口村齐天大圣宫。现今齐天大圣宫右殿的林相公爹、白马明王、林耳将军 3 尊神明以前的宫庙名为林相公爹庙，位于洋口。由于要建水库，大家便把宫庙并至齐天大圣宫。

信众每逢初一、十五都会前往宫庙烧香、敬拜、许愿、还愿。信众亦可求签，澳口村齐天大圣宫没有解签先生，故而信众只能对着签号寻找悬挂在宫庙墙壁上面的签文自行解签。每年农历七月二十五为齐天大圣诞辰，信众在这一天来到宫庙烧香敬拜，有人还投钱到乐助箱中，以此表达祝福之情。中午，宫庙还举办吃福酒。吃福酒当日，宫庙还专门请来做菜师傅，在宫庙空地搭起灶台，准备供品和宴席事宜。宫庙庭院宽广，庭院一角筑有洗菜台子，搭有钢筋帐篷，还通了自来水。用油桶作简易灶台，燃料则用罐装煤气。做菜师傅开出菜单，宫庙人员买来需要的食材。以前齐天大圣宫还有唱戏的传统，一般唱戏5天，因各种原因，近年没有再办。

除齐天大圣诞辰外，宫庙内的其他神明诞辰，亦有祝福的传统。主要活动是筹备酒席以庆贺。每年二月初二到土地公圣诞，宫庙头人和部分信众相聚齐天大圣宫，人们摆一两桌酒席以示祝贺。七月初七则为马仙娘娘圣诞，宫庙头人筹备两三桌酒席祝贺。九月十八为林相公爹圣诞，宫庙头人亦筹备两三桌酒席。

（本文撰写得到齐天大圣宫庙主陈道灶的帮助）

小白鹭五显灵官大帝宫

李天静

小白鹭村是福鼎市沙埕镇的海滨渔村。村民自古以来以海为田，现有 85% 的劳动力主要从事渔业及海上养殖。村民主要信仰五显灵官大帝公，将其视为保护神，保佑人们身体健康、出海平安。小白鹭五显灵官大帝宫始建于清嘉庆年间，之后经过两次重建，首次重建于清朝道光八年（1828），第二次重建于 2004 年，位于小白鹭村沙滩岗。宫门石柱上有一副对联“爽借清风明借日，动观流水静观山”。进宫门过了天井后便是神殿。神殿两侧石柱上的对联为“威灵显赫千秋在，有求必应百年安”。主殿神龛内供奉五显灵官大帝五兄弟，正中间的为五显灵官大帝，旁边还供有一尊小的五显大帝金身，用于出巡游境。据吴主事介绍，其左殿供奉一灵大帝、二眼大帝，右殿供奉三位大帝、四胜大帝。第一次重建时在左侧神龛增加了土地公，

小白鹭五显灵官大帝宫（李天静 摄）

在右侧神龛增加了看牛大王。第二次重建时在左侧神龛增加了财神爷，在右侧神龛增加了文昌帝君。神龛的两侧还有千里眼（左）和顺风耳（右）两位。

据文献记载，五显神信仰是一种历史悠久、传播地域广泛的民间俗神崇拜。五显神原为宋代徽州婺源的一个地方民间俗信神灵，后来在南宋皇室及部分官吏的推崇下，被引入佛教寺院供奉崇祀；宋元以降，又演变为道教的神灵而得到广泛的崇拜。《三教搜神大全》中说，“五显”降生于唐光启中。宋宣和五年（1123），朝廷封五位正神为通赐侯、通佑侯、通泽侯、通惠侯、通济侯；绍兴二年（1132），分别加二字曰善应、善助、善利、善及、善顺。后屡经改封和加字，至嘉定元年（1208），各加二字曰孚仁、孚义、孚智、孚信、孚爱。元延祐六年（1319），又改封显仁协德昭圣孚应王、显义协正昭圣孚惠王、显礼协明昭圣孚泽王、显智协聪昭圣孚济王、显信协直昭圣孚佑王。需要注意的是，五显与佛典中的华光菩萨（五显神在佛典中是华光菩萨，又称五显灵官如来，人们常将华光菩萨与五显神相混。五显神与华光菩萨，一出于民间奉祀，一出于佛家）是在明代才相融合。故此，当今五显神又被称为五显大帝、五显灵官、华光大帝等。明代作家余象斗在《五显灵官大帝华光天王传》一书中写道：

> 华光原为如来法堂前一盏油灯，听经问法，修成人身，乃火之精、火之灵、火之阳。如来赐与五通：“一通天，天中自行；二通地，地中自裂；三通风，风中无影；四通水，水中无碍；五通火，火里自在。”并开天眼，取名“三眼灵光”。华光投胎转世后，出生时（农历九月二十八）乃一肉球，被剖开后竟是五个孩子。名为显聪、显明、显正、显直、显德。

道教为五显神作了定位，并随历史演变，不断发生变化。最初传说五显大帝能使病者痊愈，到宋明时期还扮演财神和火神的角色。传至沿海地带，则随着渔民出海捕鱼时面对自然风险的内心需求被赋予海神的功能。

小白鹭五显灵官大帝宫曾经有出巡的习俗。所谓出巡，又叫出宫、抬佛，即将神明抬出宫庙出境巡游，保佑全境平安。在小白鹭村，神明出巡没有固定的日期，凡是遇到瘟疫、虫灾、涝灾等重大灾害时，均要请五显大帝公出巡。据现任宫庙主事回忆，宫庙曾有两次请五显大帝出境巡游。第一次是在20世纪80年代，时隔五六年后进行了第二次出巡。两次游神均由五显大帝宫头人以及各个村的头人一起组织。游神前要做一条神船，在游神期间也要游神船。待做好仪式后将神船在沙滩或码头上烧掉，表示将污秽一起烧掉。此外，巡游期间还有乩童赤膊赤脚地坐在刀轿上，表演各种惊险的动作，如丢刺球等。五显大帝巡游的路线，是由五显大帝宫所在的小白鹭村出发，经西美的富老洋自然村、西美村、西美五里牌自然村、店下东岐村三门仔、东岐村里清坑，然后再回到西美村，之后往南走到菇北村，再到南洋自然村，最后回到小白鹭村五显大帝宫。每到一村，村民信众们都事先在路边设香案迎请。五显灵官大帝出境期间，四境内各个村的信众都必须吃素。

如今，不再请五显大帝出宫巡游。村民们每逢初一、十五都会来宫里上香敬拜，祈求平安，渔民们则祈求出海打鱼平安。初一、十五的早上 4 点和下午 6 点，宫庙的负责人会在宫内敲鼓。敲鼓是有节奏的，表示国泰民安。

每年农历九月二十八日是五显大帝公的诞辰。二十八日的凌晨 1 点到早上七八点间进行祈福仪式，祈福时宫里会请本地先生前来设坛作法，保佑乡民平安。

（本文撰写得到周钱生、施正利、吴宝星等的帮助）

流江谢主侯王

舒璋文

谢主侯王宫，位于福鼎市沙埕港北岸流江村中澳，距沙埕集镇7公里。谢主侯王宫占地面积550平方米，宫宇建筑面积135平方米，另外戏台建筑面积72平方米，使用地343平方米。据《流江宫史》记载：相传，1283年，中国北方连年征战。有两位姓谢的兄弟“谢三”和“谢六”逃难迁居福鼎流江。他们开垦田地，发动地方民众兴建流江后山。一日，谢氏两兄弟在刘岐鼻海边捡海螺时，被闾山法主携走，收为门徒，在闾山学法，谢三专学补雨伞之法，谢六学碾米之法。

两兄弟回到流江后为民除妖灭邪，寿满百余岁后，于明洪武甲戌年（1394）、丁丑年（1397）分别离世。后被民众敬奉为神。

谢主侯王宫后来年久失修。1949年遭遇强台风袭击，被一棵大榕树击毁，后来由热心信众把二谢神像及神船移到天后宫（即妈祖娘娘宫）。旧宫面积有500多平方米，宫前后有两棵大榕树，枝繁叶茂，四季常青。宫宇浮龙雕刻，四面交井戏台，飞檐翘角，古色古香。相传旧宫建于明朝洪武戊申年(1368),由妈祖故乡福建莆田湄洲湾祖庙传入，宫内敬仰神像有妈祖娘娘、顺天圣母、黄通舍人、五海龙王。每年农历三月二十三日为妈祖娘娘诞辰，近处渔民来宫参拜，庙会十分热闹。1952年，此宫被改为小学。

1987年，流江全体信众集资在流江中澳地方（原谢主侯王宫旧宫址）重建一座谢主侯王宫、元帅府、天后宫三宫合一的宫庙，重新领回二谢旧神像并新塑三宫全部神像，新造5顶神轿。2002年春月，地方首事通过当地政府及福鼎市民族宗教事务局批准，获得谢主侯王宫、天后宫、元帅府三宫牌照。

每年元宵节，流江村谢主侯王宫都会组织连灯、出游和过火活动。所谓连灯，又称排灯，由一块块长约两米的木板衔接而成，其上放置灯笼，木板衔接处有一个撑杆，撑杆既作为连接木板间的转轴，又作为信众手持的把柄，一般由几十名男女村民手持撑杆，排成长队。从祈丰年、避邪趋吉的意识演绎而来的连灯游街活动，是当地一项重要民俗活动。连灯进行3天，从正月十三到正月十五，每天晚上6点多开始，晚上9点多结束。活动的第三天晚上9点，连灯队伍汇合到谢主侯王宫门口，宫庙负责人将山上的茅草铺在地上点燃，村民纷纷跨过燃烧的茅草，此习俗当地称

流江谢主侯王宫（黄小挺 摄）

为过火，寓意保佑新的一年出入平安、红红火火。以前连灯的木板上放置点有蜡烛的灯笼，后来为了防止蜡烛点燃灯笼引发火灾，把蜡烛改为电灯泡。

流江元宵出游 1949 年之前就有，20 世纪 80 年代恢复。有 3 尊神像出游，即妈祖娘娘、顺天圣母、黄通舍人。每次出游前宫庙里还要为神像换新袍子、新扇子。人们用装饰精美的神轿抬着 3 尊神像出巡，由 6 到 8 名男性轮流抬举。巡安队伍一路打锣敲鼓吹唢呐，鞭炮齐鸣，呈现出一派热闹祥和的气氛。当 3 尊神像经过每家每户的门口时，信徒纷纷朝着各尊神像叩拜、烧香、放鞭炮。家中妇女还会把自家的香插到香亭里，再把原香亭里的香拿出一部分插到自家香炉里，此曰换香。

最近几年，流江谢主侯王宫除了在元宵期间出游外，正月初二亦举办神明绕境活动。出游线路与元宵线路一致。正月初二出游的原因主要是：谢主侯王宫由 3 所宫庙合并而来，元宵期间有 3 尊神像出游，而其他神像却没有参与出游。加之本宫庙主祀谢主侯王，为了表达信众对谢主侯王的敬仰之情，兼顾田都元帅等神明，故初二亦举办出游。第二个原因是，很多在外地工作回来过年的流江人可以借此增加乡情，沟通彼此的感情。大家高高兴兴地抬着神明出游，在热热闹闹的鞭炮声、锣鼓声中，游子思乡、爱乡之情得以表达，流江人的乡情得以深化。

（本文撰写得到谢主侯王宫管理者和黄小挺等的帮助）

沙埕寺院

李天静

莲花寺

莲花寺位于福鼎市沙埕镇沙埕港莲花屿之上，属于流江村管辖。莲花屿如莲花出水般孤浮于沙埕港港道中央，其最高海拔仅 14.5 米，这座寺院是岛上的唯一建筑，故名莲花寺。清朝乾隆三十三年（1768），莲花屿上便有一座小寺庙，但当时的住持是何人已无人知晓。1942 年至 1944 年冬由沙埕释清函师主持。据现任住持介绍，当时土匪海盗猖獗，释清函的师父被土匪杀害。1945 年，沙埕流江薛宗坤师父来寺主持。太平洋战争期间，因莲花屿远望极似军舰而遭到日军轰炸。1986 年，在薛宗坤子薛茂论之妻潘爱珍的带领下，在原寺基上重建莲花寺。1988 年，浙江平阳陈成果在此管理 6 年。1994 年，在薛茂论（法名释世达）与澳腰村林秋香（法名释德香）的主持下莲花寺得以重建，陆续新建了大雄宝殿、观潮虹桥、观音阁楼、膳堂住居及专用渡船码头，为礼佛朝拜者与游客提供方便。重建莲花寺的过程十分艰难，但是薛茂论住持为了传承父亲薛宗坤的衣钵，维护莲花寺的历史文化，引水拉电、运输沙石，终于将莲花寺重建成如今之规模。

乘船来到莲花屿，登上码头便可见到一座牌坊，顶端正中间刻有“莲花寺”3 个大字。牌坊两侧刻有“佛光普照昭千秋日月，圣德无边佑万代黎民”。进入莲花寺便可看到大雄宝殿、祖师殿、伽蓝圣殿等建筑及两尊露天佛像，一尊乃 20 年前塑造的 8 米高观音菩萨，另一尊乃十几年前塑造的 7 米高弥勒佛。大雄宝殿分上下两层，上层供奉释迦牟尼佛、普贤菩萨、文殊菩萨，其后供奉观世音菩萨。一楼则供奉阿弥陀佛，其后供奉千手观音、观世音菩萨和地藏王菩萨。据住持薛茂论介绍，这尊千手观音塑像已有 500 多年的历史，经一代传一代才留存下来。祖师殿中则供奉地藏王菩萨、土地公和释清函祖师的牌位。在祖师殿门两侧写有“神灵有威迎百福，祈保万民共平安”。伽蓝圣殿中供奉伽蓝神（关公）、九使侯王、妈祖娘娘、三官佛，可见伽蓝圣殿中所供奉的乃是道教神像。在伽蓝圣殿中有一口著名的淡水仙泉井，水质清甜。寺中的管理人员在这里修建了一个形似

沙埕莲花寺（李天静 摄）

龙头的入口，泉水就在这处龙头的下面，命名为龙泉林。2017 年 10 月 19 日央视《地理中国》之《海岛奇泉》中对沙埕莲花屿进行报道，并揭秘了莲花屿上“龙泉”的秘密。由于洞中光线极暗，只能凭借手电筒进入。进入之后可发现在泉水周围，生存着一些形态奇异的生物。科考队曾多次对泉水的矿物质含量进行测量，发现泉水的矿物质含量在每升 68 毫克—82 毫克之间，这一测量结果说明，莲花屿上的水确实适宜人类饮用。2006 年“桑美”台风前，莲花屿上曾长出一朵莲花，十分罕见。另有传说称，福鼎的海产品之所以味道鲜美，就是因为来自那座岛上的甜水融入大海，才使得这片海域鱼虾数量众多，肥美异常。此外，莲花屿上还有一座骨灰塔，供信众放置往生者的骨灰。

莲花寺的主要香客来自福鼎本地及浙江苍南一带，也有少数来自厦门、安徽、上海和新加坡等五湖四海的信众。每逢春节，正月初一、初二这两天便有 2000 多名信众到莲花寺烧香拜佛祈福。观音菩萨圣诞也会有约 200 人到此吃宴席。基本每天都有人来莲花寺拜佛，周末则有较多游客前往该寺。莲花寺有早晚课，分别是早晨 5 点至 6 点，下午 4 点至 5 点，主要是念诵《八十八佛大忏悔文》。现在，莲花寺中有住持 1 人，财务 1 人，管船、煮饭等 4 人。在莲花寺中的生活比较艰苦，平时饮用的是部队送给寺庙的淡水，需通过船运输到岛屿上，一船水约 70 担，运输费就要 200 元，可以使用 10 天左右。莲花寺中的泉水量十分稀少，仅供游客使用或携带少许。寺中使用太阳能发电，如遇阴雨天气，则转为发电机供电。条件虽然艰苦，但却阻挡不住人们求佛向善的真心。

（本文撰写得到莲花寺住持薛茂论的帮助）

清德寺

清德寺坐落于福鼎市沙埕集镇后门山的山腰上，俗名崩坎。寺依山而建，双狮环抱，祥云缭绕，紫气氤氲。寺院三面树木掩映，面前更有碧波荡漾的海洋，环境清幽。每当夜色降临，沙埕港的渔民们都能听到清德寺的钟声，无时不显现佛门之地庄严静穆。

清德寺始建于1978年，由当地僧尼释德金结茅而居。1980年，释世仁法师入寺，为弘法利生，筹集缘金，组织修建清德寺。寺院现主要建筑包括大雄宝殿、观音殿、地藏殿、客堂、斋堂，占地约5亩，历经多次修建，不断地扩建完善，寺院面貌得到了极大改观。1995年，太姥山平兴寺释世行老法师与清德寺住持释世仁法师重建大雄宝殿，占地200平方米，殿宇宏伟气派，坐东朝西，面阔五间，重檐歇山顶，檐顶塑有双龙戏珠，红琉璃瓦耀眼闪目。2002年现任住持释庚明带领信众，对清德寺进行扩建。继续建成地藏殿、观音殿、僧寮等。

大雄宝殿位于正殿的二楼，中间供奉释迦牟尼佛、阿弥陀佛、药师佛，两侧为

清德寺（李天静 摄）

地藏王菩萨、伽蓝菩萨，其后供奉观世音菩萨。一楼为三宝殿，中间有释迦牟尼佛、阿弥陀佛、药师佛，两侧为伽蓝菩萨和土地公。圆通宝殿位于大雄宝殿的左侧，供奉千手观音、文殊菩萨和普贤菩萨。地藏殿则专门供奉地藏王菩萨。

清德寺重视加强人间佛教的弘传，坚持庄严国土，弘扬爱国爱教精神，倡导信徒念佛为主，并且每月初一、初八、十五为修斋念佛日，都会有信众前来拜《万佛宝忏》，祈求平安。释世仁老法师每日更无间断地念佛。每逢观音菩萨生日，八方信众前来吃斋念佛。此外，清德寺还组织开展一些慈善活动，如每年购买一些大米送往比较贫困的寺庙。

龙泉寺

福鼎沙埕龙泉寺位于大白鹭村，建于2001年。由住持释世永收集四方信徒献金择地兴建龙泉寺。主要有大雄宝殿1座，供奉释迦牟尼佛、阿弥陀佛、药师佛，以及地藏王菩萨等，两侧有十八罗汉护持正法。龙泉寺大门横批“得三摩地斯为第一”，对联为“门对东海修清净长流之水，迎来喜客礼拜佛身心健康”。大雄宝殿内外则有对联“悟诸法皆空看破六尘缘影，观众生无尽认清五蕴幻身”“万法唯心心性自然成自在，三车济众众生如实见如来”“十方诸佛皆依般若成正道，一切众生当以信心求解脱”“三际假名不生不灭亦无住，一期幻梦是若是空岂有常”“定慧双修事理圆融真解脱，有无俱遣身心自在任逍遥”。寺中的节日、活动与其他寺庙一致，在此不赘述。

龙泉寺（李天静 摄）

居士林

沙埕居士林是沙埕佛教居士们学习教理、开发智慧、弘扬佛法、净化身心的活动场所。居士是指在家（未出家的）佛教徒，即居家修佛之士。沙埕镇的居士林有沙埕居士林、南镇居士林、龙安居士林等，以沙埕居士林为重。

沙埕居士林已成立约 35 年。前后共迁居重建一次，原居士林位于沙埕镇海滨中路 85 号。随着人员的壮大和活动的需要，在杨继成居士的带头筹资下，各地居士慷慨解囊共建新的居士林。新建的居士林分上下两层，有围墙和庭院。一楼是法堂，供法师讲学、居士学佛之用；另外还设有厨房，有法会时可聚餐。二楼是大殿，供居士们早晚课或十斋日念佛诵经；另设有客厅，接待来访人员。沙埕居士林现设有 1 位林长、四五位副林长、1 位出纳、1 位会计、十几个组长（包括专门管理助念的居士、护法的居士、负责卫生的居士等等）。

沙埕居士林的活动主要分为早晚课、请法师讲经、十斋日活动、打佛七、助念、放生、组织慈善活动等。早晚课一年四季每天都会进行，早晚课时居士们都统一穿着黑色或棕色长衫“海青”。沙埕居士林还不定期邀请法师讲经，曾邀请过福鼎或浙江法师、平兴寺中贤法师、界诠法师、常波法师等。每月初一、初八、十四、十五、十八、二十三、二十四、二十八、二十九、三十这十日即为十斋日。居士受持斋戒。居士林还进行“打佛七”活动，其目的是发菩提心，一向专念阿弥陀佛名号，至心一处，以求克期取证。 沙埕众居士恭敬、供养、护持三宝，积极慈善，每当沙埕周遭发生火灾、水灾或病灾等危难时刻，居士们都会踊跃出资献力。如沙埕居士常到流江养老院看望老人并送予物资。再如，2006 年“桑美”台风之后，沙埕众居士做力所能及的事情帮助受灾群众；汶川大地震时也有组织慈善募捐活动。此外，沙埕居士林还设有奖助学金，帮助沙埕品学兼优的贫困生减轻经济负担。

（本文撰写得到沙埕王希仙等的帮助）

民俗风情

沙埕元宵节习俗

李天静

福鼎沙埕元宵节从正月十三日开始至十五日结束，每天晚上都有各式各样的活动——车鼓亭、游神、铁枝、台阁、舞线狮、跑旱船等等，是沙埕最热闹最隆重的节日。在这些活动中，最传统、最具渔区特色的习俗便是游神仪式了。

沙埕人靠海为生，以渔为业，渔民们信仰妈祖，敬畏海神，别具一格的游神文化也沿袭至今，“车鼓亭”“神像出巡”都引得信徒争相朝拜。据说，1949 年前此地便有元宵节游神的传统。现在一年一度的元宵游神与车鼓亭穿插在一起进行，即每一个车鼓亭后面跟随一个神轿，车鼓亭上面摆放神明牌位和香炉，神轿上摆放神明的金身，一起出境巡游。

游神主要由会议商讨、修整线路、请神下殿、请神上轿、游境、请神上殿、摆宴席等活动构成。每年正月初九左右便召集 8 个境的负责人前来九使宫开会，商讨各境神像是否要出境、游境的时间路线、人员以及出境注意事项等。以往在一年里家中有添丁的人家必须做头人，或出资，或参与抬轿。

一般每年的正月十三上午要举办请神下殿仪式，即请先生来做法事，请神明的小金身下殿，准备元宵 3 天的游境活动。各境的理事都要前来帮忙。近年来惠安小岞城仔内的头人也会前来出资，参与请神下殿与游神活动。

整个游神队伍由神轿、神像及其牌位和香炉、火鼎、平安鼓和锣、平安灯、神明旗帜等组成。顺序如下：整个队伍的最前面是两个开路的锣，后面挂着“蕉”字旗帜。然后便是八境队伍。八境神明的顺序依次为广利三位侯王（全福境英显侯王十一使、安泰境威烈侯王十使、安连境九使侯王）、兴德境杨府上圣、新乐境丹霖大帝、安平境华光大帝、复兴境五显大帝、妈祖境天上圣母。神明出巡的队伍顺序有其历史传统，不可随意打乱。每个境内队伍顺序为火炉、神明牌、旗子、头灯、车鼓亭、神轿。火炉，即烧金纸的容器（又叫金炉 / 火鼎），供信徒烧金纸用，一般是由成年或老年男子抬；神明牌、旗子和头灯（以前都是蜡烛，现在改成通电的灯），在车鼓亭的前面负责开道，都是由沙埕的小孩子来举；车鼓亭用于摆放神明牌位和香炉，供信众们烧香，由 4 个人推，且每个车鼓亭旁都跟着 6 个敲锣打鼓的青少年。妈祖的车鼓亭没有带鼓，因为以前妈祖出巡的时候一向是吹乐器伴随，现在则是用音响放妈祖的音乐。神轿是神明出巡或绕境必备之物，以前由 8 人扛抬，现由四五个青壮年用车推。

沙埕元宵节游神（刘端富 供图）

游境一圈大概需要两三个小时。游境的路线是由八境负责人商定。元宵游神期间，游神队伍配合着锣鼓声乐穿走在大街小巷，所到之处，信徒皆准备香案在街上迎神，非常热闹。当神像经过村民的家门口时，村民们会提前燃放鞭炮，鞭炮声不绝于耳。想要上香的民众更是大排长龙，提前准备好金纸、点好香准备拜神。村民们也会主动“换香”——即把自己准备的香插到车鼓亭的香炉里，然后从香炉中取一炷别人插的香（供奉过神明的香）再插到自己家门口，表示换来好福气好运气。最后一晚巡游结束后，信众们会在九使宫前等着抢妈祖神轿上的求子灯，将其拿回家放在灶君婆前面，或放在门口两边。总之，信众们的种种行为都是希望能够得到神明的庇佑。

除了游神之外，以前沙埕元宵节期间还有“抢佛”的民俗活动。十五夜出巡游行结束后，便进入最后一个环节，也是最令人心动的环节，即“抢佛”。所谓抢佛，在沙埕是指一群年轻人争抢去抬神明轿，谁抢到了就会有福气。所抢的神明，专门指沙埕的十一使和五显大帝。据说，之所以抢这两尊神像是因为他们是专门负责体育的，而且很重要的原因之一便是只有这两尊神像在当时是软架的肢体，方便活动。在抢佛的场地上要铺满谷壳，如果天气不好，尤其是下雨天，就会在地上铺满稻草或粗糠（米糠），防止摔倒。

据沙埕居民李在成先生介绍，抢佛的过程非常热闹。首先准备一个小巧玲珑又坚固的小神轿，将五显大帝的神像紧紧缚在小神轿上。传说五显大帝三只眼，上观天庭，下察地府，能透视世间一切善恶，扫除一切妖魔邪气，确保四方安宁。各境分别选出几位年轻有力的小伙子，头扎黄色四方巾，身穿绿色服装，腰系红绫，足裹壮士草履，个个威风凛凛、神气十足。在大锣声催动下，各队使出浑身解数，争先恐后去抢佛。各队只能抢着一端，抢到佛以后，在指定地点来回蹿跑，待其中一队稍有跑不动时，第二队、第三队抢下接着再跑，一直跑到侯王所指定来回次数才停止。在抢佛时，人们口中要大喊“合境平安”“鱼虾满载”“顺风顺水”“百业兴旺”“人寿年丰”“黄鱼大发”等等吉祥字句，寓意来年大丰收，平平安安，梦想成真。虽然该活动是在冬天较冷的时候举办，但是由于抢佛需要消耗巨大体力，年轻男子都会脱掉上衣去抢佛，事后穿上新衣。两边围观群众极力助威打气，小伙子们不会感到累，反而感到非常有趣。抢佛结束，最后在锣鼓和鞭炮声中众弟子恭恭敬敬、顺顺利利地将各神位送回庙前，请先生安好神位，一切完毕，大家才高高兴兴回家。

遗产瑰宝——沙埕铁枝

刘端富

元宵节是沙埕最热闹最隆重的节日。元宵节从正月十三开始到正月十五结束，每天晚上都有各种各样的活动——车鼓亭、游神、搬铁枝、舞线狮、舞龙、跑旱船等等，真的是热闹非凡。在诸多民俗活动中，高达七八米、栩栩如生的搬铁枝是最热闹最吸引人的。2007 年，沙埕铁枝被列入福建省级非物质文化遗产名录，2008 年被列入国家级非物质文化遗产名录。

“铁枝”俗称“杠”“阁”，早期是竹、木质结构，由人抬扛，为单层 2 至 3 米高，又叫平阁。随后发展成用钢管或铁条焊接成像树丫那样的枝状，并进行艺术性加工和装饰，使之固定在车辕上能够搬行。它吸收了民间文艺、传统戏剧、舞蹈杂技等艺术精华，多层的有 7 至 8 米高，层与层之间称为过枝，简称“枝”。一台铁枝中部由一根钢条为杆，从底盘分两根钢条通往更上层，根据铁枝内容需要把钢条制作成各种形状，然后将这台枝的人物、道具分层固定。演员坐在扶枝位置上，手持道具，表演简单情节或杂技动作。铁枝车推行前进，乐队随后伴奏，叫搬铁枝。铁枝表演精彩，灯光闪烁，在夜幕映衬下，观者如堵，蔚为壮观。沙埕铁枝是福鼎众多民俗文化活动中最具地方特色的民间民俗艺术活动形式之一，全国鲜有，堪称一绝。

历史

铁枝大约在明代后期、清代初期从福建泉州一带传入闽东沿海地区，曾流行于福鼎、蕉城、福安、霞浦、寿宁等县（市、区）。

沙埕铁枝与刘氏有着千丝万缕的关系。据沙埕《刘氏宗谱》记载，清乾隆十一年（1746），刘氏先祖光发公派下的长泰、长成、长沛、长明公的十三世“时”“望”“日”“宏”字辈裔孙分别徙居沙埕、南镇、黄岐、桐山、渔溪及浙江平阳、苍南等地，遂拓鸿基，形成望族。他们遵从祖先习俗，于每年元宵节期间，即正月十三至十五，举行“搬铁枝”“迎妈祖娘”等传统民俗活动。沙埕铁枝又与车鼓亭、线狮、跑旱船、踩高跷、连灯、鱼灯、街头小调等地方民俗相结合，形成富有渔家传统节俗风格、渔村乡土文化气息的精妙绝伦的表演艺术特色。其铁枝工艺和表演不断发展、创新：一是制作的材料不断优化，从木质“绑”枝发展到钢质“焊”枝；二是表演的方式更加灵活，从单层、固定发展到多层、转动；三是表演的内容不断丰富，从单纯的传统戏剧发展到多元的文化吸纳；四是演出的地域不断扩大，从村中小巷的展示发展到大街广场的表演。

搬铁枝闹元宵节俗在当地已延续了几百年，是沙埕人民难以割舍的传统民俗，其意义影响深远。搬铁枝极大地促进了民俗文化交流。浙江马站、灵溪、沿浦、矾山、蒲城，福鼎龙安、店下、桐山等地群众都喜爱铁枝，有的还请沙埕铁枝艺人去搬铁枝。20 世纪 70 年代，北京、天津商人来到沙埕，他们对铁枝赞不绝口，一睹元宵铁枝的风采后流连忘返。一些客人、商人把沙埕搬铁枝的民俗带到家乡，产生极大反响，许多人慕名而来观看铁枝表演。与此同时，独特的地理优势、别具一格的民俗风情，使得铁枝也在一定程度上加强了对台联系，吸引大批台湾商人到沙埕投资，促进了沙埕经济社会发展，也促进海峡两岸民俗文化交流。这对于弘扬搬铁枝和妈祖文化、加深海峡两岸人民之间的深情厚谊、改善两岸人民的关系都有重要的意义。另外，搬铁枝有着强烈的时代感，并被赋予了多元的文化内涵。沙埕搬铁枝表演设计重视推陈出新，既注重发扬民间文化的精粹，又积极吸纳现代优秀文明；既珍视历史的文化积淀，保持对优秀传统文化的传承，又热情地孕育和创造着新的形式，把表演内容延伸到促进经济建设的层面上来，赋予其强烈的时代需求。搬铁枝闹元宵作为最有分量的传统节日习俗，它倾注了沙埕人民对这项民间艺术的激情和偏爱。它同时也凝聚了沙埕人民几代人的聪明和智慧、创造力和热情。尤其是在沙埕人民遭受“桑美”台风重创之后的第一个元宵节，人们把搬铁枝闹元宵办得红红火火。这对弘扬灾区人民伟大的抗灾精神，激励大家团结一心，持续奋战，进一步做好灾后重建，推进和谐社会发展，有着积极的现实意义。

表演

沙埕铁枝的表演是流动性的，在街市当中边搬行边表演。限于支架的承受力，演员都是儿童。其表演主要有两种形式。一种是保留传统，即用肩头来扛铁枝，这在沙埕南镇、黄岐等渔村保留较多，因为这些渔村街巷狭窄，又有上下坡，搬铁枝只能用肩头扛。这种形式的铁枝高度一般只在 2 至 3 米，让身强力壮的成年人用肩扛负少儿演员搬行。在游行表演中，可以直线行进，也可以转弯回旋，小演员的表演给人一种强烈的动感。保存传统的肩头扛台阁造型也比较古朴、简单，其表演形式更多受到地理条件的限制。

再一种是名副其实的真正用铁条或钢管为材料制作的“铁枝”。铁枝支架较高，已经发展到了10米，接近3层楼。在各枝重要部位绑上小演员，最多可达10人，演员坐在扶枝位置上，手持道具，表演一些简单情节和动作。铁枝车可以推着前行，乐队随后伴奏，阵容强大，极具视觉效果。

搬铁枝实际是指铁枝表演的一种过程，要实现这种精彩的表演，关键在于“绑”的工艺，而沙埕铁枝无论是制作工艺还是表演发展，历时几百年，始终处于一个创新、提高、拓展的过程。

1. 制作的材料不断优化，从木质“绑”枝发展到铁质“焊”枝

20世纪90年代之前，“绑”铁枝的支架材料选择的是木质，扎捆接绑使用竹质材料。无论是木质还是竹质材料，它们都容易折断，也不好保存，不能够循环使用；其次，高度也受到限制，而且演员在上面表演的安全系数低。随后，经过多次的实践，沙埕铁枝改用钢管或铁条作为支架材料，并固定于车辕上搬行，从而实现表演的优化。用钢管或铁条“焊”枝，不仅增强了铁枝的稳定性，为流动表演提高了安全系数，也为表演过程中将铁枝安装在支架可转动的机动车上创造了条件。

2. 表演的方式更加灵活，从单层、固定发展到多层、转动

有了钢架的支撑，多层、转动的表演成为可能，使沙埕铁枝表演实现质的飞跃。早期的沙埕铁枝表演和霞浦、福安、蕉城、寿宁等地方一样，每架枝高一般为2至3米，多数为单层，支架上可安置3至5人表演。演员化妆后坐在“铁枝”原已设计好的固定位置上，一般为静态的人物造型，酷似戏曲表演中的“亮相”。随着钢管等材料的使用，支架的承受力得到加强，特别是光、电在支架造型、舞美和表演上的创新应用，使铁枝表演更具艺术性和观赏性。现在的沙埕铁枝高达七八米，层数至少达3层。演员不仅能表演复杂一些的情节和动作，而且还能随着灯光闪烁转动。

3. 表演的内容不断丰富，从单一的传统戏剧发展到多元的文化吸纳

搬铁枝表演虽然经过几百年的传承与发展，吸收了民间文艺、舞蹈杂技等艺术门类的精华，但其表演内容一般局限于传统戏剧的经典曲目，乐队紧随铁枝，采用诸如唢呐、二胡、锣鼓等民间乐器进行伴奏，浩浩荡荡，游街过市。现在的沙埕铁枝无论是工艺还是表演的内容，都做了技术上的创新和内容上的扬弃，表演内容延伸到歌颂当前政治建设、经济建设，乃至重建家园、建设和谐社会主义新农村层面，富有时代内涵。搬铁枝表演内容从传统戏剧到融入多元文化，不仅表演场面更加宏大，渲染了表演气氛，感染力也得到增强，使演出成为近年来民间艺术舞台上的一大亮点，

沙埕铁枝（文化站 供图）

凸显出沙埕铁枝表演艺术所具有的无穷创造力。

4. 演出的地域不断扩大，从村中小巷的展示发展到街市广场的表演

沙埕是滨海渔村，建筑物都是依海岸而建，房屋层层叠叠，村中的甬道巷路狭小、弯曲、不平，这决定了早期沙埕铁枝的规模只能是小型表演。比如现在的南镇村，村民在遭受台风创伤后，为祈愿风调雨顺、平安吉祥，也办起了搬铁枝，但受地域的限制，他们的搬铁枝还是保留较传统的规模。而在沙埕镇中心的搬铁枝就不一样了，街道广场宽阔，为搬铁枝表演提供了优越的空间条件。沙埕铁枝在 1995 年和 1998 年两度到福鼎城区表演，城区的路面宽且直，铁枝高度已达到 10 米。

相关制品及其作品

沙埕铁枝表演大体要通过几道工序和环节，包括内容选定和设计、铁枝制作工艺、道具人物上枝和搬铁枝表演。

1. 内容选定和设计

沙埕铁枝表演分3个晚上进行，每晚有3台，共9台，内容形式都经过精心设计。先在草稿纸上画出大体的轮廓和造型，然后通过电脑制作把造型定下来，如正月十三晚上确定表演《宝莲灯》，所选人物就有《宝莲灯》中的玉皇大帝、王母娘娘、二郎神、沉香、仙童等。

2. 铁枝制作工艺程序

这是整个表演最为关键的部分，带有很强的工艺性。因为每年铁枝表演突出的主题不一样，所以制作工艺手段也不一样。先说南镇铁枝，为单层台阁，使用竹、木质材料制作，两根竹竿固定在台阁当中，便于肩扛。若铁枝内容是《宝莲灯》，选择常用塑料制作莲花台、莲花灯。扶枝可选用铁管，用纱布包扎成可以坐的形状。灯光使用照明电条和装饰灯具。由于规模小，南镇台阁制作保持传统单一、简朴的特征多一些。而沙埕铁枝制作较复杂，其枝状由钢管或铁条弯曲和焊接而成；过枝是技术性和艺术性最强的部分，是铁枝上两个不同人物之间的景色过度。以《宝莲灯》为例，其制品主要有"花篮""大斧""假山""宝莲灯""云霄殿"，还有"轮胎""鸟笼""盘丝洞""鹊桥会"等过枝。此外，还有便于流动的转动机器设置如齿轮，便于搬行的车辕设施，以及装饰灯光和发电机等机械设备。

3. 道具表演的主题设计

人物的服装、道具根据不同的表演主题设计，在支架固定后先绑在铁枝上，服装制作后再拆开，然后在铁枝上重新缝上。人物穿一套服装，铁枝上绑一套服装，实际是两套，但人们只看到铁枝上绑的那一套服装。人物上妆后，铁枝上的衣、裤、鞋、垫子、道具等也要全部绑上。

4. 作品选定

作品从本地渔村实际出发，挖掘传统曲目、民俗文化，结合当前经济建设来确定，常见的有传统文化中的红楼梦情节、神话传说宝莲灯、民俗妈祖祭祀等，如《八仙过海》《哪吒闹海》《杨八姐闯幽州》《三打白骨精》《四郎探母》《天女散花》《海边渔童》《目莲救母》《嫦娥奔月》《十二金钗》《五女拜寿》《天后巡境》《妈祖巡驾》《沙埕平安》《年年有余》《国泰民安》《风调雨顺》《宝莲灯》《金猪迎娶》《童子拜观音》等。

传承与谱系

沙埕铁枝属民间群众性文化表现形式，传承者多为刘氏族人，当然，外姓也有学这门艺术的，但不是很多。在1949年以前和“文革”时期，沙埕铁枝处于低潮，20世纪90年代后逐渐恢复，并扩大影响。在历史发展中，由于以前认为搬铁枝是普遍的民俗活动，所以缺乏相关文字记载，多是传承人口头流传。（第一代之前的艺人因缺乏相关文字记载，无从考证。）搬铁枝目前比较清晰的传承谱系如下：

第一代：沙埕外澳　刘太启
　　　　沙埕内澳　陈小泉
第二代：沙埕镇　刘贻银　王华水
第三代：沙埕镇　刘正初
　　　　　　　　刘贻金
第四代：沙埕镇　刘正俭
　　　　　　　　刘本植
　　　　　　　　刘本方
第五代：沙埕镇　刘端富

刘端富所设计铁枝标新立异，富有时代内涵。他曾多次到福鼎城关组织搬铁枝大型演出，观众赞不绝口。其完成过的作品主要有《红楼梦》《十二金钗》《真假美猴王》《七仙女》《牛郎织女》《嫦娥奔月》《妈祖巡境》《宝莲灯》《八仙过海》《和谐发展》等，为沙埕铁枝第五代传承人。

搬铁枝表演同时涉及机械、服装、美工等工艺，它的背后需要一整套人马参与，构成庞大的表演阵容。

铁枝表演的特征

1. 过枝的艺术性

这是搬铁枝最突出的特征。有时各台铁枝进行“比过枝”，也就是比过枝水平，过枝越隐秘，设计越巧妙，其艺术性越高。比如沙埕内澳办《哪吒闹海》，用龙筋过枝，比较粗；外澳刘正初办《牛郎织女》，一边一支红棍上去，一边一个算盘。铁枝搬上街后，大家围着猜测到底是红棍过枝，还是算盘过枝。许多人认为算盘支架太细，不能过枝。双方打起了赌，用锯子当场锯掉红棍，上面的铁枝岿然不动，原来是算盘过枝，引得群众一片赞叹。2007年沙埕搬铁枝常用“车轮”“鸟笼”过枝，观众往往难以想象其中奥秘。

2. 表演的观赏性

这是搬铁枝表演的主要特征。具体表现在活灵活现的"飘"和惊险绝伦的"高"两方面。夜幕拉开，搬铁枝在观众的簇拥中时而直线行进，时而交叉回旋，就像在夜空中飘动。连续3个晚上的表演，"景色"不一、变化多端，令观众大开眼界，为之倾倒。在第一届太姥山文化旅游节上，沙埕铁枝表演队以10米的高度引来一片赞誉和惊呼。由于沙埕街道较窄，影响了高度的设计，所以"绑"铁枝的高度多数维持在7至8米。但这种高度目前还保持着全国纪录。

3. 形态的包容性

这是搬铁枝表演的显著特征。沙埕由于滨海的独特地理位置和渔家源远流长的习俗，两者互相融汇，使搬铁枝表演艺术得以传承，并且不断创新。沙埕搬铁枝还注重吸纳其他节俗形式，共同构成闹元宵、庆团圆、促和谐的主题，并与车鼓亭、舞龙灯、走马灯、旱船、鱼灯等民俗共同汇成欢乐的闹元宵畅想曲。

重要价值

作为民间传统习俗，沙埕铁枝在闽东乃至福建众多习俗活动中占有重要位置。其在刘氏宗族溯源、民俗民间文化传播、海峡两岸经济文化交流交往、经济建设宣传、凝聚人心等方面都具有极其重要的价值。

1. 宗族溯源寻根

沙埕铁枝传承者主要是泉州永春章内村刘氏后裔，他们遵从祖先遗俗，世代相承（据刘本兴校长介绍铁枝传到沙埕时是第十三代，即其父亲一代）。1998年，以刘正俭为代表的族人组织人马到泉州章内寻根，理清脉络，这促进了中华同根同门的血脉认同，有利于加强团结。

2. 民俗文化传播

搬铁枝作为一年闹元宵的重头戏，集中展示了沙埕作为滨海渔村特有的渔家民俗。其举办吸引了四面八方来宾，让更多的人认识、了解沙埕，开发、建设沙埕。四方宾客的到来，带来大量的信息、经验、知识，促进了文化交流。加上电视、网络媒体的传播，这对于宣传沙埕具有不可估量的作用。

3. 海峡两岸交往

沙埕铁枝在政治影响上也有着极其重要的价值。台轮进港，台商大批入驻沙埕投资办企业、做生意时，为搬铁枝表演而折服，并出资出力振兴沙埕民间民俗活动。

这是促进海峡两岸友好往来、搞好两岸关系的生动实例。

4. 宣传经济建设

许多企业、工厂与搬铁枝相结合，发挥广告品牌效应，做好企业宣传。参观者一睹搬铁枝风采的同时，也看到了投资搬铁枝的企业品牌，其宣传作用不亚于电视广告。有些搬铁枝设计者还把社会主义新农村建设作为主题，突出宣传的作用。

5. 凝聚民心民力

沙埕没有搬铁枝，闹元宵将失去一半色彩。在遭受台风“桑美”重创之后，沙埕次年元宵节的铁枝热潮却高于往年，这说明沙埕人民在灾难面前，反而表现出更英勇顽强的精神追求。现在外出人口多，有的人一年回来一次，从迎春欢庆、回家探亲这个角度来说，通过搬铁枝活动，也可以凝聚民心民力。

2008 年，铁枝成功列入第二批国家级非物质文化遗产名录。其角色的转变促使人们增强文化遗产保护意识，且铁枝表演难度大，耗资多，每年的正月元宵期间，都吸引周边（浙江、上海等地）成千上万的人赶来观看铁枝表演。

舞动线狮

舒璋文

福鼎市沙埕线狮又称打狮、抽狮，是一种具有独特风格的乔装动物的民俗演艺节目。它巧妙结合技巧、舞蹈与音乐，通过绳索操纵道具狮子表演各种动作。线狮表演者不但要左右手齐用，在急骤时还会以口、脚、腰等部位配合控绳。经过历代民间艺人艺术实践，沙埕线狮舞表现形式越发丰富多样，能表演出蹲卧、抓痒、搔首、舔毛、蛰伏、跳跃、奔窜、出洞、回旋、翻滚、喘气、怒吼、咆哮等动态，做到诙谐轻巧、动静结合。更奇特的是，沙埕线狮能含球、吐球，加上灯光变幻、吐云喷火、打击乐强弱配合，沙埕线狮舞百态千姿，栩栩如生，受到观众的喜爱和好评。舞动线狮已经成为沙埕渔家元宵节传统民俗活动之一。

元宵节沙埕线狮表演（刘端富 供图）

沙埕舞狮历史悠久，大约在明末清初从福建泉州一带传入闽东沿海地区，是南狮的一种，最初叫作“桌狮”，体积较小，柔软灵活，放在桌上用几条线牵引而动，由几个人抬扛敲锣打鼓，在街上串游庆贺元宵，以祈求四季平安、风调雨顺、年年有余（鱼）。线狮曾流行于福鼎、蕉城、霍童、福安、霞浦、寿宁等县（市、区）。1949 年之前，沙埕的线狮主要靠师徒传承。据沙埕郑章南老人介绍，其外公王华水舞线狮很出名，很多复杂的动作都舞得出来。郑章南的父亲郑文斗师承王华水。表演者不但会双手开弓，急骤时还会以口咬绳、以脚踏绳、以腰绕绳。同场合作者都应有敏锐的反应，配合默契。整个表演过程中，优美的舞蹈动作配以和谐的音乐旋律，形成技巧、舞蹈、音乐三者紧密结合的民间艺术。

1949 年，王华水把线狮的技艺传到了和平大队。20 世纪五六十年代，线狮成为和平大队的集体项目。基于上述缘故，现在沙埕元宵出游时的线狮表演由和平村负责。每年元宵表演前夕，和平村临时安排表演人员，只要力气大且对线狮感兴趣的就可参与。正如当地人所说：“因为我们沙埕本地人每年元宵都看线狮，怎么舞线狮已滚瓜烂熟，只要有力气就去舞。”如果有人没有掌握舞线狮的技巧，在其他人表演的时候观看表演，彼此相互配合学习即可。以前舞动线狮需要严格按照锣鼓节奏进行，有专人负责打锣敲鼓，不同的锣鼓声指示着不同的动作。比如抢球时的音乐节奏：咚咚咚锵，锵锵锵锵。现在的表演则多凭力气，原因之一是现今狮子比以前的体大身重，单一头狮子就需要六七人共同配合。拉线师是个技术活也是个力气活，所以在挑选队员时优先考虑马步站得稳、手臂力气大的人。

舞狮架上有两根约 7 米长的铁杆，铁杆上还挂着夺人眼球、灵活滚动的绣球。表演时，狮子置于基座之上，操绳者立于基座之后，根据锣鼓声的指挥，按不同的节奏或频率拉扯绳索，表现狮子的各种动作。

两根铁杆用于表演狮子前扑动作。操作绳有指头般粗，这就要求抽线狮表演者具备良好的腰功、腿劲以及过人的臂力。如今沙埕线狮由单狮表演变为双狮表演。狮身上有 12 个挂钩，每条狮子的抽绳多达十几二十条。舞狮架高约 8 米，车架平台面积约 20 平方米。整个台面装扮宏伟、庄严、灿烂秀丽，铺满百花奇草，电光闪闪。舞狮正手 4 个，互相替换，副手 20 余人，拿火把喷火 2 人，鼓乐队 10 余人。以前，沙埕线狮只有 1 条，长约 1 米，用毛竹削成一条条薄片和棉纸纤撵成团合作而成，用竹编的狮子轻巧灵活，元宵出游时人们把狮子绑在 4 个柱子上面，用 7 条绳子控制，在狮子后面通过拉绳子让其展现出各种动作。现在的狮子用毛竹、铁丝做骨架，用毛线做狮毛，用棉布做狮皮，内部用棉花等捆扎填充。铁丝虽重却不易坏，采用竹子是考虑到其有弹性有韧性，利于表现弹跳等动作。现在一头狮约三四十公斤重，

沙埕线狮喷火表演（刘端富 供图）

能用两三年，损坏的话再修理或者重做。狮头也是竹子编制而成，头部用油漆绘出面部轮廓。这些皆由和平村人亲手制作而成。现在沙埕有两头狮子，一公一母，公狮为黄色毛发，母狮为红色毛发。两头狮子表演动作并没有区别。狮子的头部、尾部造型奇特，原来是按神狮的模样制作。

由于沙埕线狮形式与众不同，深受广大群众的好评，1995 年还参加了福鼎撤县设市庆典活动。2006 年 9 月，应福鼎相关单位的邀请，沙埕线狮队前往北京，在北京马连道茶城为福鼎白茶宣传活动而表演，受到各界人士的赞扬。

据沙埕抽狮老艺人介绍，从乾隆十一年（1746）开始，每年农历元宵节期间，即正月十三至十五，沙埕渔民就有迎春接福的搬铁枝、舞线狮民俗活动，线狮与闹元宵有密不可分的关系。沙埕线狮，遵从祖先习俗，于每年元宵节期间表演 3 天。近年沙埕元宵活动开始于正月十三晚上六七点。表演线狮的队伍在广播站集合。线狮随着灯会队伍按灯会的传统路线前进，边走边演。据郑章南介绍，以前老一辈在表演开始前，还要举行点香敬拜线狮的开光仪式。现今已经不再开光，文化站负责人介绍：“现在已经没有开光了，只要大家心里面知道就可以，到了码头狮子头朝着九使宫方向三拜，目的是讨个吉利。如果年轻一辈表演得不够好，长辈也不会去指指点点，只要热闹、平安就好。一年里有一个好的开头，这是传统节日项目，表

演就是希望海上平安，渔业发达。”

沙埕线狮舞又与国家级非物质文化遗产沙埕铁枝、车鼓亭、跑旱船、踩高跷、连灯、鱼灯、街头小调等地方民俗相结合，形成富有渔家传统节俗风格、渔村乡土文化气息的表演艺术特色。夜幕降临，万家灯火，礼花齐放，游人如织，热闹非凡。而抽狮的激情，把春节民俗活动推向高潮。

（本文撰写得到刘端富、郑章南等的帮助）

车鼓亭

刘端富

车鼓亭，即神明香亭，早已融入沙埕当地颇具特色的渔村祭神习俗中。沙埕人靠海为生，以渔为业，渔民们信仰妈祖，敬畏海神，别具一格的神祭文化也沿袭至今。“车鼓亭”“神像出巡”都会引得信徒争相朝拜。一年一度的元宵游神与车鼓亭穿插在一起进行，即每一个车鼓亭后面跟随一个神轿，车鼓亭上面摆放神明牌位，神轿上摆放神明的金身，一起出巡游境。整个车鼓亭队伍由神轿、神像、火鼎、平安鼓、平安灯组成。神轿是神明出巡或绕境必备之物，其外形有如一座小庙，上有顶盖，由 8 人扛抬，其功能仅提供神明（牌位）乘坐，轿内坐有栋景（保护村庄的神明），各个村庄都有自己的景；另外还有“香炉”“纸炉”各 1 只，供巡境时周围的信徒烧香烧纸；平安鼓和平安灯则是在车鼓亭队伍的最前面负责开道。

元宵期间，车鼓亭配合着锣鼓声乐穿走在大街小巷，所到之处，信徒皆准备香案迎接，鞭炮声不绝于耳，想要上香的民众更是大排长龙，而且随时都有人想摸轿子、抬轿子，甚至“争夺”用来垫神轿的轿脚金。绕境进香途中，尤其是请神入轿和入庙时，人潮蜂拥而至，有的争先恐后欲加入抬轿行列；有的伸出手触摸神轿及神像；有的则在神轿离开后，纷纷争抢轿脚金。信徒的种种行为都是希望能多受神明的庇佑。

端午赛龙舟

李天静

沙埕端午节有龙舟竞赛的传统。1949 年前，沙埕赛龙舟活动以外澳和内澳为参赛双方，后来附近的澳腰、后港、流江也都前来参赛。当时共有 3 艘龙舟，分别为青色、黄色、红色。

如今的沙埕龙舟队共分为 3 个队：水生队、登山队和青年队，3 个队伍用 2 艘龙舟轮流比赛。每个队共 27 人，包括锣手、鼓手、舵手各 1 个，龙舟左右两边各 12 个队员。赛龙舟活动仍沿袭历史习俗，每年五月初一上午涨潮时，进行龙舟下水仪式活动。只要五月初一龙鼓敲响便说明今年有赛龙舟活动。下水前，龙舟的龙头要用红布遮盖，直到下水时方能揭下。下水的第一件事便是要在狮峰岭前方海域划 3 下，传承划龙舟拜九使的习俗。然后分别到虎头鼻丹霖大帝宫和流江谢主侯王宫前海域划平安。此外还要在两个造船厂及沙厂等资助方前划平安。五月初五正式比赛。沙埕赛龙舟活动将体育与娱乐结为一体，激发了广大群众的热情，促使人们团结合作，弘扬了中华民族文化精髓。

沙埕端午赛龙舟（李天静 摄）

大白鹭妈祖普渡文化节

舒璋文

“普渡”是闽南沿海地区的一种民俗文化现象，它是糅合了农历七月十五日的道教中元节和佛教的盂兰盆会而形成的一个民俗节日。距今200多年的某天，大白鹭村董氏为躲避石狮沙堤灾难，渡海登上大白鹭。据《董氏族谱》记载：“吾董氏世居闽永宁沙堤乡，于明间铺顶公、尊顶公、寻顶公由沙堤迁来鼎邑大白鹭。迄今二百余载。”后董氏转危为安，把十一月十五这一天定为普渡节。

普渡节自然延续闽南一带祖先的文化传统脉络。普渡的含义是缅怀先祖，同时祈求菩萨保佑新的一年风调雨顺，海上生产平安。如今大白鹭普渡节主要由大白鹭天后宫负责。人们考虑到供奉地藏王菩萨的宫庙场地较为狭小，不便于组织节日活动，

普渡节游神情形（文化站 供图）

而天后宫场地广阔，所以便让天后宫操办普渡节。这样就使普渡节多了一层新的意义，即弘扬妈祖立德、行善、大爱的精神。

旧时普渡节，宫庙里红烛高照，香烟袅袅，管理者摆起供品以示过节。每家每户则在十四日早上于自家大厅摆放供品，主要有年糕、水果、蜡烛、香、茶等物。各户约用两三百个年糕堆叠为山形以此敬拜“普渡公”“普渡神”。供品要摆到第二天也就是十五晚上。

现在的普渡节，游神是重头戏。节日前夕，天后宫的管理者会把游神顺序、人员安排等事宜张贴在宫庙门口的墙壁之上告知诸信众。一般情况下，节日当天早上 8 点整人们开始敲响宫庙的大鼓，等待神明降临，乩童会穿起草鞋。据说董氏先人当初便是穿着草鞋从石狮沙堤过来，如今穿草鞋的行为传达着当地人对先人的缅怀之情。游神时候乩童有的坐刀轿，有的坐火盆，有的坐神轿。这些行为都传达着神明的威灵。乩童还手持宝剑、钉球和令。每位乩童身边还有一位先生紧随。

游神队伍浩荡，锣鼓喧天，鞭炮齐鸣，热闹非凡。整个游神队伍由净水、火盆、神像及其牌位、香炉、平安鼓、锣、平安灯、神明旗帜等元素组成。

大白鹭天后宫还从溪美、店下等地请来了 4 班乐队，在出游中分为 4 队穿插在

烧神船仪式（文化站 供图）

游神队伍之中。令旗队旗面上写着“天上圣母”圣号，由 20 名女性负责抬举，这些女性亦分为 4 队，每队 5 人穿插在游神队伍之中。应宫庙要求，唱戏的演员亦会穿着戏服加入游神队伍，有扮演八仙过海的，有扮演《西游记》人物的，等等。

如今每家每户没有再在各自家中大厅摆放供品，改为十五日当天在自家门口置供桌摆供品，以此敬拜出游的各尊菩萨。当游神队伍来到自己家门口时，每家每户持香朝着各尊菩萨或鞠躬或叩拜。家中妇女还会把自家的香插到菩萨的香炉里，再把原香炉里的香拿出一部分插到自家香炉里，此曰换香。

大约 10 点，游神队伍来到沙滩边进行烧神船仪式。节日当天，除了游神之外，宫庙还有唱戏和“割舌打血符”的活动。唱戏从十四号开始，一天一场，共唱 5 天。大白鹭天后宫内部建有两戏台。戏种有黄梅戏、京剧等等。唱戏所需资金由各地信众承担。如果外面的赞助不多，则由本村村民多出资。

大白鹭妈祖普渡文化节作为地方传统节庆年复一年地进行着，是当地人对传统节庆文化的坚守与延续，对先祖的怀念和对美好生活的祈愿。

（本文撰写得到吴春芳、董群松等的帮助）

宗族源流

沙埕刘氏

孙 瑜

宗族源流及迁徙

刘姓是中华民族的古老姓氏，有4000多年历史。祖脉溯陶唐，宗支属炎黄，歌扬于400年圣汉基业，源洁流清，人口众多，为中国第四大姓。沙埕刘氏溯衍彭城郡中山靖王刘胜之后的文静公第十四世孙显斋公刘楚，公为镇国将军，光州大都督，吏部尚书，封为“沛国公”。因见唐命将尽，于唐乾宁元年（894），由京兆固始携三子避乱入闽，称为本宗福建刘氏始祖。次子刘翔公，字图南，号隐峰，曾历任蕲春县尉，唐绍宗进任金吾上将军，906年辞官随父入闽，居崇安五夫里，谓之东族；传至十九代宋开禧进士观公之元孙光发公，于元朝至正年间，也因避乱背井离乡，途中与王洪义结金兰，慕桃园之名而居永春章内，拓基立业，尊为一世祖。四传治子公后，益焕其昌，为拓新猷，五世孙长泰、长成、长沛、长明公之十二、十三、十四世各房之部分裔孙于清乾隆丙辰年间先后迁徙至福鼎、苍南、平阳等地，并与从漳州一路走来的水生、洋尾刘氏诸公，笃谊合族，纳于一本，或工或渔，或农或商，或文或武，生生不息，艰苦创业，终成望族。为寄孝思，曾于斯地建有“观海斋”祠堂，堂号“世禄堂”。

现以仕字为派序，把沙埕刘姓聚分情况作一概述。

1. 聚居沙埕

据《苍南刘氏通志》记载：仕文派六世孙权礼公，传至十世良腾公裔孙时佑、时种、时瑞公（堂兄弟），从永春达埔大坂村迁入福鼎沙埕，为始迁祖；仕福支派十世祖良选公传至十三世时天、时使、时举、时操、时贵、时笑诸公，迁入沙埕，为第二支始迁祖；仕澄派十世祖良村公，传至十三世时赵、时廉、时让三公，仕鹏支派十三世时杼公、时颖公裔孙，迁入沙埕，为第三支始迁祖；仕恭派十世祖良骥、良华、良骖三公传至十三世宏坱、宏油、宏液、宏溪诸公，为第四支始迁祖。随后，仕朝派如瑛、宏烈、宏梅、宏沛、宏昂诸公也分别接踵入沙埕择业定居。仕仪派君昔公、君夏公计2支原居沙埕水澳村吴家山，传衍至二十四世，人丁115

人，现已迁至沙埕居业。

另一支刘氏族人就是水生刘氏，据考，他们是漳州、连江一带水上生活的宗族。为了生计，由作保、作宝、作的、作禄、作戆诸公约于1776年前后迁入沙埕，并与沙埕始迁刘氏和谐相处，笃宗敦谊，纳于一本，发展家业。至今该支刘氏已有族丁600多人，占沙埕水生村人口40%。

2. 分迁浙南

福鼎沙埕，地交闽浙，族缘绵延，源远流长。

肖山村：仕文派十三世时龙公（1634—1688），由福宁府东门外转迁平邑北港闹村、萧山居业，传至十五世孙，除维钦、维铉公守住肖山村外，维绵分居腾洋、维钜入迁汛地。该支派传衍至二十六世，人丁兴旺，子孝孙贤，人口近千人。随时代变革，近十年来先后迁居至水头、莒溪等地达200余人。

凤阳村：仕恭派十三世宏叟（1712—1765）支系，19支迁入浙江苍南凤阳顶堡和半墙凤湾村，成为当地始迁祖，现蕃衍至二十四世，共30户、160人，子孙孝道于心。刘正晏、刘端松等宗亲捐资100多万元，在沙埕刘氏宗祠内建起“凤阳楼”，宏伟壮观。仕恭派十三世宏悌支系百峰公与百嘉公计6支分迁苍南南坪村，人口80人，宏惠支系百道公4支迁入马站牛栏山，人丁20人。

菖蒲洋村：苍南辖地，仕鹏派十七世绳在公（1764—？）迁居苍南县马站镇菖蒲洋村，传至二十四世，人丁60人。另仕仪支派十三世日秀支系嗣起公居苍南霞关。

平阳敖江（杨尾派）：肇基祖刘开珍公（1633—1723）于清初由永春迁入平邑南港三十六都黄历，后转徙北港四十都桂山杨尾。生男五：一臣、一发、一华、一义、一信。现传至二十五世，子孙分居于瑞安、温州、汛地、腾洋、龙港、杭州等地，族丁260人。

福鼎桐山：仕恭派宏历支系十四世百芹公（1733—1780）14支居福鼎桐山北门，传至二十四世，族丁130人；宏俊支系百蓑公（1744—1799）3支居桐山北门。少壮鼎邑营生，洎有盈余，广置楼宇，曾在祖籍地章内建有“沙埕屋”，彰显外迁族裔敬宗睦族之情。现该支系传至二十四世，人丁100人。

仕佩派十四世元菊公2支，仕宝派十三世时庆公（1672—1727）2支，迁居磻溪，筚路蓝缕，薪火传承，蕃传至二十三世，其中部分裔孙迁入城关居业。

综上所述，由永春章内刘氏迁入福鼎沙埕、苍南等地计113支系，其中52支系繁衍至今有6000余人，有3500人聚居沙埕。另61支系在衍传中因无嗣而止。这一部分最多的是十三世至二十一世裔孙。他们为建设家乡作出了一定贡献。

宗祠简介

沙埕刘氏宗祠始建于清乾隆丙戌年(1766),于1943年遭侵乡日寇焚毁,化为灰烬。1994年重建，名曰“刘公纪念馆”，占地面积2500平方米，建筑面积1200平方米，拥有祖殿、后殿、凤阳楼、观海斋、聚香驿、慈孝亭和荣誉碑。祖殿和后殿为双层建筑，飞檐翘角，琉璃瓦顶，雕镂彩绘，蔚为壮观。祖殿楼上设神龛，祀祖先神牌；楼下为宗族文化展厅。后殿二层为“凤阳楼”，楼下为观海斋，仿古建筑，城楼造型。祠外世禄路边建有慈孝亭和荣誉碑。祠内有5对大石狮，殿阶安嵌10平方米“九龙壁”，张挂着22副石板楹联，殿廊镶嵌3版《三国演义》和6版《二十四孝》人物浮雕，场坪四周环立62档铭文栏杆。还有10多幅由北京、台北、省内各地书法家题书牌匾。特别是“刘氏宗祠”镏金大字的匾额，高悬厅堂，闪闪发光，引人注目。庭院左侧玄武“举人石”高耸屹立；右侧假山奇石，荷花龙潭。300米长的琉璃瓦廊，依山环绕，各种绿化果树，浓郁苍翠，形成园林景点。登上彭城凤阳楼，放眼浩瀚之东海，正如楼联所书，大有“将历史风云收斯海内，把乾坤正气置此城中”之气派。沙埕刘氏源溯光州都督刘楚公，居建阳麻沙五夫里，分东西二列。东刘传至子翚公之元孙刘光发，于元至正年间迁入永春章内，尊为始祖。清乾隆年间，其派下十三世孙徙来沙埕，遂拓基业，形成望族。现在祠堂位于沙埕金狮岗坪上，已成为本宗刘氏裔孙集祭祀、寻根、研谱、集会于一体的祠堂文化活动中心。每年春秋祭祀时节，数以千计的闽浙边界一带宗亲聚会于沙埕，“登堂祭先祖，入庙吊古贤”，营造了浓厚的敬宗睦族的文化氛围。1998年该祠人编《中国名祠》《八闽祠堂大全》，2008年入编福建刘氏族谱丛书《源流与文化卷》。

祭拜先人

沙埕刘氏每年都会举办祭祖仪式，现世子孙归乡谒祖。进祖时会有隆重的仪式，族人着白衣抬红轿，进行“踩街”，上香祭拜等仪式过后，进祖才能完成。

沙埕刘氏的祭祖仪式每年举办两次，分别在农历正月十五（春祭）和农历八月十五（秋祭）。各地的宗族成员怀着对祖先的敬意重新回到沙埕，上香跪拜祖先。刘氏族人繁茂，因而每年祭祖规模浩大，来者众多。每年的祭祖仪式由各家轮流主办，祭祖仪式分为6个环节，各房裔孙进场列队等待祭祖大典开始，开始后由司鼓生、司钟生擂鼓、鸣钟、鸣炮。主祭时行盥洗礼、点香、酌酒，每次上香敬酒都代表族训中的一条，族人以此提醒自己不忘族训。第四个环节为主祭人晋诵祭文，主祭人由年高有威望者担任，族人跪拜怀念先祖。祭文晋诵结束后，全体宗亲向先祖三鞠躬，礼成后鸣炮奏乐，祭典到此结束。

宗族日常事务由宗祠理事会处理，由宗祠理事会制定宗祠管理暂行规定，整个家族兴旺而有序。

附：

1. 朱熹题刘氏家谱序

余尝仰观乾象，北辰为中天之枢，而三垣九曜旋绕归向，譬犹君之尊而无知之拱焉；俯察坤维，昆仑为华夏之镇，而五岳八表逶迤顾盼，譬犹祖之亲而无适不本焉。故君亲一理，忠孝一道，悖之者谓之逆，遗之者谓之弃，慢之者谓之亵。无将之戒，莫大于不忠；五刑之属，莫大于不孝。为人臣，所当鞠躬尽瘁，为人后，所当慎终追远，而不可一毫或忽也。今阅刘氏谱牒，上溯姓原之始，下逮继世之宗，明昭穆以尚祖也，系所生以尚嫡也，序长幼以尚齿也，列赞像以尚思也：非大忠大孝者而能之乎！噫，世之去祖未远，问其所自而懵然者，愧于刘氏多矣！爰为之序。

——宋绍熙五年甲寅春三月新安朱熹顿首拜撰

2. 刘氏祭祖祭文：

维公元二〇 __ 年岁次 __ 月 __ 日，值春（秋）祭之际，今携我刘氏宗祠全体理事及参祭裔孙，虔具清酌时馐之奠，致祭于先祖堂前曰：

溯我刘氏，派衍彭城固始，支分永春章内。后唐昭宗光化三年威武军楚公刘楚由京兆固始携三子避乱入闽，次子翔公居崇安五夫里一带，谓之东族（东刘）；传至十九代宋开禧进士观公之元孙光发公，又于元至正年间，也因避乱离乡背井，途中与王洪结义金兰，慕桃园之名而徙永春章内，拓基立业，尊为章内始祖。四传治子公后孙枝番衍，为拓新猷，五世孙长泰、长成、长沛、长明四公之十二、十三、十四世各房之部分裔孙，于清乾隆年间先后迁徙福鼎沙埕、苍南等地；届时水生刘氏族人诸公从漳州尤溪一路走来，与洋尾诸公一起先后归宗共处，笃于亲谊，聚族于斯，克绍箕裘，或渔或农，或工或商，生生不息，瓜绵椒衍，令刘氏族望誉满闽浙。族人为寄孝思，曾在斯地建祠，后于1943年遭侵乡日军一焚，化为灰烬。时隔50年的1994年，适逢盛世，

由族长正胜、正俭等主持筹建新祠，并于1996年5月完成建祠、撰谱和进祖工作，各房列祖至此合族归一，神主落位，众望所归。沙江流长孙枝继先贤，世禄源远懿德裕后彦。我氏旗人在300余年开发、建设家乡的事业中，继往开来，立足区域，砺志弥坚，历尽沧桑，艰苦创业，立勋树绩，终有子孝孙贤，薪火传承，抒写着春华秋实的创业华章，留下无限的追思和怀念。更欣见近20年来，全体族人，协力同心，宗室兴隆，庙堂焕彩，事业崛起，人才辈出，为构建和谐社会作出贡献，也促进祠堂文化健康发展。继前辉而光族史，绳祖德以振宗风。今值祭祀之日，虔备牲礼，香花甜果，衔哀至诚，敬于酒礼，愿诸先祖佑荫儿孙，福禄双全、平安顺事、万代协和、合家幸福、事业有成。尽此一觞，尚飨！

沙埕欧氏

孙 瑜

革命先行者孙中山先生谈到国家与宗族的关系时说："先有家族，再推到宗族，然后才是国家。"树有根，水有源，人有本，追本溯源是中华民族的传统美德。

沙埕欧氏宗祠位于沙埕镇，砖灰色的大门上写有"欧氏宗祠"4个大字，门口两尊石麒麟彰显出宗族气派。祠堂建筑以红色为主，主堂位于中间，铜门飞檐，门边一左一右各有一面吉祥画幅，色彩华丽，能体现出宗亲对宗族的美好情感。祠堂门口立有石碑，碑记记载"文革"期间欧氏宗谱被焚毁，世玉、世仓、世和、世凤等宗亲，心念祖辈，为续根基，带头重新纂修宗族谱牒。而在前往平邑、苍邑和泰顺欧氏查其谱首无获后，他们自立"沙埕派"宗谱，于1984年冬修成。当时由于条件限制没有修建祠堂。20世纪90年代，沙埕镇各姓氏陆续修建祠堂，欧氏仍未重建祠堂。在这股潮流中，族人推举世仓、世包等宗亲为代表主持筹建祠堂，沙埕欧氏各房共出资捐款30多万元，其中族裔姑姐还捐资修路、大埕坎等，出资2万多元。祠堂修建从2005年夏季开始，一直到2008年冬季建堂完成，一并完成撰谱工作、进祖活动等。

欧氏家族繁茂，子孙在福建省福州市、浙江省象山市都有分布。2013年10月20日上午，浙江象山举办平阳欧氏恳亲大会，近百位来自福建、广东、上海、北京、杭州的欧氏宗亲出席，会后编印了精美的《2013（浙江象山）欧氏恳亲大会纪念册》。2014年12月14日，平阳欧氏第二次恳亲会在浙江泰顺召开，来自广东、广西、天津、福建等地的200多人参加，会后由泰顺宗亲出资编印了纪念册。2015年在福州市举办了规模宏大的恳亲会，沙埕欧氏族人也受邀参加。

据欧氏族谱记载，欧姓的得姓始祖是春秋末期在福州冶山炼剑的欧冶子。至今，位于福州的"欧冶池"名胜古迹保存完好，是天下欧姓人家祭祖的圣地。战国晚期，楚灭越，越诸族子争立，或为王，或为君，滨于江南海上，服朝于楚。越王无彊次子蹄封于乌程（今浙江吴兴）欧余山的南面，故谓"欧阳亭侯"，因此以欧阳为氏。汉初今文尚书学开创者欧阳和伯徙居千乘（今山东高青），渤海欧阳堂号由此而来。

福州欧氏源流最早的记载见新编《南平南溪欧氏族谱》所录，宋淳祐元年（1241）翰林秘书陈桂所撰《〈欧氏族谱〉序》：“昔战国时吴有欧冶子……后之子孙世为（河南）浮光人……始祖欧公……从王氏入闽。”元代至正四年（1344），第十世孙欧斌在《平阳宗派余庆谱》中写得更为详细：“吾祖平阳一脉出自光州固始县永丰村……吾祖随王（审知）来闽，家于福州侯官县西。”明代洪武十年（1377），十二世孙欧汝砺在《厚陵欧氏家史志》中说得更清楚：“余欧氏肇自始祖光州固始人，唐末随王（审知）氏入闽侯官，南宋太祖欧公尚书十朝奉因家于鼋潭。”清代康熙年间，二十二世孙欧沾斋所著《〈沾斋公续修南剑厚陵欧氏家谱〉序》说得最完备：“吾欧之传其源远矣！战国时吾国中有欧冶子者，世系莫考，不敢妄述。后汉唐之间，族蕃于河南，衍于光州固始关南之永丰前村也。唐末王潮王审知入闽，我祖从焉，遂家于福州侯官之洪塘。”至南宋时，其祖欧光，字廷显，由福州府学生以春秋首荐登宁宗开禧元年乙丑科进士，官至户部尚书后退隐延平长安南里鼋潭。洪塘风山有座闽王庙，庙旁云楼有户部尚书欧光府第遗址，俗称“欧丞相府”。府第内有女眷住的楼，据说有 4 层高，故地名称为“云楼”。今楼下村内遗有石狮、旗杆石等建筑附件，村内欧氏辈分排行为“清肇宗发，曾汉基祥”，并留有古墓数座。综上可以看出，福州欧氏也是跟随王审知入闽的中原后裔。洪塘之外，同属仓山区的阳岐村也是欧氏聚居地。

由族谱记载分析可知，欧氏出自两个源流。其一，以铸剑师欧冶子为自己的祖先。相传春秋时候有位匠人叫欧冶子，因为他居住在欧余山又以冶炼锻造兵器出名，所以以欧冶为氏。欧冶子后来移居到福建的闽侯县冶山，为越王铸造湛卢、纯钧、胜邪、鱼肠、巨阙五种利剑而名噪一时。后来又与徒弟为楚王铸造了龙渊、泰阿、工布三把利剑。欧冶子的后代以祖先的名字作为姓氏，形成欧姓，有的去掉“欠”字旁为区姓，欧与区音同。其二，据传与欧阳同宗，以当时的封地名、侯爵名为氏。夏朝帝王少康的儿子无余封于会稽，建立了越国，春秋时被吴国给灭掉了。19 年后勾践复国，到勾践六世孙无彊为越王的时候，被楚国所灭。根据《路氏》记载，无彊的次子蹄封于乌程欧余山的南部，山南为阳，所以称为欧阳亭侯。无彊的支庶子孙于是以封地山名和封爵名为姓氏形成了欧、欧阳、区三个姓氏。后来虽然出现欧阳、欧、区三姓，但是起源仍为这一支。

历史上，欧氏人才辈出，名耀史册。东汉孝子欧宝的故事，是中国传统文化传说中“二十四孝”之一。宋代永春知县欧庆，忠义有信，他死后大文学家欧阳修为其撰写墓志。元代有农民起义领袖欧普祥。明代工部虞衡郎中欧大任，广东顺德人，学者王世贞称其为“广东五才子”之一。明代学者欧道江，长乐人，博学洽闻，四方师事，从游者数千人。近代有中国同盟会会员、奉黄兴命任东三省革命军总司令的欧铸，以及国民党陆军上将欧震、现代教育家欧元怀等名人。

沙埕连氏

孙 瑜

国之有史，省、县有志，家族有谱，人之有传。据族谱谱序中可得，上党连氏之大始祖连称公，原为姜姓，后因夷顽功勋盖国，得周庄王赐姓连。连氏一族开宗山东，分迁山西，发祥于上党郡。后其子孙为纪念先祖发祥之地，遂以“上党”为堂号。故凡上党连氏于2600多年前实属一家。连氏一族发祥于上党后，为觅食邑、避战乱等，约于唐末始往南迁。其中一支先到闽、赣，后往粤、湘、蜀、港、台及海外诸地。然而，正如连氏族谱序言记载，“万殊而归一本，‘上党堂内一家亲！’”。

福建连氏

福建连氏，来自古之上党郡。隋唐时期，东北百姓始南迁，山西上党郡的连氏也纷纷南移。他们先到河南、湖北、四川、江西等地，然后再到福建、广东等地定居。中唐时期，连氏中有一脉，从鄱阳迁南阳、迁汴州、迁严陵、涉安州后迁婺州。从婺州先入闽的连氏祖先曰谋，娶严陵吴氏女为妻，生四子，长曰杝，次曰楠，三曰樌，四曰梓。次子后生子取名曰枪，次取名曰总，字会州。连会州先任四川、广西二省副使，后致仕大理寺评事，赠金紫大夫，作十二楼台赋，太原文豪温庭筠称其典丽。会州公子名仲英，袭父爵，官拜制置使，后辞官而隐居大田县太华乡魁城村。从此，魁城连氏繁荣昌盛，传衍后代。

连氏源流

据传，连氏先为高阳氏，系黄帝（轩辕氏）的子孙。黄帝二传至颛顼（即高阳氏），颛顼传至陆终（以上均为姬姓），陆终生六子（据传六子共一胎），三子名惠连，数传至夏朝有名曰恭父者，相夏有功，官封连城王，始以连为姓，连城王又数传至连称。《姓氏大全》载：连称为风云人物，后其子孙从山东迁至山西上党，并发祥于此。连氏族人繁多，为寻找新的食邑以及躲避战乱，先有子孙向上党附近各地迁移，再南迁到河南、陕西、湖北、浙江、福建、江西、广东等地。在南迁入闽的连氏中，有一支为连称公的五世孙连明公，于1206年，由山西省上党郡潞安府潞安县分迁到福建省汀州府宁化县石壁下葛藤坳繁衍生息。元朝武宗皇帝庚戌岁（1310），十世祖光裕公之子进步、道步、达步兄弟三人从福建宁化分迁到广东潮阳、惠州府、长乐县（今为五华）。

迁往沙埕

根据连氏族谱记载，连氏在发展中具有一定的积极的社会影响力，主动承担建设家乡的义务。随着连氏一族的不断发展，族人齐心合力，有不少创举。

在大改革的浪潮下，工业化进程加快，而连氏发源地澳前处于近郊，族人连千寿审时度势，抓住发展机遇，于1998年带领大家开辟山田200亩，引进企业14家，建溪西工业园区，至2001年厂房林立，旧貌换新颜。后来有连氏溪西族人因为经济发展受到道路状况限制，于1997年起开始修建溪虹公路，耗时3年耗资600万最终建成，是家乡的一桩美事。

嘉庆年间，澳前连氏大房先祖邦权公辗转来到福建沙埕，由于路途遥远难以返回，便定居沙埕，以海为家，依赖渔业生存。后来因为年代久远子孙繁衍，渐渐不知道连氏的本源地。1998年12月，沙埕的连祥、连春两位连氏族人，前往乐清考证谱牒，追本溯源最终认族归根。沙埕地区有连氏裔孙500余人，枝繁叶茂。沙埕连氏认祖一事被记入连氏总谱的大事记中，由此可见，这件事情对连氏一族来说具有非常重大的意义。连氏一族的族人已经远至沙埕，这对于连氏一族来说，是福泽绵长之事。

连氏大宗祠始建于元末明初，于明正德年间倾圮重建；乾隆年间在此重修；道光二十八年（1848）第三次重新修建。之后屡次修葺，一直到1996年再次合力重建。据《澳前连氏总谱》记载，沙埕一派始迁于祖系二十三氏。邦权公漂洋过海留居他乡，今枝繁叶茂，子孙分忠孝礼义仁爱和平8房，共100余户，族丁有500人左右。1949年前族丁以船为家赖渔营生，过着飘零生活。1949年后，漂泊海上的连氏族人迁居陆地，在沙埕生活的连氏族人与日俱增。

沙埕陈氏

孙 瑜

据称，陈氏是虞舜的后裔。夏朝时，分封虞思于虞；商朝时，分封虞遂于陈。周武王继位后，求虞之后得。胡公满配以太姬，又分封于陈。陈氏一族，其子孙以国为姓，将颍川作为都城，后来以之为郡。春秋时期，陈敬仲逃往齐国，前去占卜时，听闻卜者说陈氏五世其昌，并于正卿八世之后莫之与京。传至陈常，遂伐齐。而有齐国之子孙繁衍于天下，现陈氏皆是其子孙。

根据陈氏宗谱中贡生江贡珍所作谱序得知，宋代陈襄、陈烈在福建地区大力推行道学，对当地文化产生了很大影响。人们学得知识，得知礼节，因而陈襄、陈烈二人与周希孟、郑穆一同被称为“海滨四先生”。因襄、烈二人影响深远，故后裔较多。明朝宪宗年间，有陈钺与王钺玩弄权术，不得人心，因而凡是陈钺后人皆将自己的先祖归为陈襄、陈烈。江贡珍的舅舅是福鼎沙埕陈士恒。据江贡珍记载，陈士恒以经营起家，抚恤宗亲，善待帮扶邻里，在当地是很具威望和号召力的陈氏族人。邻里、族亲纷纷举荐陈士恒修祠撰谱。

于此，陈氏族人追溯先人。陈氏一族自福清坑西来到沙埕，因为年代久远，而且没有详细的记载，兵乱之中无从考证，所以迁居沙埕的原因不详。族人均为陈襄、陈烈或陈钺的后裔。陈氏世代居住在福建泉州府铁井栏地区。明代崇祯年间，兴玟公最开始迁往福清县坑西居住，于是成为陈氏一族在福清县的一世祖。陈氏一族的二世祖是可英公。可英公生有三子，长子名为祯，次子名唤明，三子称作启明。启二公后来又迁居到福鼎县二十都——澳口。祯公仍然居住在故里福清县，生有六子。次子为延章公，生有三子，长子名叫嘉瑞，次子名为嘉进，三子叫作嘉扬，在乾隆戊寅年（1758）也一起迁移，到了福鼎二十都沙埕居住。沙埕距澳口只有几里的距离，从延章公一支迁居沙埕开始，他的叔伯兄弟纷纷接踵而至，于是后来陈氏一支便在沙埕聚族而居。“迄今为止，凡九世而生齿日增，诗书启秀。”咸丰六年（1856），陈士恒和他的弟弟士雄、士奎、士郑等人一起商议协定宗族谱牒。由于陈士恒作风正派，为人慷慨有德，在族中颇有威望，因此陈氏族人纷纷响应陈士恒的想法，踊跃乐从。

陈氏宗谱中，总谱序、重修谱序、新修谱序等，前前后后加起来有 8 个。其中，最后一次重修谱序，于 1961 年写成并编入宗谱。

陈氏宗祠建筑外观庄重，红瓦黄墙。大门上方悬挂牌匾，“陈氏宗祠”4 个大字为红色。门旁边有大理石刻的对联，一边为“祖功宗德流芳远”，另一边为“子孝孙贤世泽长”。进门后，在列祖列宗牌位的摆放处门口，也有大理石刻的对联。一边为“祀祖先于百代报德报功”，另一边为“聚子孙于一堂序昭序穆”。由此可以看出，陈氏族人对祖先一直心怀敬意，不忘祭祀先祖，并始终铭记团结族人，子孙后代齐聚一堂，共同祭拜祖先。宗祠内设有建祠纪念碑，据纪念碑上记载，陈氏先祖从泉州迁往福清，而后迁居沙埕澳口，已经有 300 多年了。期间，陈氏一族下传十四世，族丁 300 余人。陈氏族人积极集资筹款，建造“陈氏宗祠”。纪念碑上刻有捐款族人的名字和捐款金额。可见陈氏族人的团结和敬祖。进入祠堂内部，可以看到屋顶悬挂有牌匾，是陈氏族人写成、捐赠的。木质牌匾上写有大气的四字行书“祖泽长流”，旁边牌匾写有“厚德载福”，还有 2013 年族人敬赠的、写有“枝叶同根”的牌匾。各个牌匾体现出族人对陈氏一族的强烈归属感，不忘先祖并满怀祝福。祖先牌位旁，还有对联，一边为“春祀秋尝遵万古圣贤礼乐”，另一边为“左昭右穆序一族世代源流”。

（本文撰写得到刘本兴等的帮助）

沙埕林氏

李天静

林姓是中华民族最古老的姓氏之一，自商末周初便不断繁衍发展，迄今已有3000多年的历史，已传承100余代。林姓主要源自子姓，形成于西周初，是殷商王族比干的后裔。沙埕林氏鼎族也，据《沙埕西河郡林氏族谱》记载："吾林氏赐姓以来，系出比干之后，簪缨抚仕散处天下者，代不乏人，此毋庸赘述。自孟公迁徙沙埕，派属安泉。"可见，沙埕林氏亦将比干视为太始祖，并视林禄公为入闽始祖，而福鼎西河郡林氏的开基祖则是林孟公。"自林孟公有子八人：长居南派，五八两房迁居沙埕，四七两房移徙温之玉环州，馀房早殇。"所以福鼎西河郡林氏自其开基祖林孟公之后，分为玉环、南派、沙埕3个房派。且"三迁之所，自会一脉之源流。今之福鼎即昔之固始，今之南派即昔之泉安，今之沙埕即昔之西秦"。而沙埕的开基之祖则是林孟公的第五个儿子长琳公和第八个儿子长成公。沙埕虽属山陬海澨，却为商帆聚集之区，人烟稠密，比屋而居者，不乏刘、王、黄、李、陈、周数姓。沙埕林姓聚居海岛之间，生齿殊多，久成福鼎望族，人才辈出。"且簪缨世胄，辉煌家盛，代不乏人，远近莫不推林氏为巨族。"可见，沙埕林氏曾世代为官或经商，乃沙埕之望族也。

沙埕西河郡林氏较有威望的人士众多，如族谱中多次提到的云祥公、焕堂公、柳岸公、滋畹公、弥六公、林墨西等前辈，他们都曾是族中极有威望的长老，性情浑朴，处世和平，勤俭治家；他们律己虽严，待人维宽，文才博雅，秉心正直；他们都曾在筑学堂、修桥铺路等地方公益方面无私奉献；他们恤寡给孤，慷慨解囊，无不竭资相助；他们还为乡民调解纠纷，"凡有疑难事及有雀鼠之争，睚眦之怨，得先生片言无不涣然冰释"。沙埕西河郡林氏"系出泉安柏叶乡，谱牒因遭祝融之变，则先世源流无从稽考"，幸有以上族公长老出面率领族人开展多次修谱，不惮跋涉之劳，校雠之苦，所以尊卑不紊，昭穆能明也，终于使得林氏族人尊卑有序，团结一致。在"海匪作乱，地方之秩序不宁"之日，以及当"日寇猖狂，时来启衅"之时，林氏族人仍能坚守本业，"仍能自强，再接再厉，搏战商场，整顿渔业，获利无疆"，将林氏传统文化和族人精神薪火相传，为子孙后代开辟了新天地和美好未来。

沙埕镇西河郡林氏宗祠现坐落于沙埕旗山岗脚。该祠堂建于1992年，总面积650平方米，东至后门山，西至公路，南至菜园，北至行人路。“天下林氏一家亲”，参天之木必有其根，怀山之水必有其源。忠孝传家、尊祖敬宗、爱乡爱国，是林氏优良传统。沙埕林氏族人在建设福鼎的历史发展中不懈奋斗，涌现出许许多多值得赞扬的优秀人才。沙埕林氏族人始终正确借鉴历史经验教训，发扬祖宗艰苦创业精神，始终坚持用自己的实践谱写出更加光辉灿烂的新篇章。

文教卫生

福鼎市沙埕中心小学简介

陈国钦

福鼎市沙埕中心小学创办于1903年，是一所有着百年办学历史的老校。学校坐落于远近闻名的避风良港——沙埕港畔，占地面积4075平方米，建筑面积3974平方米，校园建筑错落有致，环境整洁美观，教学、运动、生活区域分布合理。现有12个教学班，目前在校学生451人，在职教师50人，其中教师大专学历比例达93.8%人，省级骨干教师4人，地市级骨干教师5人，县市级骨干教师3人。学校始终坚持正确的办学方向，秉承“诚信、博爱、自强、成才”的校训，遵循“点滴做起，发展为本”的办学理念，形成了“和谐治校、质量立校、科研兴校、特色强校”的办学特色。

近年来，学校以优化育人环境为重点，以丰富校园文化活动为载体，以加强法治校园建设为抓手，制定了切合学校实际的发展规划，紧紧抓住基础教育课程改革这一契机，不断开拓进取，力争创办成一所办学有特色、教学有特点、教师有专长、学生有特长、科研有成效的福鼎市海滨优质学校。学校实施了有效的教学质量监控，形成一整套切合学校实际的操作性较强的教学监控措施。

多年来，在各级领导的关怀下，在社会各界的大力支持下，在沙埕中心小学历任班子的带领下，经过全校师生的共同努力，学校取得了长足的发展。近年来，学校连续获得第二十三届至第二十八届福鼎市青少年爱国主义读书教育活动优秀组织奖、福鼎市“德育先进单位”、福鼎市“平安校园先进单位”、福鼎市“中央教科所立项课题”实验研究先进集体、福鼎市小学教学管理示范校、宁德市实施素质教育先进学校、福鼎市中小学艺术节艺术表演类一等奖、福鼎市“先进基层党组织”、福建省少先队“先锋中队”和“全国红旗大队”等荣誉。

福鼎五中发展简史

白荣敏

福鼎五中地处沙埕集镇兴德庵，背枕麒麟山，面对沙埕港，环境优美。学校占地面积 28646 平方米，校舍建筑面积 9532 平方米，校园绿化面积 7295 平方米。福鼎五中始建于 1960 年，前身是福建省福鼎县第五中学、闽东渔业职业学校、福鼎县沙埕学校中学部，1974 年被省教委定名为“福建省福鼎县沙埕中学”，1997 年正式定名为“福鼎市第五中学”，系全日制普通完中。

福鼎县第五中学

20 世纪 50 年代末 60 年代初，为了与小学办学衔接，“福建省福鼎县第五中学”（以下简称“福鼎五中”）继福鼎二中、三中、四中之后，于 1960 年应运而生，以提高人民文化素质、培养人才的使命开始了坎坷曲折的发展历程。

1960 年 2 月开始筹建校舍，同年 7 至 8 月筹备招生，招收学生两个班百人左右，生源主要是当时沙埕和店下人民公社的小学毕业生。他们学习刻苦，素质普遍较高。9 月、10 月间开始正式上课。

建校之初，教职工共 7 人，缪挺銮同志任副校长，主持工作。教导主任由郑祖舜同志担任，还有数学教师游少平、语文教师王可凤、杨德茂等。

当时兴德庵为沙埕公社水生大队辖内，因地势较高，少人居住，其时学校周围还是一片荒草萋萋，一座 4 个教室的单层房子显得孤寂而冷清。然而，由于住进了这些在困苦时代仍矢志于教学和求学的老师、同学们，这座教学楼便由此生动了起来。当时 4 间校舍 2 间为教室，1 间为学生宿舍，另外 1 间隔成 2 小间作为办公室和教师宿舍。另借水生大队放渔具的草楼作为食堂。1960 年正处于困难时期，教师仍保持饱满的精神状态，从事教学工作。在物质生活极端困乏的情况下，他们发扬艰苦奋斗精神，吃苦耐劳，任劳任怨。他们在教学楼旁开荒种菜，聊以充饥。在当时公社、大队的支持下，师生自己劳动，在教学楼前坎清理出了一块平地，建起了一个篮球场。学校后来发展为省篮球传统项目学校，在篮球运动项目方面取得了较好成绩。建校

之初五中师生自己开建篮球场之事不能不说是后来在艰苦条件下发展篮球事业的滥觞。

第二年招收新生两个班100多人，加上2年级两个班，4个教室全部用上，借水生大队的1个仓库作为女生宿舍。缪挺銮副校长、王可凤老师、工友阿若三人就宿厨房，用学生床架。师生除了自己动手，改善生活之外，沙埕公社的领导和人民给予很大支持帮助。党委书记李美娥重视教育，尊重教师；水生大队全力以赴，在精神上、物质上大力支持办学，如优惠供应海产品，借给学校办公桌、食堂用具等，还出借房子。

到了1962年，物质生活已异常艰苦，特别是粮食极为紧张，师生常饿肚子上课，部分学生得了浮肿病，加上随着学生数量的增多，教师配备和办学条件跟不上，诸方面的困难使学校难以维持下去，故在首届学生即将毕业之际，根据省里的精神，县里撤掉了五中。

五中就这样走过短暂而艰辛的3个年头，为沙埕等地人民培育了200多位初中学生，在基础教育方面意义重大。这些学生或走入社会或继续求学，为社会作出积极的贡献，它艰苦奋斗的精神滋育了一代又一代的莘莘学子。

闽东渔业职业学校

1964年刘少奇主席发出“实行两种教育制度、两种劳动制度”的指示。省、地为认真贯彻这一指示，于1964年初着手酝酿创办半工半读学校，根据福鼎特点，决定在沙埕公社创办“闽东渔业职业学校”（以下简称“闽东渔校”），专为渔区培养有技术有知识的新型渔业人才。

之后，着手抽调人员筹备建校事宜。陆续从地区各地调进郭建森、高耆艾、陈友金、林团德、徐泽华、郑力新、何家基、倪婉金、叶文明、魏震春等教师，其中林团德同志任教导主任，陈友金同志任总务。聘请公社李美娥书记担任名誉校长。祝亨同同志于1964年12月初由福鼎县武装部调来，来后即着手建立党支部、校务委员会、教研组等组织，校务工作开始正常运转。

最初的招生工作由郭建森、高耆艾二位同志负责。二人和当时的公社取得联系，在福鼎本县招收一部分学生，此外还去霞浦、福安、宁德等县的沿海社队渔区招收。当时共招收学生107名，于1964年11月初正式开学。1965年秋季分“轮机”“渔捞”“会计”3个专业3个班，同时增收1个新生班49人。两届共计学生156人，教职工14人。

学校办学性质为职业中专，学制4年，毕业生政府不包分配。课程除公共课语文、数学、政治外，更重要的是专业课。轮机班有《金属加工工艺》《渔船内燃机构造原理》

等 6 门，渔捞班有《鱼类学》《海洋常识》《捕捞技术》《渔船驾驶》等 10 门，会计班有《会计学》《会计核算》等 7 门。

闽东渔校建校之初在原福鼎县第五中学教室里上课，其他教学设备基本空白，完全靠师生自给自足办起了学校。每周安排两天时间劳动建校，祝亨同校长带领全校师生各尽所能，共同建起了 1 座校舍和 1 个厨房。当时没有给师生一分补贴，大家都干得很欢，没有一个人有怨言。

闽东渔校注重生产实践教育，1965 年、1966 年两次组织师生出海实习。1965 年组织 20 多名师生去捕捞目鱼，40 多天计捕获鲜目鱼 104 担；组织女同学去小白鹭海带场洗海带。1966 年春，组织 20 多名师生捕获各种鱼 300 多斤。两次生产实习共收入 2000 多元。

1965 年，省教育厅直接拨款，购买大量药品，建立学校卫生室。当时没有开设体育课，自购 4 条小舢板，作为学生海上锻炼用。1966 年春，向省水生厅无偿要求一艘 30 吨机帆船，经修理可用于出海生产实习，并购置不少渔具，还聘请了姚书辉做“船老大”，准备与水生船队结对出海生产实习。1969 年春，学校正式结束历史使命。

闽东渔校培养了 150 多名渔业专业人才，为渔区的发展作出了积极的贡献。

沙埕学校中学部

1969 年闽东渔业职业学校关停之后，秋季仍继续招生，学校向普通中学过渡，在当时特定的历史条件下，为“沙埕学校教育革命委员会”统一管理之下的“中学部”。1969 年 8 月至 1971 年 2 月，林朝成同志任“教革会”主任，1971 年秋季，高传汉同志调来，任沙埕学校校长，统一管理小学部和中学部。中学部的日常工作事务由林团德同志负责。1972 年开始增办高中，全校有初中 3 个班、高中 1 个班。自此，学校定为完中建制。

20 世纪 70 年代初，全校已有教职工 20 多人，工作、学习秩序已比较正常，全体教师每周六集中在小学部进行政治学习。在当时有的学校课程时上时停的情况下，沙埕学校在教学上抓得紧，教师积极性也高，常开展听课、检查教案等教研活动，规定教师没带教案不进课堂，上周要备下周的课（突发事情较多之故），教学制度严谨。

原先学校未成立党支部，并入沙埕码头大队党支部进行组织生活。直到 1973 年，学校成立第一个团支部。

1973 年，学校在体育工作方面已有一定的起色。当时的体育教师王贞春同志负责抓体育工作，成功举办了第一届田径运动会。学校第一支体育运动队也应运而生。

1973—1974学年，全校发展到6个班，并培养了第一届高中毕业生。1974年下半年，学校被省教委正式命名为“福建省福鼎县沙埕中学”。

福鼎县沙埕中学

福建省福鼎县沙埕中学在20多年间，培养了初中毕业生3000多名，高中毕业生1100多名，为省内外大中专等高一级学校输送学生将近1000名；教学机制不断完善，教学质量稳步前进，其中，学科评比成绩显著。就1988年来说，张帆校长在一次县教育工作会议上就领回了6张学科成绩优秀奖状。20世纪90年代始，在全国、省、地、县等学科竞赛中均获得好成绩。如1992年，陈招滨同学在全国初中学生物理知识竞赛中获全国三等奖；1993年，周立珍同学获省第九届中小学生书画比赛三等奖。学校体育成绩较为突出：1983年开始跻身“宁德地区篮球传统项目学校”先进行列，1987年又被省里命名为“福建省篮球传统项目学校”；1991年被指定为“宁德地区帆船帆板集训基地”。至1997年，为体育界输送10名优秀体育工作者，为省地少体校输送28名运动员。学校有语文、数学等6个教研组和4个年段备课组，1个文学社团“海星文学社”和各种学习兴趣小组，有3个体育运动队：篮球队、田径队、帆板队。各教研组、体育队和社团组织经常开展各类活动，对实行全面教育、培养人才、活跃校园气氛起了重要作用。

在德育教育上，学校结合地处商港、渔港和军港的特点，对学生进行开放式、引导式、启发式等多种方式的教育，有的放矢、循序渐进，广大师生一起努力，一直保持良好的校风、教风和学风。在政教处未成立之前，学校的德育工作主要是由党支部、校长领导的团委和教导处共同来抓。校团委在1985年正式成立，1992年10月县教育局下文批准成立沙埕中学政教处，由此学校的德育工作从教导处单独分离出来。政教处负责师生政治思想工作的日常管理，教师们在政教处的带领下，有意识地探讨、研究教育方法，有计划地开展德育工作，同时也培养了一批青年德育教师队伍。为维护校园的安定，保证稳定的教学秩序，1993年初成立了校保卫科。

纵观学校整个发展历程，成绩是显著的，这除了正确的教育方针的指导，更重要的是历任领导、教职工的辛勤劳作。180多位教职工在沙埕中学简陋的工作环境下默默地奉献过，很多教师在该校奉献了他们一生中最珍贵的青春甚至是毕生的精力。至于校园面积、校舍等办学条件的改善则是一个艰难的发展过程。闽东渔校时期，政府赠地3.2亩，1976年池方炳校长任上，向集体征购新教工宿舍地基处地皮和教工宿舍楼地皮。南教学楼原为渔校时期所建，1984 年 1 月烧毁后，重新建了一座两层 6 个教室的砖混结构校舍。北教学楼在 1985 年动工。南北两座教学楼初建时均为两层。教工宿舍楼甚是简陋，有的教师甚至住危楼，新教工宿舍楼自 1992 年竣工之后，才解决一部分教师的住房问题，但仍有大部分青年教师挤在旧教工宿舍楼和原福鼎县第五中学校舍之中。至 1997 年，校园面积从原来的 3.2 亩增至 6.4 亩，后从镇政府划归“人民会场”，合计总土地面积为 7.7 亩。沙埕中学的校舍改造就是这样经一任又一任的校长、老师燕子筑巢般地建起来的。

福鼎市第五中学

1997 年福鼎市教委下文，全市中学统一按编号命名，沙埕中学定名为“福鼎市第五中学”。学校全面贯彻国家教育方针，努力探索教育改革的有效途径，坚持“办规范加特色学校，育合格加特长人才”的办学思路，崇尚“勤奋、博学、严谨、活泼”的校训精神，注重因材施教，拓宽培养渠道，积极探索“根据学生的不同潜质构建以体育为特色的多样化发展学校”教育路子，培养了大批合格人才，取得了较好的成绩。

发展体育运动项目是福鼎五中的办学特色。学校体育课按大纲和教学计划进行教学，“两操”和每天 1 小时体育活动有保证，有专任教师，施行国家体育锻炼标准，并定期测验，1 年举行 1 次校运会。学校建立 OP 帆船帆板队、篮球队、田径队、体育高考队，在全国、省、市比赛中获得较好的名次。1997 年被国家体委授予全国群众体育先进单位，1998 年被宁德地委行署授予体育贡献奖单位，1999 年被授予军警民共建先进单位，2000 年被授予福建省青少年体育工作先进集体。2002 年福建省委、省政府在该校设立为民办实事项目——福鼎五中学生健身园地。校帆船帆板队成立于 1991 年，1998 年学校被确立为福建省帆船帆板后备人才训练基地，2006 年被确立为福建省高水平后备人才训练基地（OP 帆船项目）。帆船帆板队在各级各种竞赛中，获得各种奖项共计几十个，其中获世界冠军 1 次、亚洲冠军 4 次、亚运会亚军 1 次、全国冠军 35 人（次），被誉为“冠军的摇篮”。 2008 年帆船帆板队教练刘忠雄光荣成为北京奥运会火炬手。学校作为省篮球传统项目学校也取得了优异成绩，2006 年校篮球队获得宁德市中学生乙级篮球赛第二名。此外，有 50 多位体育类学生考入高校深造。

学校重视审美教育，能根据省颁布的课程计划开齐开足音乐、美术和艺术欣赏课程，同时创造条件为有特长的学生开设兴趣小组（选修课程）。学校有专用的美术室，并配置常用的教学设备，满足学生的需要。注重开展艺术教育活动，培养了一大批优秀的绘画和书法人才，有 20 多位艺术类学生考入高校深造。

王贞春、陈绍树、林仕基先后担任校长或主持工作的副校长，在全体教职工的共同努力下，教学质量也得到显著提高，会考与中高考成绩在同类学校中均居于前列。1999 年高考上线率达 75%，被市教委授予高中办学效果显著奖。2000 年以来，高考上线率达 80% 以上，有多位学生考取北京师范大学等重点院校，其中特长生陈先文被保送到清华大学。学校高考美术培训班、高考体育训练队为特长生的成长提供了舞台，2005 年体育类考生有 8 人考取重点院校，2007 年高考本科上线人数达 22 人，位列同类完中前列。学校新建了篮球场和塑胶田径场，改善了办学条件。2012 年通过了宁德市义务教育标准化评估验收，2014 年被确认为“福建省普通高中多样化办学改革试点校”。

新时代的福鼎五中

新时代福鼎教育驶入了发展的快车道，为加强学校班子建设，2015 年 10 月，夏鸣同志由局机关调任福鼎五中，担任书记、校长，开启了全面建设时期。学校坚持以“以人为本，为学生的成才奠基”为办学理念，积极推进学校民主管理，“三重一大”通过党支部支委会、校务会议实施民主决策。坚持立德树人，落实五项常规管理，把培养德才兼备的合格中学生作为根本目标。坚持“质量立校”“科研强校”，加强集备活动，鼓励教师参加各类教科研活动，积极申报各级课题。2020 年 10 月，“新时代农村初中教师专业化成长路径研究”被福建省教育科学规划领导小组办公室确认为省级课题。

在教学管理上，学校能够立足校情，注意目标引领，健全规章制度，优化队伍管理，不断创新工作方法，学校教育教学质量稳步发展。2016 年中考取得新突破，当年 84 名考生有 28 人被福鼎一中高中部录取，上线人数创历史新高；平均每 3 人就有 1 人考取福鼎一中，录取率 33.3%，中考综合比率在宁德市名列第三。2017 年、2018 年连续 2 年荣获“宁德市中考红旗学校”称号。2020 年，初三毕业班克服新冠肺炎影响，实施学科内分层次教学，中考成绩继续位列宁德市一类校行列；2021 年中考成绩再上新台阶，67 位考生参加中考，19 人被福鼎一中高中部录取，录取率 29.36%，一中录取率名列全市第二、乡镇第一，荣获“福鼎市首批初中教学质量优质学校（2019—2021）”荣誉称号。学校还连续 8 年无流生，控辍保学率 100%，名列全市第一。夏鸣校长撰写的《“爱”在行动，润物无声》被省教育厅评为“2021 年福建省义务教育阶段控辍保学优秀案例”。

在基础设施建设方面，学校抓住机遇，多方争取资金，先后投入1000多万，改善学校办学条件。2016年7月，学校新大门竣工并启用；2019年10月，建设面积1020平方米实验楼加层项目通过验收，投入使用；2021年9月，建设面积1490平方米的学生新宿舍楼通过验收并投入使用；2021年12月，学校后大门和校园背景墙改造项目竣工，校舍面积达到10401平方米，绿化面积10656平方米。此外，学校还先后完成学生食堂、教工宿舍楼、行政办公楼和慈济教学楼的修缮，对理化生实验室的器材进行更新，高标准建设了一个多功能的梯形大教室，安装了全彩屏系统和灯光音响，新装配了学生电脑室和校园广播系统，整个校园面貌焕然一新。

学校特色项目帆船帆板运动发展进入新阶段。2018年第十六届省运会在霞浦高罗举行，校帆板运动员斩获1银1铜；在2021年的全运会上，学校2017届校友邱晓明在帆船女子49人级项目中荣获银牌。在硬件配套上，设施设备不断改善。2018年10月，占地面积221平方米、建筑面积1040平方米的帆船帆板陆上基地投入使用；2020年9月，建设面积202平方米帆船帆板海上基地投入使用，还新添置了60匹马力的快艇1艘、救生艇1艘，学校帆船帆板队从此告别无“训练基地”的历史，实现了“三集中（学习、生活、集训）”的训练模式，为运动队做好日常训练奠定了坚实基础。

这时期，学校管理不断规范，各项工作走在前列。夏鸣校长被确认为“福建省‘十三五’第二批初中名校长后备人选培养对象”，刘忠雄副校长荣获“全国五一劳动奖章”。学校先后荣获“全国中小学国防教育示范学校”（2018）、“福建省义务教育管理标准化学校”（2019）、“宁德市中小学实施素质教育先进学校”（2017）、“宁德市家长学校示范学校”（2019）等荣誉称号。

沙埕中心卫生院史略

李天静

福鼎市沙埕中心卫生院，又名沙埕红十字医院，位于沙埕镇海滨北路 21 号，现归福鼎卫计局管辖。沙埕中心卫生院成立于 1951 年，最初选址在粮站，主要是将沙埕本地的医生团结起来，成立了一个以中医医疗为主的联合诊所，时任所长林上卿。

沙埕集镇背山面海，是典型的海洋社区，饮水自然就成为亟待解决的问题。据了解，沙埕以前没有自来水，也几乎没有山泉水，主要是因为沙埕的地质属于断裂层，不管在山上打多深的井，都没有水，就算有也是海水渗透进来的咸水。因此以前的沙埕人早上两三点就要跑到很远的地方挑水。也正是由于以前沙埕水质比较差，渔民们多患有各种相关疾病。20 世纪 50 年代，沙埕遭受三大传染病侵扰，即鼠疫、霍乱、天花。在沙埕联合诊所成立的头 20 年，诊所主要以中医传统方法并结合本地民间的“土”方法来治疗多种内科疾病，特色就是“简、便、廉、验”。20 世纪 70 年代，随着沙埕人口的增加，联合诊所搬迁到旧卫生院处。随着时代发展，在时任院长林继绳的带领下，沙埕医疗设施与人才结构有了很大提升，发展出了外科、五官科、西医内科及儿科等西医门诊科。当时，有部分来自福鼎县医院以及福州、莆田的医师，也有一些医学院的毕业生被分配到沙埕从事医疗工作。在他们的带动下，沙埕的医疗水平得到极大的提高，医疗底蕴增强，尤其是产科技术水平特别出色。当时，霍乱病人会严重脱水，沙埕 20 世纪 70 年代末引入西药的治疗方法，多管抢救严重脱水的患者，取得了显著疗效。然而水源的洁净才是沙埕人避疾的根源所在。在镇政府的努力下，1981 年沙埕从澳口村水库及浙江沙岭的水库引水成功，建立了自来水厂；2002 年又从台峰水库跨海引水入沙埕，保障了当地人的饮水安全。随着水质的改善和饮食卫生的加强，肆虐一时的霍乱最终被彻底征服。

现在的沙埕中心卫生院建于 1984 年。20 世纪 80 年代初，集镇人口增多，沙埕大规模围海造田。1982 年开始着手建设新的卫生院，直到 1984 年沙埕中心卫生院建设完成，设立门诊部。新卫生院在集镇中心，更加便于沙埕人民就诊。当时全市共有 4 个中心卫生院，分别在秦屿、白琳、店下和沙埕。20 世纪 90 年代初，沙埕对台开放，出于对吸引台资、维护和平统一等对台政策的考虑，沙埕中心卫生院针对台胞设立了红十字医院，成为当时宁德地区为数不多的几所红十字医院之一。

20 世纪下半叶，由于沙埕陆地交通不便，沙埕沿海的上下片村落都会乘船前往沙埕中心卫生院就诊。20 世纪末至 21 世纪初，陆地交通逐渐修通完善，随之而来的是海上运输业的暗淡没落，前往沙埕中心卫生院就诊的人越来越少，尤其是下片沿海村民越来越多地选择陆路交通，前往更大的市区医院看病求医。沙埕中心卫生院的在职员工也从 10 年前的 88 人缩减为 40 多人。

物华吟赏

沙埕美食

张 敏

福鼎有一座以海鲜闻名的小镇沙埕，空气里常弥漫着海的味道。沙埕集镇面海背山，毗邻浙江霞关。在这个镇上，家家户户过着一种“男耕女织”式的生活，男人出海捕鱼，女人在市集里卖鱼。这里其实就是一个淳朴的小集镇，没有高大的建筑，出门走几步就是码头，清晨人们会将打捞来的新鲜海货放在码头上售卖，各色见过的、没见过的应有尽有。10 块钱可以买一大盆的海瓜子，也可以买上好多虾婆婆，材料新鲜到清水煮煮就好吃到不行。菜市场里的生猛海鲜，如黄花鱼、带鱼、鳗鱼、乌贼、虾、蟹等，每一种都鲜活味美，惹人食指大动，当然也因其纯天然，吸引了来自各地的游客驻足购买，甚至打包带走，当伴手礼。

在沙埕随处可见手脚麻利的渔民打捞、现场处理加工、售卖海鲜的景象，真是好一片繁忙的渔业风情图！沙埕的早晨有些许凉意，但丝毫不曾阻挡渔民吹着海风叫卖的热情。这里民风淳朴，沿街的小店铺内，若是来了客人，当地人会在街上往里看，偶尔也会直接来问问今天吃了什么菜，问问海鲜好不好吃，叨叨上几句，但没有人会觉得厌烦。

民风民俗对美食文化有着很大影响。沙埕人待客热情周到，如有宾客光临，亲朋好友轮流宴请，即便经济条件较差，也不甘落人后，诚所谓“输人不输阵”，俗称“持家不可不俭，待客不可不丰”。沙埕旧时，山村农家菜肴以蔬菜为主，配以咸鱼，如咸带鱼、咸带柳等，家家户户有腌制芥菜的习惯（俗称咸菜），食用时间长达半年以上，可清炒，可凉拌，可制汤菜，风味独特，制作简单，易于保存，深受百姓青睐。沿海百姓喜将海产品晒干或用食盐腌制后晾干，可制成目鱼干、鱿鱼干、虾干、蛏干、黄鱼鲞、鳗鱼鲞等，便于长时间保存，也便于运输。

总之，沙埕自然风光秀丽，景色迷人，气候温润，盛产各种山珍海味，有着丰富而独特的烹饪食材。沙埕美食以其清新爽口、不油不腻、考究为特色。

一碗葱头油

1. 简介

葱头油是沙埕传统美食的必备搭档，沙埕人民的灶上绝对少不了葱头油。每当有客人来家里吃沙埕海鲜面、海蛎面线或者扁食汤、白煮海鲜，他们都会说一句：“要是有葱头油的味道，一定会更美味吧。”沙埕的饮食素来淡爽清鲜，重鲜香。因此，调味料里很少有重口味的辣椒、花椒之类。沙埕地处沿海，有着新鲜的海产，因此饮食讲究原汁原味。在烹调的过程中，姜、葱、蒜是最常看到的调味料。而葱更是厨房里必备的东西，葱能去腥提味，因此它成了沙埕人民厨房里必不可少的东西。

比如清炒肉片，沙埕人会加肉片少许，青椒和西红柿各半个，几根青葱，肉嫩葱香，美味可口。又比如清蒸鲈鱼，只需加少许酱油，一把葱青切丝，放蒸笼蒸十几分钟出锅，鲜甜美味得让人垂涎不已。很多菜肴有了葱头油的搭配，即便是平常简单的食材，也会碰撞出神奇的味道。

平常的料理中，葱头油一样起了画龙点睛的作用。一盘简单的炒海鲜，最后起锅淋上一勺葱头油，不用任何调味品，就是一盘鲜甜海味，配上冰啤酒，是酷夏里最惬意的享受。

2. 做法

第一步，把红葱头外皮和根须除掉，然后切成片状。整颗红葱头其实还是有点多的，用半颗就够炸一小锅油了；

第二步，热油，油温不要过高，把葱头放进去，转小火开始榨油；

第三步，待锅里葱头变成金黄色，锅边一圈葱头开始焦黄时，关掉火，利用余温继续榨；

第四步，稍微放凉点，倒入耐高温的容器里。

沙埕海鲜面

1. 简介

靠山吃山，靠海吃海，面朝大海，吃遍海鲜的沙埕人，可谓深谙此道。由于地域关系，海鲜品种繁多，沙埕海鲜面别树一帜，味道鲜爽可口，是沙埕一大美食。沙埕海鲜面的特色在于选料上的讲究， 虾、花蛤、螃蟹、龙头鱼等食材鲜活。沙埕海鲜面的汤头也相当讲究，干贝熬煮的汤汁取代了味精的作用，使海鲜面保留了食材原有的鲜味。

平时将那海鲜各种煎炒烹炸，就连下碗面也少不了它，吃着吃着就吃出“海鲜面”这样一个分支。沙埕的一位老教师回忆起他小时候吃海鲜面的情景：他调皮过头被罚没饭吃，奶奶就用吃剩的几只虾或小鱼干，加上小青菜，后院摘把葱，做成热腾腾的汤面。奶奶说：“快吃！快吃！”吃了这碗面条就抵掉了所有委屈。

沙埕的渔民打鱼回到家有时候过了饭点，妻子三下五除二变出一碗面来，海边人家，材料都是现成的。渔民喝口汤，就晓得真的到家了。

2. 做法

海鲜面的做法很简单，形式也不拘一格，但万变不离其宗，鲜字当头。

沙埕海鲜面的做法大概为：一是将虾、花蛤、龙头鱼、螃蟹切成小块待用；二是将素油放入炒锅内，待油热至六成时，入葱末爆香；三是加入虾、花蛤、龙头鱼、螃蟹炒匀；四是加入适量清水，水开后加盐，盛起待用；五是另起锅，在沸水中加入面条或溜溜煮熟，捞起盛入碗内；六是加入海鲜盖在面上即成。沙埕海鲜面由于其海鲜尤鲜，面吃进嘴里，震撼在心里！浓郁富有营养的汤底和海鲜特有的鲜美让人回味无穷，加上筋道的面条，鲜美且地道。

澎海不是海

1. 简介

“澎海”，是出得了厅堂、进得了家常的一道羹汤，它一般是用新鲜海产品制作而成。凡是婚宴、寿宴、乔迁酒等各类宴席上都要上“澎海”，而且往往是第一道。“澎海”色彩丰富，红黄白绿交织，鲜香扑鼻，勾得人食指大动。忍不住舀了一勺，汤汁浓稠，口感倍鲜。滑溜的蛋花，鲜甜的海鲜，嫩嫩的豆腐，一口接一口，根本停不下来。当然，有经验的食客会根据汤中的配料判断出酒席的档次和价位，所以“澎海”可以称为酒席上的“门面担当”。宾客们也能据此猜出整场筵席的档次和大概的价位。

2. 文化底蕴

“羹”是用肉或菜调和五味做成的带汁的食物。《说文》曰：“五味和羹。”古时候的“羹”一般指带汁的肉而不是汤，“羹”有汤的意思，是近代以后的事情。作为一种古老的烹调方法，“羹”是指切制成丁的食物用沸汤煮后，再加入水淀粉，使汤水溜成糊状的烹调方法。而福鼎羹汤的烹制大多选用海产品作为主要原料，其口感更是上乘，属汤中精品。

福鼎的羹为什么会被称为“澎海”呢？这里面还有一段故事。

传说南宋著名哲学家、教育家朱熹在福鼎避难讲学期间十分勤奋，经常穿梭于太姥山、秦屿、潋城、桐山及海边黄岐等地，不是著书就是讲学。夏日的一天他从太姥山来到了黄岐，由于道路崎岖不平，而且进入黄岐后山的那一段路程全是粗沙小路，走起路来一不小心就会滑倒，特别费劲。朱熹经过一天奔波，已经筋疲力尽，虽然饥饿难忍，但是什么都吃不进去。主人也无计可施。此时朱熹的门人高松建议："何不煮一碗鱼汤给先生充饥？"主人恍然大悟。但由于夏季属台风季节，刚好数日来海上风大浪高，未能出海作业，家中没有活鲜，仅剩下一小块黄鱼肉。于是女主人就用这一小块鱼肉，切成丁加上鸡蛋清煮了一碗汤。说来也怪，朱熹食用了这碗热气腾腾、看似海浪翻滚的鱼羹汤后心旷神怡。迎面一阵风来，面对大海，听到大浪的涛声，他心潮像海浪一样澎湃，连续写下两个"澎湃"，第三个却写成"澎海"（只可惜所题的字已经失传了），此后这道羹汤就演变成了"澎海"了。为什么"湃"变成"海"呢？一是他当时面向大海，二是文人的灵感：将碗中的蛋清煮熟后比喻成大浪，而碗中的汤就自然成了海了。朱熹写成"澎海"二字后意犹未尽，又来了更大的灵感，由于主人家没有更多的纸张，他就提笔在一块门板上写下了著名的《〈中庸〉序》，后收藏于福宁府。根据清嘉庆版《福鼎县志》记载："黄崎山：朱子避伪学禁到此焉。作《〈中庸〉序》于乡，地僻无纸，写序于屏，后舁州库。"

3. 做法

在沙埕，"澎海"这道羹汤制作时用料很讲究，除了可使用各种普通鱼类外，还有档次较高的鱼翅、海参、螃蟹肉、土丁、鱼唇等。在家里，可以用普通的鱼代替，像蟹肉棒、虾米这样的准备一两样，辅料可以是马蹄笋、嫩豆腐、蛋清、胡萝卜、葱花，等等。"澎海"的制作方法虽然不尽相同，但基本方法都离不开几个步骤：一是将主料切成丁或丝；二是在锅中倒入高汤，主料下锅烧开后，放入辅料；三是煮沸后，用水淀粉勾芡；四是在沸锅中均匀淋上预先准备好并调拌成白色的蛋清，上锅前放一点葱花即可。

白煮海鲜，味道最鲜

沙埕海鲜最大的特点是"鲜"，所以无论是梭子蟹、虾蛄，还是尖头虾，放清水用火烧，水沸了，海鲜大抵也熟了，滤了水，海鲜盛上盘子，就可以开吃。

沙埕海鲜的做法一般为：煮一锅水，将海鲜同生姜、葱等一起倒入，放入少许料酒，大火烧开即可出锅。

意蕴深刻的九稳包

1. 简介

九稳包又叫蚯蚓包、厚粉包（福鼎话音译），是一种由番薯做成皮的大饺子。它是沙埕台峰极具特色的小吃。九稳包的名字意蕴深刻，寄托着沙埕人的祝福，祝愿他人不管做什么事业，都能十拿九稳。台峰位于沙埕南镇半岛西端，三面临海，海拔 320 多米。山上有个小盆地，盆地四周是小山丘，山丘与盆地的连接处是树相整齐的森林，森林之外的山丘多是黄土地。由于海风的侵袭，这黄土地大都是疏松的沙质土，很适合番薯生长；茂密的森林调节着这一带的气温，也使水土保持良好，所以这里的农民种的番薯长得又大又甜又脆。

2. 文化底蕴

台峰农民善良、质朴。早在 600 多年前迁居这里时，先民们就从古田县大桥镇中村学习传入妇孺保护神——陈靖姑习俗文化，并盖起临水宫，安放上陈靖姑、观音菩萨等神像。自陈靖姑庙宇建成以来，村庄兴盛，百姓平安。由于村庄不怎么富庶，没什么好东西答谢诸神，人们除了烧香点烛外，便将番薯做成九稳包来祭供神灵。

台峰人用九稳包敬俸陈靖姑是尽心之举，是精诚所至。每年农历八月二十日，这里的群众便敲锣打鼓、烧香鸣炮，恭迎守护陈靖姑的王、杨二神将回来。此时适逢番薯成熟的季节，于是台峰人便把迎接王、杨二神将回来的日子定为“番薯节”，用九稳包敬待神明。每年如此，从不间断。

再说这九稳包自发明出来后，凡尝过的人无一不说好吃，许多人吃了后还要带几个回去给家里人尝尝。于是台峰九稳包名声大振，一些喜欢烹饪的人还专门到台峰学习九稳包的做法。后来九稳包便传遍了台峰周边的村庄，特别是沿海一带如敏灶、川石、浮岐以及溪美等地。

3. 做法

九稳包的主要原料是番薯，亦称红薯、地瓜。番薯含有丰富的淀粉、维生素、膳食纤维等人体必需的营养成分，还含有丰富的镁、磷、钙等矿物元素和亚油酸。

九稳包的做法为：番薯切皮洗净煮熟，凉后拌上番薯粉搅匀，碾成泥状做成长形饺子皮，放入红糖或白糖、花生仁、芝麻、葱头油等做成的馅，封口再放入蒸笼里蒸上 15—20 分钟，便成了香喷喷的九稳包。九稳包吃起来既嫩又脆、既香又甜，十分可口。

油泼贻贝

1. 简介

贻贝也称“淡菜”。说起贻贝，沙埕人民就会想起野生贻贝，野生贻贝块头大，滋味鲜美，更脆更甜。野生贻贝主要做成清汤，这样能最大限度保留贻贝的鲜味。据当地人讲述，野生的贻贝不太好采，生长在海平面以下 20 米左右的岩壁上，捕捞贻贝的人叫“水鬼”，需要穿上专业的潜水服。由于贻贝的壳很重，所以能一次采下的贻贝不多。如今野生贻贝由于过度采食，资源枯竭，已被保护，限制采食；但沙埕沿海养殖贻贝由来已久，其肉质甘甜鲜美，同样受人喜爱。

2. 做法

油泼贻贝的做法：先将贻贝上锅蒸 15 分钟左右，蒸好拿出后，剥去一侧的外壳，放入盘内备用，然后将大骨汤配以蒜蓉酱、米醋、盐等调料，把这些调料均匀地淋在贻贝之上。最后一步泼油最为关键，将滚烫的热油均匀地浇在贻贝上，听着热油滋滋作响的声音，再撒上葱丝等点缀其间，贻贝就算做好了。泼油是为了锁住水分。

当然，在平常老百姓家里，贻贝的吃法较为随意，做法也较为简单：一是将新鲜的贻贝清洗干净，然后放入锅里，倒入清水；二是放入姜片，倒入一勺食用油，等烧开后就可以打开锅盖；三是将浮沫撇去，放入适量盐调味，撇些葱花就可以盛出。

红龟

1. 简介

红龟或称“红龟粿”，它是流行于福建和台湾的传统汉族小吃，也是节庆喜事必备的包馅粿品和独特小吃。其外表如碗面大小，状如龟背，极像一个微型的飞碟，粿皮加入少量的红色食用染料，故名“红龟”。

2. 文化底蕴

在沙埕，如若某家生了男孩，按照习俗，要赠予亲朋好友 18 只红龟。在闽南人和台湾人的心目中，红龟是吉祥物，走亲访友时它常被选为礼品。人们在互赠红龟中分享喜庆，增进情谊，同时也见证红龟的历史沧桑。

在 20 世纪温饱问题未能解决的年代，逢年过节用什么充当红龟馅料，是沿海家庭主妇抓耳挠腮的一大难题，她们往往到海边采集虎栖（食用海藻）充当馅料。

此外，红龟还被作为祭品。红龟扁平，约巴掌大小，外压龟印内包馅，以植物叶为垫。类似的食品有“红片糕”，一般包成卷状，切成小块，只作为甜点用。沙埕人除将其作为祭品外，一些庙宇也会用之作为供品。

3. 做法

红龟的皮是用蒸熟的糯米粉加入红色食用染料搓揉而成。后用晒干炒熟的豌豆粉（加少许面粉）和着红糖蒸熟后揉成团状，再搓成长条状，最后用刀切成一个个小剂子，搓成圆球充馅。用皮将馅包好后，重新搓圆，放入用柚木刻成的模具中，印压成龟形后，用柚叶垫底，球用蒸笼蒸熟，摆在竹篾上，晾干即可。

土丁冻

1. 简介

土丁冻,也称“土笋冻”。土丁,是一种生长在海边滩涂里的独特虫子,它含有胶质,属于星虫动物门,学名可口革囊星虫,身长二三寸。经过熬煮,虫体所含胶质溶入水中,冷却后即凝结成块状，其肉清，味美甘鲜。配上酱油、北醋、甜酱、辣酱、芥辣、蒜蓉、海蜇及芫荽、白萝卜丝、辣椒丝、番茄片，就成了色香味俱佳的风味小吃。

2. 文化底蕴

土丁冻好吃，关于它的来历，有多种说法。在盛产土丁冻的泉州安海镇西垵村，村民间流传一个传说：明嘉靖年间，戚继光到安海抗倭，因粮食紧缺，士兵便到滩涂捕捉一种海蚯蚓煮汤喝。戚继光最后用餐时，只剩下凝结成胶状的海蚯蚓，他便拔剑取下一块品尝，没想到比鱼蟹更鲜美。厨师知道后，依照此法加以精制，从此土丁冻便流传开来。

这是民间流传的一种说法，关于土丁的文字记载，则可追溯到明代。明代《闽中海错疏》、明末谢肇淛《五杂俎》、明末清初周亮工所著《闽小记》等均有记载。周亮工 1658 年的《闽小记》一文记载：“予在闽常食土丁冻，味甚鲜异，但闻其生于海滨，形类蚯蚓，终不识作何状。”如此说来，300 多年前土丁冻就已是十分盛行的市井小吃，周亮工也成为到目前为止发现的最早述及“土丁冻”一词的人。

3. 做法

做“土丁冻”其实很简单，先把土丁泡在水里，让它吐出肚里的泥浆，再将其铺在石板上碾压破肚，洗去肚里残余的泥浆杂质，然后加水在锅里用猛火旺烧，只需滚沸两三分钟就成。最后，舀起倒入事先备好的模具中冷却成型。

从前到了大热天，“土丁冻”不好冻结，有了冰箱，大热天也可以做，一年四季都有“土丁冻”吃。醋溜，再加上蒜蓉，配上冰凉有嚼头的土丁冻，一个接着一个，让人欲罢不能。

九层粿

1. 简介

沙埕因为地处闽头浙尾，清末民初以来，随着商品经济贸易发展，集市繁荣，商人、渔民们从苏州、杭州、福州等地带来饮食时尚和烹饪技法，深刻影响着沙埕美食文化，九层粿就是从福州、三明、莆田等地传来的。九层粿，又称九重粿，有的地方也叫“再孝”“米豆腐”。顾名思义，粿，一定与米有关，“九层”只是形容它的层数多，不代表具体层数。九层粿可以直接食用，也可以和肉片混合煮肉片粿汤。重阳节吃九层粿有步步高升等寓意。

2. 文化底蕴

关于九层粿，民间流传着一个故事：

大约在明朝，大田大仙峰脚下有一个老妇人，老妇人的儿子阿九在新婚的第三天上山砍柴，不料途中被土匪绑走，生死未卜。一急之下，老妇人的老伴卧床不起，不久就病死了，只留下老妇人和刚进门的儿媳相依为命。有一天，媳妇按捺不住，就说要上山去寻丈夫，并且说无论有没找到，天黑必回。可是眼看天已经黑了，又下起了蒙蒙细雨，仍不见儿媳踪影。在家的老妇人终于急了，于是举着火把，披着蓑笠，一脚水一脚泥地走到村口的老庙等。大约到了三更，村里的灯全熄灭了，老庙旁边草丛里的虫儿也不叫了，只能听到不远处的灌木丛里几声夜莺的叫声和身后的村庄偶尔传来的几声狗叫。可是，还是不见儿媳回来。老妇人身上的褴褛衣服，湿了又干，干了又湿。直到鸟不叫，狗入睡了，老妇人的火把也熄灭了，老妇人终于抖擞了两下身子站起身来，一把眼泪一把鼻涕地摸着黑回来，第二天、第三天继续去等。

可是马上就要入冬了，还是不见儿媳归来。老妇人不知道，她的儿媳是被娘家的人硬拉回去改嫁，外软内刚的儿媳日日夜夜想着回来照顾老妇人，等待她的夫婿，可是她被软禁着。孤单寂寞，饥寒交迫，半年过后，老妇人卧床不起。在这时候，她的儿媳终于在夜里跑回来了。老妇人已经意识不清，认不出儿媳，嘴巴也僵硬了。刚开始，儿媳天天把食物咬碎了喂给老妇人吃。后来，儿媳把大米放在石磨中研磨，掺和鸡蛋花，加水，搅拌成米浆，蒸煮后制成柔软的米糕，然后跪在床前一勺一勺地喂给婆婆吃。

大约半年过后，老妇人去世了。因为家穷，儿媳只能用草席将老妇人的尸体包裹了下葬，更别说陪葬品。孝顺的儿媳为她最后做了一次米糕，以免婆婆黄泉路上挨饿。这次米糕有九层，儿媳想借此告诉已经去世的婆婆她要再等夫婿 9 年，这 9 年无论酸甜苦辣，她都会不离不弃。结果刚好在老妇人去世的第九年的春天，她的夫婿回来了。所以后人就把这个九层米糕叫作“九层粿”，也有的地方将九层粿叫“再孝”。

3. 做法

先磨好米浆，准备一个竹制的圆形蒸笼，在蒸笼的底面和周围围上湿的棉布，将蒸笼放在沸水里，然后把米浆倒在蒸笼底部，用旺火烧开，在米浆基本凝固后，再倒一层米浆，如此反复多次，直至米浆满到蒸笼顶部，再继续烧开至蒸熟为止。

肉粿和馍馍

沙埕人在过年过节的时候，会制作一些粿类食品，这些粿类食品吃不完时，就搭配肉、海鲜和汤，做成肉粿吃。肉粿的主要食材有米浆、香肠、肉片、虾、浓汤等。吃肉粿时，山珍与海味碰撞在一起，让人的味蕾完全打开，回味无穷。

馍馍一般作为早餐或上午的点心食用，是柱状甜食，里面的馅料是黄豆粉加白糖和芝麻，用糯米粉做面皮。将馅料包裹起来，然后放在平底锅上用猪油煎熟，即可食用。

沙埕海味

张 敏

悠悠麒麟山，缓缓沙关水。

沙埕别称“沙关”，位于福鼎市东南部，是沙埕港汇入东海的入口，早在清代，便是茶、盐、矾商聚集地。沙埕港海域面积为陆地面积10倍，港道长40公里，港面宽阔且水深一般在20米以上，深入内陆达36公里，终年不淤，是天然良港。沙埕港是国家一级渔港，地处闽东渔场，渔业资源丰富，历来是闽东渔业重镇。位于台湾暖流和闽浙沿岸流交汇处，水深高达50米。内陆径流带来有机质和营养盐，为海洋鱼类提供充足的饵料。此处水温、盐度适宜，更是各种鱼、虾、蟹、贝、藻和珍贵海产生长繁殖、栖息索饵的好场所，也是经济鱼类南来北往适温洄游必经之地。这里水深港阔，底栖、浮游生物众多，海产资源丰富。

由于海产资源与沙埕人民息息相关，沙埕人的回忆里都满载着有关海鲜的故事。有沙埕人回忆起以前的传说：“章鱼分为很多种，其中一种很大，开着小船在海上，如果有船员在船上休息睡觉，会被章鱼吸下去。这时有人知道了，就要用刀将爪子砍掉。”沙埕渔民也喜欢将海产品晒干或用食盐腌制后晾干，制成墨鱼干、鱿鱼干、虾干、蛏干、黄鱼鲞、鳗鱼鲞等等，便于长时间保存，也便于运输。

总之，沙埕自然风光秀丽，景色迷人，气候温润，盛产各种海味，为美食提供丰富而独特的烹饪材料。

鱼类

1. 大黄鱼

大黄鱼，又称石首鱼、黄花鱼、黄瓜鱼。因其头盖内有骨两枚，大如豆，色白，坚硬如石，故名。福鼎沿海渔民又称其为“咔嗑鱼”或“敲罟鱼”，名称的来由正是因为鱼头上的石子。由于头上长了石子，在水里听到黄戟木敲打的咔嗑声，头就会发晕，成群结队的大黄鱼就会往渔民围好的大围缯里游。但是这种捕捞方式是毁灭性的滥捕，直接造成大黄鱼资源的枯竭，现在已经被禁止。

大黄鱼属鲈形目石首鱼科黄鱼属。体细长稍侧扁，头小而尖，头长大于体高。口大，前位，上、下颌及舌上均具有绒毛状齿。上颌骨后延不达眼中央的下缘，眼大。鳞大，侧线不明显。背鳍较高，其高大于体高；脂鳍末端游离呈屈指状；胸鳍小；尾柄很细，其高度仅等于眼径，尾鳍分叉很深。背部为草绿色，稍带黄色；体侧银白色；鳞片边缘有暗色小斑；各鳍为灰黑色。公鱼平时栖息于水温低、水质清澈的江口咸淡水区或者是大江的下游水域中，喜在岸边游动，当水温升高时便游向支流。四五月份当水温达 7℃至 10℃时，母鱼寻找底质砂砾的场所产卵，卵黏附于砂砾上。公鱼主食桡足类、枝角类和甲壳类动物。公鱼为小型鱼类，一般成鱼个体只有八九厘米，但数量较多，在产地有一定产量。公鱼有一种清香黄瓜味，故产地居民称之为“黄瓜鱼”。

20 世纪 80 年代以后，黄鱼是用“机帆船对网”“机帆船拖网”等方式进行捕捞的。用机帆船对网捕捞时需要两条船进行作业。用机帆船拖网捕捞时，也需要双船作业，但有时需要对网的配合。机帆船拖网俗称“拖风网”，是双船底层有翼单囊拖网。

在民国时期，捕捞大黄鱼的渔具叫作“黄瓜罾”，这种捕捞方式见于民国《宁德地区志》的记载：“捕黄瓜鱼的叫‘黄瓜罾’。黄瓜罾船可载物百余担，也分春、冬两季捕讨。船与钓船一样，也要一大一小两艘，渔民叫做‘姑母’‘姑子’，当然也有小鱼，渔民叫做‘货仔’，更有杂鱼。”

加工黄瓜鱼使用的主要配料是：盐、葱、姜、瓣蒜、油。做法是：把处理好的黄瓜鱼放入盘中，在鱼的肚子里或四周放上姜、蒜，面上撒上少量盐，放入锅中蒸熟；蒸好后将鱼取出，把姜、蒜去除，在鱼的表面淋上蒸鱼油；葱切丝，撒在鱼表面；锅中烧热油，将滚热的油泼在鱼身表面即可。

2. 龙头鱼

龙头鱼又称水潺、豆腐鱼、鼻涕鱼，其干制品为龙头鲓，属于仙女鱼目合齿鱼科龙头鱼属，分布于太平洋、印度北部的河口，为沿海中、下层鱼，杂食性，以小鱼、小虾、底栖动物为食，是中国沿海非常常见的食用鱼类。龙头鱼体长而侧扁，一般体长 15 厘米至 26 厘米、体重 75 克至 150 克，眼很小，口大，前位，口裂甚大，由前颌骨形成口裂上缘。两颌牙密生、细尖，能倒伏、体柔软，大部光滑无鳞，唯侧线上有一行较大的鳞直抵尾叉，头及背面浅棕色，腹部乳白色，侧线发达、明显，从头盖骨直达昆鳍叉中央。

龙头鱼在闽东一带叫“水定”，台州、温州、丽水一带的人就形象叫它为“水潺”，就是说它像水一样柔软，在宁波象山地区有“象山小白龙”之称，潮汕人称为“忒鱼”。广东省阳江市人称其为“流鼻鱼”，意指此鱼像流出的鼻涕。龙头鱼通身不生一根硬骨，只是一堆胖墩墩的肉。它的肉可以加工成闽菜鱼丸，还可以随意炒、炸、焖、熘。即便最简单的清煮也有独特的风味。吃这样的鱼保险，没有鱼刺哽喉之虞，就连那一截龙头，也是软酥酥的细骨，嚼之有味。

传说，“水定”原先外表并不美，但有一副好心肠。有一次，鳓鱼向龙王要骨头壮身，龙王下令让百种鱼类各捐赠一根骨头。“水定”把唯一的一根硬骨头献了出去，顷刻就瘫软在龙宫门口。龙王问明情由，方知“水定”失去了硬骨，今后实有“软弱”可欺之忧，便对“水定”说：“我赐你一个龙头，别的鱼见到龙头，就像见到我一样恭恭敬敬，不敢欺负你了。”“水定”这才有了如今的嘴脸，所以被称“龙头鱼”。

龙头鱼和虾蛄还有一段传说故事。

龙头鱼与虾蛄原是邻居，虾蛄常常舞刀弄棒，而龙头鱼是诗文满腹。一文一武，平时两人相处得还不错。有一年，龙王下令在水族中开科取士，虾蛄和龙头鱼赴考，虾蛄身披连环甲，挥舞双刀，武功精熟；龙头鱼才思敏捷，妙思纷呈，二者分获文武状元。

好消息传开，亲朋好友前来道贺，欢宴庆祝，不胜酒量的龙头鱼喝得大醉，感染风寒生起病来，直到龙王要给文武状元授冠还不能起床，只好央求虾蛄代为领受，龙王也就同意了。

授冠之后，虾蛄把武状元的冠戴了，好不得意，又把文状元的冠戴起来欣赏，心想要是文武双冠更显威风，于是占了文冠，瞒着龙头鱼偷偷搬家远逃了。几天之后，龙头鱼起床了，向虾蛄家走去，发现屋子空荡荡的，打听后晓得虾蛄拐走了文冠。龙头鱼气极了，愤恨虾蛄不讲信用。从那以后，虾蛄遇上龙头鱼总是躲躲闪闪。龙头鱼对虾蛄愤恨难消，一见虾蛄就张开大嘴要把它生吞下肚。

从营养价值上看，龙头鱼富含蛋白质，能维持钾、钠平衡，消除水肿，提高免疫力，降低血压，缓冲贫血，有利于生长发育，富含胆固醇，可维持细胞的稳定性，增加血管壁柔韧性。由于龙头鱼骨骼的特殊构造，龙头鱼汤成为非常鲜美的汤品之一，鱼肉入口即化。

从捕捞方式上看，龙头鱼是用三角梭网、龙头鱼定置网等渔具捕捞。三角梭网属单桩框架张网，因框架呈三角形而得名。每条船大约张网三四十筐。龙头鱼定置网是在水深10米至30米海域作业的渔具。每年4月至次年1月为渔期，9月至11月为盛渔期。

3. 带鱼

带鱼经常成群结队。《闽中海错疏》载：“带，冬月最盛，一钓则群带衔尾而升。”带鱼属于脊索动物门脊椎动物亚门硬骨鱼纲辐鳍亚纲鲈形目带鱼科带鱼属，又叫刀鱼、裙带、肥带、油带、牙带鱼等。分布比较广，主要分布于西太平洋和印度洋，中国沿海各省均可见到。南方带鱼每年沿东海西部边缘随季节不同作南北向移动，春季向北作生殖洄游，冬季向南作越冬洄游，东海带鱼有春汛和冬汛之分。带鱼下颌长于上颌，突出。牙强大，侧扁而尖，两颌前端各有 2 对倒钩状大犬牙，上颌具侧牙 10—13 颗；下颌具侧牙 12—14 颗。眼中大，位高，眼间隔平坦，中央微凸。口大，平直，口裂后缘达眼下方。体型侧扁如带，呈银灰色，背鳍及胸鳍浅灰色，带有很细小的斑点，尾巴呈黑色，体光滑，鳞退化为银膜。侧线于胸鳍上方显著下弯，沿腹缘伸达尾端。主要以毛虾、乌贼为食。带鱼和大黄鱼、小黄鱼及乌贼并称为中国的四大海产。带鱼腹部有游离的小刺，游动时不用鳍划水，通过摆动身躯来向上游动。

带鱼富含脂肪、蛋白质、维生素 A、不饱和脂肪酸、磷、钙、铁、碘等多种营养成分。带鱼性温，味甘，具有暖胃、泽肤、补气、养血、健美以及强心补肾、舒筋活血、消炎化痰、清脑止泻、消除疲劳、提精养神之功效。带鱼中的 EPA（二十碳五烯酸）俗称“血管清道夫”，对降低血脂有益，丰富的镁元素则对心血管系统有很好的保护作用，有利于预防高血压、心肌梗死等心血管疾病。带鱼肉质细腻，没有泥腥味，不论鲜带鱼还是冻带鱼都易于加工并可与多种食材搭配，常见做法有清炖、清蒸、油炸、红烧，也可以做干锅、火锅以及多种西式、日式料理。鱼肉易于消化，是老少咸宜的家常菜肴。

沙埕渔民捕捞带鱼的方式有很多，第一种是用“带鱼延绳钓”进行捕捞，带鱼延绳钓俗称“带鱼钓”，每年立秋之后渔民就开始用这种渔具进行作业；第二种是用“拖网”进行捕捞。拖网是一种捕捞底层鱼虾类的渔具。20 世纪 70 年代以前，拖网作业不甚发达，规模小，20 世纪 70 年代以后，开始发展机帆船拖网；第三种是用“擂网”进行捕捞，擂网是用两条船进行作业的，有一个囊围着网，旧称“雷秋船”，白露后渔民用这种网捕捞带鱼；第四种是机帆船对网，这种网也是双船作业；第五种是“大围缯”，这种渔具俗称“打洋”，也是用两条船进行捕捞，但是 20 世纪 60 年代随着机帆船对网的兴起而逐渐被取代。

4. 鲈鱼

鲈鱼为分布于各海口和河口一带淡水的浅水鱼类，以肉味鲜美著称于世。李巽伯诗曰：“香齑何处煮鲈鱼？”刘禹锡诗曰：“孰谓鱼不当言香耶？但此‘鲈鱼香’云者，谓当八九月鲈鱼肥美之时节气味耳，非必指鱼之馨香也。”

鲈鱼体长，侧扁，背部稍隆起，背腹面皆钝圆；头中等大，略尖。吻尖，口大，端位，斜裂，下颌稍突出于上颌，上颌伸达眼后缘下方。两颌、犁骨及口盖骨均具细小牙齿。前腮盖骨的后缘有细锯齿，其后角下缘有 3 个大刺，后鳃盖骨后端具 1

个刺。体披小栉鳞，侧线完全、平直。体背部青灰色，两侧及腹部银白。体侧上部及背鳍有黑色斑点，斑点随年龄的增长而减少。背鳍 2 个，仅在基部相连，第一背鳍为 12 根硬刺，第二背鳍为 1 根硬刺和 11 根至 13 根软鳍条。臀鳍硬刺 3 枚；臀鳍软条 7 枚至 9 枚。背鳍、臀鳍鳍条及尾鳍边缘为灰黑色。鲈鱼喜栖息于河口咸淡水处，也能生活于淡水。性凶猛，以鱼、虾为食。鲈鱼为常见的经济鱼类之一，也是发展海水养殖的品种。主要分布于太平洋西部，我国沿海及通海的淡水中均有分布，东海、渤海较多。

鲈鱼含蛋白质、脂肪、碳水化合物等营养成分，还含有维生素 B2、烟酸和微量的维生素 B1、磷、铁等物质。鲈鱼能补肝肾、健脾胃、化痰止咳，对肝肾不足的人有很好的补益作用，还可以治胎动不安、产后少乳等症。准妈妈和产后妇女吃鲈鱼，既可补身，又不会因营养过剩而导致肥胖。另外，鲈鱼血中含有较多的铜元素，铜能维持神经系统的正常功能并参与数种物质代谢的关键酶的功能发挥，铜元素缺乏的人可食用鲈鱼。

鲈鱼的烹调方式有很多种，沙埕人民爱吃“清蒸鲈鱼”，主要加工配料为葱、姜、酱油、醋、盐、油等。做法为：先将海鲈鱼去头去尾，从腹部到背部均匀地切条，刀要快。在鱼的两侧抹一点盐就可以了，不放也行，最后浇汁的时候放也可以。葱、姜切丝，铺在盘子底部。鱼摆盘，摆成孔雀开屏状，再放上枸杞。开水上锅蒸 6 分钟，关火后不要揭盖，再焖 4 分钟，俗称“虚蒸”。出锅后，淋上醋和酱油调制的汁，撒上葱花，再浇一遍热油即可。

此外，鲈鱼还可做汤、凉拌。

鲈鱼汤：鲈鱼切片，加笋片、火腿片等，酱油做汤，加少量葱、姜等。

拌鲈鱼：熟鱼切片，加芦笋、木耳、笋丝、酱油、麻油、醋，搅拌。

花盐鲈鱼：全鱼洗净，剖缝，嵌火腿片，加香蕈丝、笋丝、酱油，须烧或脍。

5. 鲳鱼

鲳鱼也是一道美味，《闽中海错疏》载：“鲳之小者，其形扁。闽中谚：‘山上獐，海下鲳。’”意为山上之物獐最为好吃，而海中之鱼数鲳鱼最是美味。

鲳鱼，别名镜鱼、鲶鱼、昌侯龟、昌鼠、狗瞌睡鱼、鲳鳊、平鱼、白昌、叉片鱼等。体形侧偏，呈卵圆形，银灰色，头小，吻圆，头胸相连明显，口、眼都很小，两颌各有一行细牙，食道侧囊内具有乳头状突起，嘴舌不能伸缩；头后侧感觉管不延长，呈尖形，脊椎骨 40、41 根。背鳍与臀鳍同形，稍长，呈镰状，成鱼腹鳍消失，鳍刺很短，尾鳍叉形，下叶长于上叶；体披细小的圆鳞，颜色银白，故称银鲳。为近海暖温性中下层鱼类，平时分散栖息于潮流缓慢、水深 5 米至 110 米的水域，以小鱼、水母、硅藻等为食，早晨及黄昏时在水中上层活动，不甚活跃。喜欢在阴影处成群，小潮时鱼群更为集中。东海银鲳，春季从台湾海域北部北上到东海北部；每年立夏以后，鱼群就北移进入浅水区生殖，喜欢在浅海岩礁、沙滩水深 10 米至 20 米一带河口处产卵。鲳鱼含有多种营养，每 100 克鱼肉含蛋白质 15.6 克、脂肪 6.6 克、碳水化合物 0.2 克、钙 19 毫克、磷 240 毫克、铁 0.3 毫克。含有丰富的不饱和脂肪酸，有降低胆固醇的功效；含有丰富的微量元素硒和镁，对冠状动脉硬化等心血管疾病有预防作用，并能延缓机体衰老，预防癌症的发生。鲳鱼具有益气养血、补胃益精、滑利关节、柔筋利骨之功效，对消化不良、脾虚泄泻、贫血、筋骨酸痛等很有效。鲳鱼还可用于小儿久病体虚、气血不足、倦怠乏力、食欲不振等症。

6. 凤尾鱼

凤尾鱼俗称“子鲚”，学名“凤鲚”，属名贵的经济鱼类，因其尾部分叉形状像凤凰的尾巴，呈红色，尖细窄长，犹如凤尾，故称。凤尾鱼是一种洄游性小型鱼类，平时多栖息于外海，每年春末夏初则成群由海入江，在中下游的淡水入口处作产卵洄游。凤尾鱼分布在我国的东海、黄海、渤海、南海等地。体型较小，体长且侧扁，向后渐细，颇像一把刀。吻短略圆突，口大，下位，口裂斜。体背淡绿色，体侧和腹部为银白色。体披大而薄的圆鳞，无侧线，胸鳍前面的 6 条鳍条延长，游离成丝状，臀鳍大，与尾鳍相连。凤尾鱼含有蛋白质、脂肪、碳水化合物、钙、磷、铁及微量元素锌、硒等。锌、硒等微量元素有利于儿童智力发育。凤尾鱼能促进人血中抗感染淋巴细胞的增加，临床也证实凤尾鱼有益于提高人体对化疗的耐受力。

对凤尾鱼进行加工时，凤尾鱼鱼体要完整，凤尾鱼每条都有鱼子。新鲜鱼用冷水清洗，冷冻鱼先在冷水中解冻。解冻时不能搅动，以免鱼肉碎裂，鱼子流散。等完全解冻后再用清水洗净。加工前把鱼鳃及内脏去掉，再盛置箩内沥干水分待用。

7. 弹涂鱼

《福鼎县志》记载：“泥猴，《海错海物异名记》：‘登物捷岩猴，故名。’《疏》名‘弹涂’，一名跳鱼。”弹涂鱼有鳃，是真正的鱼，是一类进化程度较低的古老鱼类动物。弹涂鱼喜欢在烈日下跑来跑去，所以需要随时使身体保持湿润，否则就会死亡。它们的身体结构变动得很少，还必须定时把身体浸在水中。

弹涂鱼是鱼类中的天才，它们一生有很多时间都不在水里度过。它们居住的地方长满了红树，它们喜欢爬到树干或树枝上去。它们把腹鳍用作吸盘，来抓住树木，用胸鳍向上爬行。弹涂鱼的鳃的周边长有小口袋，可以盛住一次呼吸的水，很像我们屏住一次呼吸。它们爬上树，能在涨潮时待在水域外。

弹涂鱼肉质鲜美细嫩，爽滑可口，含有丰富的蛋白质和脂肪，因此日本人称其为“海上人参”，特别是冬令时节弹涂鱼肉肥腥轻，故又有“冬天跳鱼赛河鳗”的说法。

弹涂鱼上市的旺季为每年农历五月到九月，时间较短。虽然通过暂养可以在其他季节吃到，但鲜活弹涂鱼的存活期不过一星期，各地的朋友如果想吃到，将弹涂鱼制作成干，则是一种不错的方法。

弹涂鱼喜栖息于泥沙底层高潮区，或半咸水底河口滩涂，除沙埕外，沿海岛屿及港湾滩涂均有，其肉鲜美，营养价值较高，具有滋阴补阳之功效。鲜食或腌制，均受欢迎。沙埕渔民喜欢将弹涂鱼和酒炖服，可治耳鸣及重听。

清炖弹涂鱼做法比较简单，只需要把弹涂鱼清洗干净，放入锅里加水配上葱姜蒜，再加些料酒、盐慢慢炖熬，就能烧成一道细腻滑嫩、鲜美无比的弹涂鱼汤了。有些家庭也会选择跟豆腐一起炖，或者加入酸笋、咸肉等炖烧。弹涂鱼干的制作方法跟其他鱼干不一样。弹涂鱼干需要用火烘烤，而不像其他鱼干是利用阳光曝晒。制作弹涂鱼干需先将还活蹦乱跳的弹涂鱼穿在茅草秆（方言，野生带秆植物，茅草的一种）上，穿成一串一串的，排列置于土灶之上，用秸秆（用麦秆或者稻秆、茅草等烧烤出来不带烟味）烧火烘烤，烤至颜色由浅灰变成黑色之后，再翻烤几遍，当鱼干散发出熏香时，弹涂鱼干就制作完毕了。

弹涂鱼烹调方法多样，除了清炖、制成鱼干，还可红烧、油炸、汆汤。闽浙一带常以弹涂鱼配豆腐和笋片做汤，如加入火腿或香菇，其味更鲜美。“乌龙（弹涂鱼）铭白玉（豆腐）”是一道驰名的佳肴，制法类似泥鳅钻豆腐。

8. 石斑鱼

石斑鱼是石斑鱼属鱼类的统称，香港、海南、广东、广西地区俗称石斑、过鱼和鲙鱼，台湾、福建、浙江称过鱼、国鱼和贵鱼。石斑鱼在分类学上隶属于鲈形目鲈亚目鮨科石斑鱼亚科石斑鱼属。石斑鱼的种类较多，全世界已记录有 100 多种，我国有 46 种，主要养殖种类是鲑点石斑鱼、青石斑鱼、点带石斑鱼 、巨石斑鱼和赤点石斑鱼等 。

石斑鱼肉质细嫩，氨基酸含量较高，味道特别鲜美；肌肉氨基酸组成与人体氨基酸组成较为接近；体表色泽和斑纹美丽，有吉祥之感；生长在外海或水质清澈的港湾，极少被污染，便于鲜活运输，是宴席上的名贵海鲜。石斑鱼还具有生长快、适应能力强、饲养成活率高、便于鲜活暂养、经济价值较高等养殖特性。因此，近年内海水网箱养殖石斑鱼在我国南方得到迅速发展，已成为海水养殖业中出口创汇的拳头产品。福建、浙江、台湾、两广、海南和香港沿海渔民，早就有暂养钓活石斑鱼和以活鱼外销的习惯。

9. 河豚

河豚，肉味美如乳猪也，为水族奇味。苏东坡论及河豚之美味时说：“据其味，真是消得一死。”后世从此有“消得一死”之谓。河豚的眼、肝、血、子等皆有剧毒，所以吃它时，稍有不慎，就有丧生之虞。宋代梅尧臣对此告诫云：“疱煎苟失所，入喉为镆铘。若此丧躯体，何须资齿牙。”《三山志》云：“肝及子有毒。一名鹕夷、河鲀，或谓之鯸鲐、鱼毬。以蓝煮，令过熟，则可以无毒。”河豚毒性大小，与它生殖周期有关。晚春初夏怀卵的河豚毒性最大。这种毒素能使人神经麻痹、呕吐、四肢发冷，进而导致心跳和呼吸停止。

河豚，别名东方鲀、虫纹东方鲀鱼、蜡头鱼、鸡抱、花龟、龟鱼、艇鲅鱼、蜡头、气泡鱼等。 河豚体为圆棱形，体背侧灰褐色，并散布有白色的小斑点，有些斑点呈条状或虫纹状。腹部白色，全身无刺光滑。臀鳍白色，尾鳍下缘乳白，其他各鳍黄色。鼻孔位于鼻囊突起两侧，鼻囊突起不分叉。口小，体无鳞。河豚一般体长 5 厘米至 28 厘米，大多数体长 10 厘米至 20 厘米，一般体重 300 克上下。栖息在深海及咸淡水中，有时进入江河。河豚体内有气囊，遇敌害时腹部膨胀。

河豚游得很慢。大多数鱼通常在身体的后半部具有游泳肌肉，而河豚只能利用左右摇摆的背鳍和尾鳍划水。河豚的牙齿与刺豚的牙齿很相似。河豚的牙齿融合成一个喙，河豚用上下腭的牙齿咬碎软体动物和珊瑚，并将这些生物连同蟹、蠕虫和藤壶等海洋生物一起吞食。

河豚为肉食性鱼类，主要以软体动物为食，也摄食虾、蟹及鱼类。河豚具有产卵洄游习性。

虾、蟹类

沙埕有许多虾，主要以热带、亚热带沿岸虾类为主。清代郭柏苍的《海错百一录》提及沙埕南镇之虾，以“南镇”专用名号之。《三山志》载：“状如蜈蚣，能食虾。”这其实说的就是我们常吃的虾姑。因第二对附肢很大，形似螳螂的前足，故它又被叫作螳螂虾。《福鼎县志》云：“虾，有黄、赤、白各种，极小为虾苗，大者为龙虾。又一种，土人腊之，两两对插以寄远，名对虾。”沙埕沿海还分布着较多的蟹类。其中最多的是梭子蟹，在福鼎的星仔列岛、嵛山岛、南船岛、四礵岛等外侧海区内均有分布。《三山志》载：“蟹，八足二螯，大者箱角两出，足节屈曲，行则旁横，故曰旁蟹。”

1. 毛虾

《福鼎县志・渔业篇》记载：沙埕口是生产毛虾的主要渔场。渔期分冬、春、夏三汛。冬汛为 11 月至次年 3 月，旺汛期为 12 月至次年 1 月，以捕捞越冬群体为主，产量高且稳定。春汛为3月至6月，以捕捞产卵群体为主，产量较低。夏汛为7、8月，以捕捞当年生的第一代群体为主，产量少。捕捞毛虾时使用的捕捞工具为三角梭网。

2. 对虾

沙埕港的对虾有日本对虾、长毛对虾、哈氏仿对虾等。在沙埕，工厂养殖的对虾主要是南美白对虾。

日本对虾：分布海区较广。清明时虾群从深海越冬区间向近海做索饵洄游，产卵期一般在清明前后至7月中旬，3月至5月和8月至11月为旺汛期。11月后，虾群又向内海做适温洄游。

长毛对虾：属沿岸性虾类，福鼎市内港湾均有分布，闽东渔场的东吾洋是长毛对虾的产卵场。有春、秋两汛，春汛为3月至4月，秋汛为8月至11月，清明和冬至前后为旺汛。9月至12月为捕捞索饵群体的旺汛。

哈氏仿对虾：近岸内湾至水深80米以内的海区均能捕到。虾群主要汛期为2月至5月和8月至11月，春季可在近岸内湾浅水区捕捞生殖索饵洄游群体。哈氏仿对虾产卵盛期为4月至5月，夏秋季仍有部分余虾产卵。秋末冬初，虾群向深水区做适温洄游。

南美白对虾：属白虾类，肉质鲜美，虾体含水量高。南美白对虾既受国际对虾贸易市场的青睐，又被国内消费者欢迎，既能鲜活运输，又能深加工；对饵料的转化率比其他品种高，生长速度比中国对虾高三分之一。南美白对虾甲壳薄，加工成肉率高达67%以上，而中国对虾、斑节对虾的加工成肉率一般不超过60%。该虾种适合高位池养殖，也适合低位土池和工厂化养殖，工厂化养殖亩产可达4000斤至5000斤以上，高位池养殖亩产可达1500斤以上，土池养殖亩产可达1000斤以上。该虾种经高密度养殖生长均匀，规格整齐，相互残杀性小；适合低盐度养殖，在盐度高达4‰的情况下仍可以正常生长。该虾抗病毒能力强，对刺激的药物敏感，在养殖条件好、饵料营养高的情况下可以长期携带病毒正常生长，是适合中科院海洋所“对虾养殖、病毒病害综合防治系统工程”技术要求的优质虾种。

毛虾：沙埕口是生产毛虾的主要场所。汛期为冬、春、夏三汛。冬汛为11月至次年3月，旺汛期为12月至次年1月，以捕捞越冬群体为主，产量高且稳定。春汛为3月至6月，以捕捞产卵群体为主，产量较低。夏汛为7、8月，以捕捞当年生的第一代群体为主，产量少。

3. 梭子蟹

梭子蟹渔期主要为冬汛11月中旬至次年1月中下旬，以12月至次年1月为旺汛，主捕越冬群体，春汛为3月至5月，此时捕捞产量较低。

梭子蟹俗称“白蟹”。头胸甲呈梭形，稍隆起。表面有3个显著的疣状隆起，1个在胃区，2个在心区。其体型似椭圆，两端尖尖如织布梭，故有三疣梭子蟹之名。两前侧缘各具9个锯齿，第九锯齿特别长和大，向左右伸延。额缘具4枚小齿。额部两侧有1对能转动的带柄复眼。有胸足5对。螯足发达，长节呈棱柱形，内缘具钝齿。第四对步足指节扁平宽薄如桨，适于游泳。腹部扁平，雄蟹腹部呈三角形，雌蟹呈圆形。雄蟹背面为茶绿色，雌蟹为紫色，腹面均为灰白色。梭子蟹分布于日本、朝鲜、马来群岛海域和红海以及中国大陆的绝大部分沿海。梭子蟹游动时，身体倾斜倒垂于水中，第五步足频频摆动，作横向或不定向的水平游动。潜入泥沙时，常与池底呈15度至45度的交角，仅露出眼及触角。梭子蟹无钻洞能力，池塘养殖不必设防逃设施。水温在18℃以下时，梭子蟹多潜伏在池塘边的沙堆里。梭子蟹属于杂食性动物，喜欢摄食贝肉、鲜杂鱼、小杂虾等，也摄食水藻嫩芽、海生动物尸体以及腐烂的水生植物。梭子蟹渔期长，产量高，体大肉多，味鲜美，营养丰富，尤其是卵巢和肝脏。其卵巢可作上等调味品。梭子蟹可鲜食，或蒸、煎、炒，或一切两半炖豆瓣酱，是沿海一带居民餐桌上的常菜。肉除鲜食外，还可制成罐头，畅销国内外。壳可作药材用，又可提取甲壳质，广泛用于多种工业。

贝类

福鼎市内历来盛产蛏、蛤、蚶、蛎四大贝类。史载，明朝万历年间，沿海居民就已风行“海田种蛏”“插竹养蛎”“建蚶田”“造蛤埕”。沙埕经济价值较高的贝类有缢蛏、牡蛎、菲律宾蛤子、泥蚶、厚壳贻贝等，此外还有各种螺。

1. 缢蛏

缢蛏，俗称“晴仔”。养殖时，渔民习惯采捕天然苗种，每于霜降前后整涂附苗，小雪至大寒刮苗归冬，以冬至为盛，分塘暂养至次年清明收获。清明至立夏亦布苗放养，于当年或第二年收获。缢蛏产区主要分布在沙埕港内的八尺门，养殖面积占全县的80%以上。近年来由于沙埕港受到一定的工业污染，加之留种较少，产苗甚少，养殖种苗基本从外地调进。

缢蛏既有独特的鲜美味道、脆韧兼备的口感，又富有营养。酒炖蛏干是孕妇难得的滋补品。

2. 牡蛎

人工养殖牡蛎基本分布在沙埕湾内，以插竹养殖为主，少数为传统石蛎养殖。插竹蛎是褐牡蛎，石蛎多为近江牡蛎品种。据《福鼎县志》记载，太平洋牡蛎（日本真牡蛎）由外地引进，于 1981 年和 1986 年分别进行筏式和栅式试养，因未获得经济效益而中断。

3. 泥蚶

泥蚶，俗称花蚶、血蚶。沙埕港内的八尺门海区是泥蚶产区，泥蚶种苗主要从山东省调进。近几年，由于种苗缺乏、价格上涨等原因，养殖面积有所减少。泥蚶营养丰富，为传统养殖贝类。沙埕的泥蚶以其壳薄、肉质鲜美、肥满、色血红、味道醇厚、营养丰富、颗粒大小均匀而驰名远近，远销日本和东南亚各地，为宴席佳品。

4. 贻贝

据《福鼎县志》记载：1973 年，该地从北方引种紫贻贝在小白鹭海区进行试养获得成功，1977 年后形成一定生产规模，经济效益显著，现在推及福建省各地。沙埕镇台山列岛盛产厚壳贻贝，厚壳贻贝个大肉肥、营养价值高，素有“海中鸡蛋”之美称。丰富的野生贻贝资源给当地渔民带来了丰厚的经济收入，但大量外地采贝船的乱采滥挖，使资源遭受严重破坏。现在台山列岛已被设立为厚壳贻贝保护区。

贻贝也叫青口，干制品则被称作淡菜。贻贝是一种双壳类软体动物，壳为膨起的长三角形。表面有轮形条纹，被有黑褐色壳皮，壳顶皮往往剥落而呈白色；内面白色带青紫。贻贝是属于双壳类的一种贝类，有两个闭壳肌，前面的一个很小，后面的一个很大。它的韧带生在身体后背缘两个贝壳相连的部分。贻贝利用闭壳肌和韧带开启和关闭贝壳，其群体密集生活在岩石表面，成层状或席状，足部附近的腺体能分泌丝状黏液，黏液丝附着在岩石上并迅速硬化，将其固定在栖息地，以足丝固着于澄清的浅海海底岩石上。目前，在福鼎海域，贻贝养殖面积达 8000 亩，主要由本地人消费，成批量的产品主要销往浙江温州、苍南的海鲜交易市场，然后发往全国各地。

养殖的贻贝主要有紫贻贝、翡翠贻贝和厚壳贻贝 3 种。其中厚壳贻贝俗称“壳菜”，中国古书上称“东海夫人”。属温带好浪性种类。壳厚，生长纹粗，壳表棕褐色，足丝粗硬，壳内面呈紫红色或浅蓝色。适应水温为 4 摄氏度至 32 摄氏度，最适水温为 15 摄氏度至 27 摄氏度，最适盐度为 24.6 度至 35.8 度。主要生长在有海浪冲击的岩礁上。鲜活贻贝是大众化的海鲜品，可以蒸、煮食之，也可剥壳后和其他青菜混炒，味均鲜美。由于贻贝产量大，收获后不易保存，历来多煮熟后加工成干品——淡菜。淡菜的营养价值很高，含有多种维生素及人体必需的锰、锌、硒、碘等多种微量元素。它所含的蛋白质中缬氨酸、亮氨酸等 8 种人体必需氨基酸的含量大大高于鸡蛋以及鸡、鸭、鱼、虾等。另外，贻贝还有很高的药用价值与食疗功效。贻贝性温，能补五脏、理腰脚，调经活血，对眩晕、高血压、腰痛、吐血等症均有疗效，而治夜尿吃贻贝效果甚好。贻贝中含有维生素 B12 和 B2，对贫血、口角炎、舌喉炎和眼疾等亦有较好的疗效。

烹饪方法是：先是将新鲜的贻贝清洗干净，放入锅里，倒入清水；然后放入姜片，倒入一勺食用油，等水烧开后打开锅盖，将浮沫除去；最后放入适量的盐调味，放些葱花盛出。

5. 苦螺

学名疣荔枝螺，又称荔枝螺，原产地为广东珠海。沙埕地区叫“辣螺”，厦门等地区叫“苦螺”。苦螺呈卵圆形，一般高 33 毫米，宽 21 毫米。壳面布有疣状突起，壳色灰白，突起为黑灰色。苦螺的表壳如荔枝似的呈疣状一粒粒突起，因此学名“疣荔枝螺”，属象形取名。形体上也有大有小，小的和河里头的螺蛳差不多，大的则有成年人的拇指般大小。苦螺贝壳小，呈纺锤形，壳质坚厚。一般壳高 2 厘米至 3 厘米。螺层约 6 层，有 5 列疣状突起，整个壳面密布螺肋和细密的生长线。壳表面为灰绿色和黄褐色，常杂以白色条纹。壳内面黄白色，外唇内侧黑紫色。苦螺在全国沿海均有分布，一般生活在潮间带中潮区的上区岩石缝内，为岩相潮间带最习见螺类之一，以藤壶、双壳贝类为食。苦螺个头小，身价不高，却是闽南地区特有的海产，在海边的礁石上，遍布着无数的小苦螺。苦螺味如其名，味道奇特，苦中带甘。这“海里的凉瓜”有凉瓜所没有的海鲜鲜味，尤其是经过白灼后，其甘香鲜美的口味令人不忍停箸。加工苦螺的主要配料是：姜片、盐、料酒、酱油和醋。制作步骤是：将苦螺洗净；把苦螺放水里泡 30 分钟；锅里放水和姜片，下苦螺；加入适量的盐；加入料酒；加入少量醋煮 10 分钟；以蒜泥、酱油和醋调成汁；用牙签把苦螺肉挑出，蘸调味料食用。中医认为，苦螺壳可入药，主治颈淋巴结结核、甲状腺肿大。

软体类

1. 墨鱼

墨鱼亦称乌贼鱼、墨斗鱼、目鱼等，属软体动物中的头足类，产地分布很广，中国、朝鲜、日本及欧洲各沿海均有出产，是我国东海著名的海产品之一。它与大黄鱼、小黄鱼、带鱼并称为中国四大海产鱼。梅尧臣《乌贼鱼》诗描述道：“海若有丑鱼，乌图有乌贼。腹膏为饭囊，鬲冒贮饮墨。出没上下波，厌饫吴越食。烂肠来雕蚶，随供入中国。中国舍肥羊，啖此亦不惑。”

由于它像鱼类一样游泳，且腹腔里藏有墨囊，所以沿海渔民把它叫作“墨鱼”。

墨鱼属软体动物门，头足纲，十腕目，乌贼科。墨鱼是一种大型的肉食性软体动物，分头、胴体两部分：头部前端有5对腕，其中4对较短，每个腕上长有4行吸盘，另一对腕很长，吸盘仅在顶端；胴体部分稍扁，呈卵圆形，灰白色，肉鳍较窄，位于胴体两侧全缘，在末端分离，背肉中央一块背骨。雄的乌贼背宽有花点，雌的肉鳍发黑。墨鱼在漫游时，一般靠两侧肉翼和头部腕足作正向运动，它既是“双向运动者”，又是“反向短跑健将”。墨鱼肉、蛋、脊骨（中药名为海螵蛸）均可入药。李时珍称墨鱼为“血分药”，是妇女贫血、血虚经闭的佳珍。墨鱼口感鲜脆，蛋白质含量高，具有较高的营养价值和药用价值。墨鱼干和绿豆煨汤食用，可以明目降火。

制作方法：墨鱼去骨、去内脏，剥去表面，洗净，并将墨鱼头剁去，另行处理；锅内加清水烧沸，投入墨鱼焯水，捞出用清水洗净；炒锅上火，放入焯水后的墨鱼，加清水适量，下葱结、姜片、料酒，用旺火烧开，撇去浮沫，移至小火慢慢焖制；另坐锅，将红乳腐研碎并拌入乳腐汁、精盐、白糖，将墨鱼连适量的汤汁一起倒入，上火烧煮，待墨鱼上色入味后，收浓卤汁，淋香油，出锅冷却。食用时，根据需要，可将墨鱼改刀成条、片、丝、丁等。墨鱼味咸、性平，入肝、肾经；具有养血、通经、催乳、补脾、益肾、滋阴、调经、止带之功效；可用于治疗妇女经血不调、水肿、湿痹、痔疮、脚气等症。

海藻类

1. 海带

《福鼎县志》载：“1958年海带南移试养成功后，全县由小白鹭海区先后推广到沙埕港内、沙埕港口、晴川湾、敏灶湾等海区。”《宁德地区志·上》载：“海带原产日本北海道、朝鲜北部及苏联远东一带浅海。1927年传入中国北方。”

海带，是海藻类植物之一，是一种在低温海水中生长的大型海生褐藻植物。海带为大叶藻科植物，因其生长在海水中，柔韧似带而得名。海带主要是自然生长，也有人工养殖，多以干制品行销于市，质量以色褐、体短、质细而肥厚者为佳。海带有“长寿菜”“海上之蔬”“含碘冠军”的美誉。海带是一种褐藻，藻体褐色，一般长2米至4米，最长达7米。可分固着器、柄部和叶片3个部分。固着器叉形分枝，用以附着海底岩石；柄部短粗，圆柱形；叶片狭长，带形。海带广泛分布于中国北部沿海及朝鲜、日本和苏联太平洋地区沿岩，中国北部及东南沿海有大量养殖。海带可以冷拌食用，也可以做热炒菜。由于从北到南温差、光照等诸因素差异的影响，海带的生长成熟期有早有迟，在同一海区或同一苗绳上的海带，其成熟期也有先后，收获期可从

5月中旬延续到7月上旬。

海带具有一定的药用价值。海带中含有大量的碘，碘是甲状腺合成的主要物质，如果人体缺少碘，就会患“粗脖子病”，即地方性甲状腺肿，所以海带是甲状腺机能低下者的最佳食品。

2. 紫菜

沙埕渔民世代靠海而生，向海而兴，开海而盛。因沙埕产出的紫菜口感脆嫩、鲜美，品质优良，广受消费者的青睐，紫菜成为沙埕渔民增收致富的主要海产品之一。而规模庞大的紫菜养殖基地也成了沙埕一个独特的观光地。早期的沙埕人民采集野生紫菜，即在潮水退后，用捆扎而成的长竹篓条把紫菜从岩石上打下，洗净晒干即为成品，产量较低。20世纪70年代后，紫菜养殖在闽东沿海兴起。

紫菜因为能够进行光合作用而常被人误认为是植物，但生物学家普遍认为它不是真正的植物，因为它没有真正的管道组织（木质部和韧皮部），与水草不同。紫菜是在海中互生藻类的统称。紫菜为红藻纲，红毛菜科。藻体呈膜状，称为叶状体，有紫色或褐绿色，形状随种类而异。紫菜属海产红藻，叶状体由包埋于薄层胶质中的一层细胞组成。紫菜固着器为盘状，假根为丝状。紫菜生长于浅海潮间带的岩石上，种类多，主要有条斑紫菜、坛紫菜、甘紫菜等。21世纪初，中国紫菜产量跃居世界第一位。

紫菜富含蛋白质和碘、磷、钙等元素，可供食用。紫菜还可以入药，制成中药，具有化痰软坚、清热利水、补肾养心的功效。李时珍在《本草纲目》中曾提到紫菜“主治热气”。近年来还有报道称，经常食用紫菜，可以消除血管壁上聚集的胆固醇，对软化血管、防止动脉硬化和降低血压有一定的功效。

其他物产

1. 海蜇

沙埕渔港区的海蜇种群一般于清明前后生成，4个月后平均伞径可达600毫米，平均重量为7000克。捕捞期一般在每年的5月至9月。

“海蜇”俗称“绵蜇”“面蜇”。钵水母纲、旗口水母目、根口水母科。成体伞部超过半球形，中胶层厚而坚硬，外伞面光滑，伞缘约有112个至176个舌状缘瓣。伞柄部粗短，具有8条三翼形口腕，各口腕末端有1条较粗的棒状附器。口腕各翼有许多丝状附器及触指。口腕基部有8对肩板，肩板上有许多丝状附器和触指。触指基部均有许多吸口。内伞面有发达的环状肌，有4个马蹄形的生殖下腔，每个下腔外侧均有 1 个粗糙的圆形生殖乳突。体色多为紫红色、乳白色，也有青蓝色、天蓝色和浅黄色的个体（辽东湾北部以紫红色为主，南部以乳白色为主）。伞部和柄部的颜色通常相似，个别者有差异。一般成体伞径为 30 厘米至 50 厘米，最大可达 1 米。海蜇一般栖息于近岸水深 5 米至 20 米，有淡水注入的江河口附近水域。

2. 鱼露

提到鱼露，不得不提及南镇的鱼露厂。据介绍，南镇的鱼露厂有大约 50 年的历史，目前制作鱼露的传统工艺正面临失传的危险。这里的鱼露是由新鲜海洋鱼虾经长时间日晒夜露，天然发酵制作而成。南镇位于沙埕港南岸，其三面沿海、一面背山。南镇村从来不缺新鲜的海鲜，这为制作鱼露提供了充足的原料。除了南镇，沙埕镇上也有鱼露厂。

鱼露，也称“虾油”，是闽菜和东南亚料理中常用的调味料之一，是以小鱼虾为原料，经腌渍、发酵、熬炼后得到的一种味道极为鲜美的调味品，色泽呈琥珀色，味道带有咸味和鲜味。在沙埕，人们喜欢将鱼露用在大骨汤类、海鲜贝壳类菜肴的制作中，还喜欢用鱼露炒芥蓝。

3. 干制品

干制是最古老和最传统的方法。干制可分为淡干制、咸干制和熟干制。淡干制

南镇鱼露制作工艺（陈律鹏 摄）

品也称生干品，是将鳗鱼、黄瓜鱼、墨鱼、鱿鱼等从背部或腹部切开，扒去内脏，摘除墨囊等杂物后制成的干品。用小麻绳或铁丝穿好在竹竿上挂晒三至五天后制成的鱼干品，俗称“鲞”。咸干制又称盐干制，是腌制和干制结合的加工法。其制法是将捕获的鱼品切开，扒去内脏（亦有切去头尾的），用 10%—20% 的盐水腌渍三至五天，然后放入淡水脱盐洗净后暴晒，直至干透为止。这种咸干制品的最大特点是保存期长。熟干制品是由加工的鱼品先行蒸炊，然后晒干制成。

当地人晾晒的鱼干（张敏 摄）

4. 腌制品

在一日三餐中，腌制品经常出现在渔民的饭桌上。渔民吃得最多的当然是腌鱼。腌鱼是沙埕的一种传统食品。食盐腌制包括盐渍和熟成两个阶段。由于微生物和鱼体组织酶类的作用，鱼在较长时间的盐渍过程中会逐渐失去原来鲜鱼肉的组织状态和风味特点，肉质变软，氨基酸、氮含量增加，形成咸鱼特有的风味。此过程即为咸鱼的熟成，或称腌制熟成。

（本文撰写得到闽浙海洋文化馆、原闽东渔业职业学校老校长以及王贞清、陈律鹏等的帮助）